Gaby Moskau, Gerd F. Müller (Hrsg.)
Virginia Satir – Wege zum Wachstum

Ausführliche Informationen zu jedem unserer
lieferbaren und geplanten Bücher finden Sie
im Internet unter **www.junfermann.de**
– mit ausführlichem Infotainment-Angebot
zum JUNFERMANN-Programm

Wir widmen dieses Buch
unseren Eltern,
all den Paaren und Familien,
die uns im Laufe unseres beruflichen Lebens begegnet sind
und die wir eine Zeitlang therapeutisch begleiten konnten,
und den Teilnehmerinnen und Teilnehmern
unserer Fort- und Weiterbildungskurse.

Gaby Moskau, Gerd F. Müller (Hrsg.)

Virginia Satir
Wege zum Wachstum

Ein Handbuch für die
therapeutische Arbeit mit Einzelnen,
Paaren, Familien und Gruppen

Junfermann Verlag · Paderborn
2002

© Junfermannsche Verlagsbuchhandlung, Paderborn 1992
2. Auflage 1995
3. Auflage 2002

Alle Rechte vorbehalten.
Das Werk einschließlich aller seiner Teile ist urheberrechtlich geschützt. Jede Verwendung außerhalb der engen Grenzen des Urheberrechtsgesetzes ist ohne Zustimmung des Verlages unzulässig und strafbar. Dies gilt insbesondere für Vervielfältigungen, Übersetzungen, Mikroverfilmungen und die Einspeicherung und Verarbeitung in elektronischen Systemen.

Satz: JUNFERMANN Druck & Service, Paderborn
Druck: Media-Print, Paderborn

Die Deutsche Bibliothek – CIP-Einheitsaufnahme
Virginia Satir – Wege zum Wachstum: Ein Handbuch für therapeutische Arbeit mit Einzelnen, Paaren, Familien und Gruppen / Gaby Moskau, Gerd F. Müller (Hrsg.). – Paderborn: Junfermann, 1992
ISBN 3-87387-062-2

ISBN 3-87387-062-2

Inhalt

Gaby Moskau und Gerd F. Müller
Vorwort 7

Laura S. Dodson
Der Prozeß der Veränderung 13

Michele Baldwin
Ingredienzen einer Interaktion 39

Michele Baldwin
Das Konzept der Triaden in Virginia Satirs Arbeit 47

Gerd F. Müller
Verfeinerung und Schärfung der Sinneswahrnehmung 67

Gaby Moskau
Aus Virginia Satirs Werkzeugkasten 79

Gisela Lutz
Tücher-Übung und Regeltransformation 93

Irmengard Hegnauer-Schattenhofer
Familien-System-Karten 105

Bunny S. Duhl
Skulptur – Äquivalenz in Aktion 121

Gerd F. Müller
Thema mit Variationen:
Struktur und Prozeß der Skulpturtechnik 139

William F. Nerin
Virginia Satirs Familienrekonstruktion:
Ein Spiegel ihrer Persönlichkeit 163

Thies Stahl
Reframing 183

Margret Klockmann
Virginia Satirs Parts Party 191

Joan E. Winter und Leanne R. E. Parker
Anmerkungen zur Parts Party für Paare 209

Arist von Schlippe
Möglichkeiten der Selbst-Supervision
– Eine Umsetzung des Satirschen Ansatzes 233

Margret Klockmann
Mandala – Das Rad der persönlichen Hilfsquellen 243

Schlußbemerkungen 257

Autorenverzeichnis 259

Sachwortregister 263

Vorwort

Dieses Buch ist in Erinnerung an *Virginia Satir* (1916 – 1988) entstanden. Wir lernten *Virginia* 1974 kennen und in den folgenden 14 Jahren kreuzten sich unsere Wege immer wieder, in den USA, in Kanada, Israel und Europa. Dabei entwickelten wir uns von staunenden Bewunderern ihrer Magie zu kritischen Beobachtern ihrer Arbeit, von Lernenden zu mit ihr Lehrenden. Mit der Zeit wuchs zwischen uns eine freundschaftliche Beziehung, die bei jedem erneuten Zusammentreffen, wie nach einer kurz unterbrochenen Unterhaltung, weitergesponnen wurde.

Virginia Satirs Platz in der Familientherapie „ist außergewöhnlich und einzigartig" (*Hoffmann* 1982, S. 226): Sie war die berühmte Sozialarbeiterin, die in den 50er Jahren als einzige Frau in einer medizinischen und wissenschaftlichen Männerwelt den Mut hatte, neue Wege der Therapie zu beschreiten. In den siebziger Jahren publizierte die „Group for the Advancement of Psychiatry" einen Bericht über Familientherapie in den USA. Damals wurde *Virginia* als einflußreichste Therapeutin unter 21 bekannten Namen genannt.

Ein Leben lang war sie darum bemüht, Verbindungen zwischen Menschen zu schaffen und Veränderungen in Individuen, Familien, Gruppen, der Gemeinschaft und auf internationaler Ebene zu bewirken. 1981 wollte sie mit Israelis und Arabern arbeiten, doch dieses Anliegen konnte leider nicht verwirklicht werden. Einer ihrer großen Wünsche, in der UdSSR zu lehren, erfüllte sich anläßlich ihrer letzten Reise im Sommer 1988 kurz vor ihrem Tod. *Laura Dodson*, die Autorin des Kapitels „Der Prozeß der Veränderung", begleitete sie damals und führt *Virginias* Arbeit heute in der GUS fort. Eine ausführlichere Würdigung *Virginias* ist in *Müller und Moskau* (1989) zu finden.

Beeinflußt vom *Human Potential Movement* der sechziger Jahre, glaubte *Virginia*, daß das Konstrukt Liebe (*Otto* 1972, S.9) essentiell für den Prozeß der Arbeit mit Menschen ist *. Sie war der Meinung,

---

* *Karl Tomm* (1991) greift diesen Gedanken im Hinblick auf Therapieforschung wieder auf und realisiert ihn in seiner Art des interventiven Interviews (*Tomm* 1990, 1991).

daß Menschen Manifestationen positiver Lebensenergien im Sinne *Kierkegaards, Heideggers* und *Bubers* sind, und daß diese Energien aktiviert werden können, um dysfunktionale Verhaltensweisen zu transformieren. In jeglichem Verhalten – und sei es noch so destruktiv – erkannte sie einen positiven Kern, den sie freizulegen suchte. Sie vertrat die Ansicht, daß unsere Welt auf einem hierarchischen Ursache-Wirkung-Denkmodell beruht, das linear, einengend, verurteilend und bestrafend ist und keinen Raum für persönliche Entwicklung zuläßt.

Aufgrund dieser Überlegungen entwickelte sie ihr systemisches *„Wachstumsmodell"*, um die Einzigartigkeit eines jeden Menschen im Kontext zu würdigen. Das Wachstumsmodell bezieht sich auf die Prinzipien Gleichwertigkeit (equality) von Menschen, Wertschätzung und einer lebenslang währenden Fähigkeit zur Veränderung: Menschen können ihren Selbstwert aus dem Vertrauen in den Prozeß der stetigen Veränderung und des persönlichen Wachstums gewinnen. Auch wenn äußerer Wandel durch ungünstige Umstände begrenzt ist, gibt es die Möglichkeit zur inneren Veränderung. Jeder Mensch besitzt bereits alle Ressourcen, die er benötigt, um sich zu entwickeln und zu wachsen. Die Aufgabe des Therapeuten ist es, die Quellen freizulegen. Menschen sind von Natur aus gute Wesen. Diese Grundüberzeugungen leiteten *Virginia*, den Fokus ihrer Arbeit immer auf die Nutzung positiver Energien, Gesundheit, Entwicklung von Wahlmöglichkeiten und kongruente zwischenmenschliche Kommunikation zu legen.

Virginia hat die Familientherapie um eine Vielzahl von Interventionen bereichert: Ihre Kunst des Reframings, Familien-Rekonstruktion, Parts Party, Skulpturarbeit, Regeltransformation, die Darstellung der fünf Kommunikationsformen *, Selbst- und Fremdwahrnehmungsübungen, Zentrierübungen, Meditationen, die Konzepte über Selbstwert, Wachstum, Triaden, Kongruenz. Vieles davon hat inzwischen auch in das Repertoire nicht nur *Satir*scher Familientherapeuten Eingang gefunden.

---

* Die Beschreibung der Kommunikationsformen und Übungen hierzu finden sich in: *Satir* 1990, S.115 ff.

*Virginia*s vorrangiges Bestreben war es, Menschen zu befähigen, ihre eigenen Kräfte in Besitz zu nehmen, ihren Selbstwert zu erhöhen und den direkten, authentischen Ausdruck von Gedanken und Gefühlen in der systemischen Interaktion im Hier und Jetzt zu fördern. Sie sprach von der Wichtigkeit, auch kognitive Fähigkeiten anzuerkennen und zu nutzen; oft sagte sie, um dies hervorzuheben: „From my head to yours"... und berührte dabei sowohl ihre Stirn als auch die des Protagonisten. *Virginia* versuchte stets, anderen neue Sichtweisen über sich und die Welt zu eröffnen, „Dinge anders zu betrachten", „unter einem neuen Gesichtspunkt zu sehen" oder „andere Faktoren ins Kalkül zu ziehen" (*Andreas und Andreas* 1985, S. 14). Der „Rahmen" wird also verändert, innerhalb dessen der Protagonist Ereignisse wahrnimmt, so daß den Ereignissen eine andere *Bedeutung* gegeben werden kann. Dieses Reframing (*Bandler und Grinder* 1985) hat *Virginia* zur hohen Kunst in der Familienrekonstruktion und Parts Party entwickelt.

Vorherrschend bleibt jedoch für alle, die sie erlebten, nicht das *Was*, sondern das *Wie* ihrer Arbeit: sie begegnete jedem mit Gefühl, Wärme und Zuversicht. Ihr sprühender Humor, ihr „Showmanship", ihr unermüdlicher Einsatz und ihre Vielseitigkeit waren legendär. Sie konnte Bitten um Unterstützung nur schwer abschlagen und arbeitete häufig bis zum Rande der Erschöpfung.

Doch sie ist auch immer wieder kritisiert worden: Ihre Konstrukte wurden als zu vage und als nicht operationalisierbar bemängelt. Doch dem stellte *Virginia* entgegen: „Es gibt wesentlicheres im Leben (und in der Therapie) als das, was gemessen und beobachtet werden kann" (*Satir* 1983). *Virginia* war Praktikerin und an Forschung kaum interessiert. Sie war sehr belesen und integrierte Ideen verschiedener theoretischer Richtungen auf originelle und kreative Weise in ihre Arbeit. Authentische persönliche Erfahrungen, die sie in ihrer Arbeit initiierte, lassen sich nicht direkt messen; die anschließende Befragung oder Testung gibt nicht das wirkliche „encounter"-Erlebnis wider. Trotz alledem: Es ist dringend angezeigt, ihre und die Konzepte anderer wachstumsorientierter Therapeuten (*Whitaker, Kempler, Bowen*) empirisch zu überprüfen. Ansonsten bleibt möglicherweise nur die Erinnerung an einmalige Schöpfungen der mit Mystik umgebenen Primadonnen ihres Fachs.

Kreativität, Spontaneität, Klugheit und rasche Auffassungsgabe sind sicher die meist erwähnten Stärken von Satir, die zugleich auch Herausforderungen an den wachstumsorientierten Therapeuten darstellen. Ihre Interventionen und Werkzeuge erfordern aufseiten des Therapeuten die Bereitschaft und Fähigkeit, sich aktiv, direkt und persönlich am systemischen Prozeß zu beteiligen. Das setzt voraus, daß er sorgfältig darauf achtet, die eigene Person weiter zu entwickeln, eigene Stärken anzuerkennen und sie zu benutzen. Desgleichen ist das Wissen über die „Fallen" des eigenen Ursprungssystems und der „blinden Flecken" notwendig, um sich als Instrument zur Begleitung des Veränderungsprozesses optimal nutzen zu können.

Wer *Virginia* während ihrer Arbeit beobachtete, wurde an ein Wort von *Whitaker* erinnert: „Das Ziel aller Techniken ist, Techniken zu eliminieren" (*Whitaker und Keith* 1981, S. 218). Als Herausgeber denken wir, daß es nützlich sein kann, einigen von *Virginia Satirs* Wegmarkierungen nachzugehen, um sich auf diese Weise sozusagen Schritt für Schritt mit ihrer Denk- und Arbeitsweise bekannt zu machen und so Menschen neue Wege zum Wachstum aufzeigen zu können.

Wir stellen in diesem Buch einige der therapeutischen Interventionen dar, die *Virginia* hinterlassen hat. Dabei sind wir uns bewußt, daß eine eindimensionale Darstellung niemals *Satirs* Präsenz und das eigene Erleben ersetzen kann, und daß die Beiträge der Komplexität und dem Detail ihrer Interventionen nur annähernd gerecht werden können.

Alle Autoren haben *Virginia* persönlich erlebt, manche über viele Jahre, andere bei einzelnen Seminaren, die sie in Europa und den USA veranstaltete. Die verschiedenen Beiträge reflektieren die Umsetzung der *Satir*schen Ideen in die jeweilige Praxis der Autorin oder des Autors.

Wir möchten mit einem Zitat von *Steve Andreas* schließen: „Zu großartiger Arbeit bedarf es sowohl der Werkzeuge des Berufsstands als auch der Vision und der Menschenliebe, diese Werkzeuge passend einzusetzen. *Virginia Satir* demonstrierte ein außerordentliches Maß von beidem. Wenn wir ihren Genius ehren wollen, weiß ich keinen besseren Weg, als ihre Arbeit sorgfältig zu studieren und daraus zu lernen, was sie auf so wunderbare Art machte" (*Andreas* 1991, S. XVII; Übersetzung v. d. Hrsg.).

Im Januar 1992
Gaby Moskau und Gerd F. Müller

Literatur

Andreas, S. (1991): Virginia Satir – the Patterns of her Magic. Palo Alto: Science and Behavior Books (bei Junfermann in Vorbereitung für Frühjahr 1993).
Andreas, C., Andreas, S. (1985): Einführung. In: *Bandler, R., Grinder, J.*: Reframing: Ein ökologischer Ansatz in der Psychotherapie (NLP). Paderborn: Junfermann.
Bandler, R. und Grinder, J. (1988): Reframing. Ein ökologischer Ansatz in der Psychotherapie (NLP). Paderborn: Junfermann.
Hoffmann, L. (1982): Grundlagen der Familientherapie. Konzepte für die Entwicklung von Systemen. Hamburg: Isko-Press.
Müller, G.F. und Moskau, G. (1989): Ein Portrait von Virginia Satir: 26. Juni 1916 – 10. September 1988. In: *Bosch, M., W. Ullrich (Hrsg.)*: Die entwicklungs-orientierte Familientherapie nach Virginia Satir. Paderborn: Junfermann.
Otto, H.A. (1972): Love Today. New York: Dell.
Satir, V. (1990): Kommunikation, Selbstwert, Kongruenz. Konzepte und Perspektiven familientherapeutischer Praxis. Paderborn: Junfermann.
Tomm, K. (1991): Is Love Central to Family Therapy Research? If so, how? Heidelberg: Referat während des Kongresses „Das Ende der großen Entwürfe und das Blühen systemischer Praxis."
Tomm, K. (1990, 1991): Systemic Therapy: Contributing to Conversations for Healing and Wellness I and II. Seminare des Münchner Familienkollegs.
Whitaker, C.A., Keith D.V. (1981): Symbolic-experiental Family Therapy. In: A.S. Gurman, D.P. Kniskern (Eds.): Handbook of Family Therapy. New York: Brunner/Mazel.

Der Prozeß der Veränderung

Laura S. Dodson

Einleitung

Dieses Kapitel soll dem Leser ein klares Bild davon vermitteln, auf welche Weise *Virginia Satir* den Prozeß der Veränderung bei einem Individuum, einem Ehepaar, einer Familie oder innerhalb eines größeren Systems betrachtet hat. Dazu möchte ich dem Leser zunächst einen kurzen Überblick über ihre Philosophie im Zusammenhang mit den zur Zeit vorherrschenden Philosophien vermitteln. Im ersten Teil dieses Kapitels soll außerdem die Entwicklung ihrer psychotherapeutischen Methoden kurz umrissen werden.

Im zweiten Teil werden wir uns mit *Satir*s „Elementen der Veränderung" beschäftigen. Das Material stammt zum größten Teil von Audio- und Videobändern, auf denen *Satir* über dieses Thema spricht und dem Leser einen Eindruck ihrer warmherzigen, engagierten Sprache, ihrer Lebensbejahung und ihres Respekts vor den Menschen vermittelt. Gleichzeitig wird die Rolle des Therapeuten als Lehrer, aufmerksamer Zuhörer und als Mensch, der sich um den anderen kümmert und ihm die Veränderung ermöglicht, definiert: „Man muß den Veränderungsprozeß steuern, indem man immer einen halben Schritt hinter dem Betroffenen bleibt." In diesem Abschnitt werden *Satir*s Gedanken durch Fallbeispiele verdeutlicht.

In den letzten acht bis zehn Jahren ihres Lebens erkannte *Satir* immer klarer, daß sich ihr Veränderungsmodell auch auf die Welt im allgemeinen anwenden ließ. Im letzten Teil werden wir auf diesen größeren Zusammenhang eingehen.

Der Veränderungsprozeß

Theorie und Philosophie

Anthropologen, Historiker, Politiker und Psychologen haben sich schon seit Generationen mit großem Interesse mit solchen Veränderungsprozessen beschäftigt. Aber obwohl Anthropologen, wie *Victor Turner*, die organisierte Veränderungsprozesse in bestimmten primitiven Stämmen beschrieben haben, wurden diese Beschreibungen doch immer an Veränderungen in „höher" entwickelten Kulturen gemessen. In den meisten Fällen bezieht man sich auf ein hierarchisches Modell. *Virginia Satir*s Modell erinnert zwar an die anthropologischen Beschreibungen solcher organisierten Modelle, ist jedoch bewußter strukturiert.

Außerdem hat sich die Psychologie in der westlichen Welt in ihrer Entwicklung an der Newtonschen Physik orientiert und betont stark das lineare Denken und den Zusammenhang zwischen Ursache und Wirkung. Die westliche Gesellschaft tendiert dazu, Gedanken und Professionen zu klassifizieren. Die Psychotherapie hat sich so aus der Medizin entwickelt; deshalb sind die Gedanken der Therapeuten linear auf das „Problem", die „Lösung", die „Krankheit" und die „Heilung" gerichtet. *Satir*s Arbeit konzentriert sich mehr auf das neue Paradigma unseres Lebens – auf den dynamischen Zusammenhang aller Dinge, auf das Leben als Prozeß und die natürliche Tendenz aller Dinge, zu wachsen und zur Ganzheit zu streben. Diese Art des Denkens ist ein Merkmal der modernen Physik, wie zum Beispiel der Quantentheorie, während sich die Psychotherapie, die sich auf *Sigmund Freud* beruft, der alten Auffassung verpflichtet fühlt. *Karl Pribram, David Bohm* und *George Land* (führende Köpfe der modernen Physik) und *Albert Einstein*s Quantentheorie betonen die Beziehungen, die zwischen allen Dingen bestehen. *Virginia Satir* war eine der führenden Persönlichkeiten, die diese holistischen Prinzipien auf dem Gebiet der Humanwissenschaften erkannt und in klarer, praktischer Weise im Dienste der menschlichen Entwicklung angewandt hat. *Abraham Maslow, Sidney Jourard, Carl Rogers* und natürlich *C. G. Jung* sind die anderen führenden Vertreter dieses holistischen Modells der Psychotherapie.

Satir erkannte, daß Menschen psychologisch wachsen und sich entwickeln *wollen*. Sie betrachtete diesen Drang als *den* entscheidenden Trieb in *Freuds* Triebtheorie. Sie war davon überzeugt, daß Menschen in sich all das haben, was sie für ihre Entwicklung und ihr Wachstum brauchen. Aufgabe des Therapeuten ist es, ihnen dabei zu helfen, die *inneren Heilkräfte* zu wecken, die Teil der universellen Weisheit sind. Das ist ein großer Unterschied zu dem Modell des Therapeuten als Heiler und dem Patienten als Krankem, wie es das medizinische Modell der Psychotherapie vorsieht. *Satir* betrachtet beide, den Therapeuten und den Klienten, als verwundete Heiler; das Leben ist für sie ein ständiger Prozeß des Verletztwerdens und Heilens, ein ständiges Wachsen und eine ständige Veränderung, ein Prozeß, in dem wir uns alle immerzu befinden.

Obwohl *Satir* keine *Jung*sche Schülerin war, findet sich ihr Konzept vom Leben als Prozeß des Wachsens und der Veränderung in *Jungs* Individuationsprozeß wieder. Auch sein Werk spiegelt die dynamischen Beziehungen zwischen allen Dingen und seinen Glauben an eine innere Heilkraft wider.

Nach *Satirs* Auffassung war das Wachsen und die Entwicklung des Individuums in komplexer Weise mit der Entwicklung seiner Herkunftsfamilie, seinen Vorfahren und seiner Kultur verbunden. Die chinesische Medizin, der Taoismus, Buddhismus und andere fernöstliche Religionen betrachten im Gegensatz zum westlichen, aristotelischen und Newtonschen Denken und vor allem zu den prominenten psychotherapeutischen Ansätzen des 20. Jahrhunderts mit Ausnahme *C. G. Jungs*, die Dinge aus einer ganzheitlichen Sicht. *Satirs* Werk stellt einen Bruch mit dieser traditionellen Psychotherapie dar. Sie bezieht sich eher auf die fernöstlichen Religionsstifter, auf die neue Physik und *C. G. Jung* als auf die traditionelle Psychotherapie.

Obwohl *Satir* die Bücher dieser Personen gelesen hat, hat sie nie deren Ideen übernommen. Sie war an praktischem, alltäglichem Lernen und an der Anwendung der Erkenntnisse interessiert, die sie in ihrem eigenen Leben und in ihrer Arbeit gewonnen hatte. Sie suchte einfache, verständliche Formulierungen, um den Menschen dabei zu helfen, ihr Leben und ihre Veränderungsprozesse zu meistern. Für sie bestand eine enge Verbindung zwischen der Psychotherapie und der Erziehung, und sie war fest davon überzeugt, daß Erziehung einen wichtigen Bestandteil des Veränderungsprozesses darstellt und für die Entwicklung eines neuen Bewußtseins unabdingbar ist.

Virginia Satir begann ihre Berufslaufbahn 1936 in Chicago, wo sie zunächst als Erzieherin und dann als Sozialarbeiterin im klinischen Bereich arbeitete. Wegen ihres gesunden Menschenverstandes und ihrer praktischen Art lehnte sie die Methoden der Psychotherapie jener Tage ab. Zu häufig mußte sie erleben, daß „nichts dabei herauskam". Sie erkannte schon früh, daß Schizophrenie kein isoliertes Phänomen war und begann deshalb 1942 die ganze Familie zu therapieren.

Grundlage für *Satir*s Gedanken waren die Forschungsarbeiten, die sie in den späten 50er und frühen 60er Jahren gemeinsam mit *Don Jackson* und *Gregory Bateson* am Mental Research Institute in Palo Alto in Kalifornien durchführte. Außerdem half sie *Mike Murphy* beim Aufbau des Esalen Instituts.

Virginia Satir betrachtete das Leben als einen Prozeß, glaubte an die heilende Kraft in jedem einzelnen Menschen und hielt es für unerläßlich, dem Menschen bei seiner Veränderung in Form von Erziehung zu helfen – das waren die Grundlagen ihrer systemischen Theorie von Veränderung. Als sie erkannt hatte, in welcher Weise dieser Veränderungsprozeß abläuft, begann sie, Lernmodelle zu entwickeln, die den Prozeß förderten und Menschen bei ihrer Veränderung halfen. Sie entwickelte außerdem Konzepte und Methoden, mit denen sie Therapeuten beibrachte, wie man für den Klienten ein gesundes Umfeld schaffen und den Veränderungsprozeß fördern kann. 1967 hatte sie ein Modell entwickelt, das sie bis zu ihrem Lebensende ständig verfeinerte. Sie beobachtete, wie es auf dem Gebiet der Erziehung, der Vorsorge, der Einzel-, Ehepaar- und Familientherapie und der Heilung der Welt angewendet wurde. Im dritten Teil dieses Kapitels werden ihre Ansichten über die Veränderung und ihre Anwendung im Rahmen der Psychotherapie beschrieben.

Die einzelnen Elemente der Veränderung

Alles ist einer ständigen Veränderung unterworfen. Solche Veränderungen sollen hier jedoch nicht besprochen werden. Es geht uns in diesem Zusammenhang um bewußte Veränderung.

Die geplante Herbeiführung einer bewußten Veränderung ist das Wesen der Therapie. Wenn Menschen eine Therapie beginnen, bitten sie um Hilfe, damit sie eine solche Veränderung bewirken können. Manche kennen das Ziel, manche kennen es nicht. Die Elemente der Veränderung sind jedoch dieselben, ganz gleich, ob wir wissen, wohin wir gehen oder nicht.

Phase I – STATUS QUO

Virginia Satir nennt die Situation, in der wir uns befinden, den „Status quo". Dieser Zustand kann schwierig, schmerzhaft, ja sogar quälend sein, aber er ist uns vertraut und vermittelt uns ein Gefühl der Sicherheit. Wir wünschen uns zwar eine Veränderung, aber wir haben gleichzeitig Angst vor ihr.

Wenn wir den Versuch machen, eine solche Veränderung mit Hilfe der Psychotherapie zu erreichen, läßt sich die Motivation gewöhnlich auf eine der folgenden drei Ursachen zurückführen:
1. Jemand möchte, daß wir uns ändern, und glaubt, uns so, wie wir sind, nicht mehr ertragen zu können.
2. Wir haben eine visionäre Vorstellung von dem, was wir sein könnten.
3. Unser Leidensdruck ist so groß, daß wir das Gefühl haben, daß sich etwas ändern *muß*.

Diese Motivationen stehen im Widerstreit mit dem Wunsch, den Status quo zu erhalten, denn das Vertraute gibt uns ein Gefühl der Sicherheit.

Die Angst, den Status quo verlassen zu müssen, kann so groß sein, daß wir lieber „auf unserem Nagelbrett liegen bleiben, uns weiterhin zusammenschlagen lassen...". Zumindest ist uns das vertraut. Diese Reise ins Ungewisse wird dagegen häufig von großen Ängsten begleitet.

Mitunter versuchen Therapeuten, diese Ängste zu behandeln, indem sie ihren Klienten gut zureden („Es wird alles wieder gut"). Andere Therapeuten versuchen, Klienten davon zu überzeugen, daß sie die gegenwärtigen Schmerzen auch noch länger ertragen können. Das hilft nicht. Ein weiterer häufiger Irrtum der Therapeuten besteht in dem Versuch, Klienten durch logische Überlegungen zu einer Veränderung zu veranlassen („Letzte Nacht sind Sie zusammengeschlagen worden. Sie wollen doch sicher nicht, daß das noch einmal passiert – Sie müssen etwas ändern!"). Solche logischen Überlegungen sind auch nicht hilfreich.

Wenn man dem Menschen helfen will, muß man ihm Orientierungshilfen an die Hand geben. Der Therapeut kann ihn zum Beispiel fragen: „Spüren Sie irgend etwas in sich, das protestiert, wenn Sie sagen, alles könne so bleiben, wie es ist?"

Wenn sich der Therapeut auf die Hoffnungen und Ängste seines Klienten konzentriert, wird er sehr bald feststellen, daß der Betroffene nicht einmal den Mut hat, um das zu bitten, was er haben möchte. „Ich kann das ohnehin nicht bekommen, warum sollte ich mir dann Hoffnungen machen?"

Wenn diese Angst erst einmal akzeptiert worden ist, kann der Therapeut den nächsten Schritt einleiten, der sich aber immer noch im Bereich der Vorstellungen und Hoffnungen bewegt – konkrete Gedanken über eine Veränderung sind noch nicht geplant. Der Therapeut kann jetzt den Klienten zum Träumen ermutigen, indem er ihm durch seine Wärme und Menschlichkeit ein Gefühl der Sicherheit vermittelt: „Wenn Sie genau wüßten, daß Ihnen nichts dabei passieren kann, wenn Sie Ihr Ziel verfolgen, was würden Sie dann tun?" oder

1. „Wenn ich Sie besuchen würde und Sie hätten diese Veränderung vollzogen, die Sie sich wünschen, was würde ich dann sehen?"
2. „Wenn Sie einen Zauberstab hätten und *eine* Sache in Ihrem Leben (in Ihrer Familie) verändern könnten, was würden Sie

dann tun? Was wäre dann anders und in welcher Weise würde Ihnen das helfen?"

Anschließend muß der Therapeut den Klienten genau beobachten, wo sich sein Körper anspannt und wie intensiv seine Ängste sind, und er muß seinem Mitgefühl Ausdruck verleihen. Er kann dann zum Beispiel sagen: „Ein Teil Ihres Selbst möchte die Veränderung. Wir können ja einmal gemeinsam die Möglichkeiten durchspielen, was dann passieren würde."

Der Therapeut vermittelt dem Klienten durch solche Äußerungen ein Gefühl der Geborgenheit und eine Atmosphäre, die seiner Entwicklung förderlich ist. Und das ist eine der Voraussetzungen dafür, daß eine Veränderung stattfinden kann. Nicht nur das, was der Therapeut sagt, sondern vor allem auch seine Einstellung und sein Verhalten sind entscheidend für das Umfeld.

Der Therapeut unterstützt den Teil der Person, der Hoffnungen hat und seine Träume verwirklichen will, bleibt dabei aber gleichzeitig immer einen halben Schritt hinter ihm zurück. Der Klient hat eine Vorstellung von der erhofften Veränderung und geht voraus. Der Therapeut glaubt daran, daß alle Menschen in sich die Weisheit tragen, die sie auf ihrem Weg zur Veränderung leitet. Er hält sich für vertrauenswürdig genug, um den Klienten auf seiner Reise begleiten zu können, auf der er seine geheimen Wünsche und inneren Wahrheiten erkennen wird. Er geht mit ihm durch alle Phasen der Veränderung und findet seinen Weg, indem er dem Klienten zuhört. Der Therapeut schafft eine positive, Geborgenheit vermittelnde Atmosphäre, denn wir alle brauchen sehr viel Hilfe, um diese bewußte Veränderung erreichen zu können. Er schafft Freiräume, in denen die Wünsche des Klienten analysiert werden können. Der Therapeut geht von der Voraussetzung aus, daß sein Klient es so gut macht, wie er es zu dieser Zeit kann, daß er aber mehr will und nur nicht weiß, wie er es erreichen kann.

Somit wird der Therapeut bei diesem Unternehmen zum Partner des Klienten. Er hat ihm das Gefühl vermittelt, daß es keine Schuldzuweisungen geben wird und daß er die Möglichkeit hat, zu sehen, zu hören, zu fühlen und zu denken, was er will, und über seine

Erlebnisse zu berichten. Diese Einstellung ist ein Merkmal der Persönlichkeit des Therapeuten, er braucht sie dem Klienten nicht in Form eines Vortrags mitzuteilen, sondern muß sie ihm zeigen.

Wenn das geschieht, fühlen sich Menschen in der Regel bedeutend wohler, so daß sich ihr Wunsch nach einer Veränderung weiterentwickeln kann. Früher haben sich Therapeuten nicht so sehr darum gekümmert, daß sich der Klient wohlfühlte. Doch Wohlbefinden hat nichts mit Akzeptieren des Status quo zu tun.

> Alle Lebewesen streben danach, mit sich selbst in innerer Harmonie zu leben. Nur wegen der vielen „müßte" und „sollte"*, denen wir uns unterwerfen, müssen wir auf unserem Nagelbrett liegen bleiben. Ich habe noch nie einen Menschen kennengelernt, der seine Entwicklung angehalten hätte, weil er sich wohlfühlte. Ich kenne Leute, die ein wenig bekamen und dann glaubten, sie dürften nicht um mehr bitten. Der Glaube, daß man nur dann vorwärtsgeht, wenn man angespannt ist, steht im Widerspruch zu allen natürlichen Erfahrungen mit Liebe und Fürsorge.

Sobald der Therapeut sich mit seinem Klienten partnerschaftlich verbunden fühlt, wird Energie frei, da beide sich nun selbst erlaubt haben, eine Veränderung vorzustellen. Klienten spüren, wie beim Therapeuten und bei ihnen selbst der gegenseitige Respekt und eine gewisse Abenteuerlust wächst, und geben nicht mehr sich oder anderen die Schuld für ihr Leid. Jetzt kann weiter daran gearbeitet werden, dem Betroffenen dabei zu helfen, sich das Wesen des Status quo bewußtzumachen. Dazu müssen wir aber erst einmal wissen, wo wir stehen, um zu wissen, wohin wir gehen können. Denn meist läuft Verhalten in der Gegenwart automatisch und außerhalb des Bewußtseins ab.

Satir sagt: „Die Sprache der Veränderung ist bildhaft." Hier sind einige Beispiele für die Abklärung des Status quo:

---

* „Müßte" und „sollte" sind natürlich Teil der gesellschaftlichen und elterlichen Enkulturation. *Virginia Satir* geht es um das Problem des Selbstwertgefühls, das mit diesen Begriffen zusammenhängt, die zu einer bestimmten Zeit, in einer bestimmten Situation und an einem bestimmten Ort sinnvoll sein können, in anderen dagegen nicht. *Satir* hat das so formuliert: „Ich habe mir eine alte Redensart ins Gedächtnis zurückgerufen und sie modifiziert: ‚Bis zu dem Grad, in dem wir uns selbst akzeptieren und schätzen, können wir es uns gestatten, uns zu entwickeln und die Veränderungen durchzumachen, die unserer Entwicklung dienlich sind.'"

1. Der Therapeut ist sich der Tatsache bewußt, daß der Status quo eine Art Gleichgewicht zwischen dem Betroffenen, seinem Familiensystem und seiner Umwelt herstellt. Der Therapeut kann ein ausbalanciertes Mobile als Beispiel verwenden. Man kann ein solches Mobile aus den persönlichen Informationen zusammensetzen, die der Klient über sich und seine Familie gegeben hat. Das System befindet sich im Gleichgewicht, selbst wenn der Preis, der dafür gezahlt werden muß, hoch ist.
2. Um anschaulich zu machen, wie dieser Preis aussieht, hat Satir oft eine Wippschaukel als Beispiel benützt, bei der auf einem Ende eine schwere Person und auf dem anderen Ende eine leichte sitzt. Die schwere Person sitzt ziemlich nahe an der Mitte, um die Schaukel im Gleichgewicht zu halten und hat deshalb nicht viel vom Schaukeln. Die leichte Peron muß sich weit nach hinten lehnen.
3. Die Position des Klienten im Status quo kann mit der eines Menschen verglichen werden, dessen Füße einbetoniert sind. Er steht zwar aufrecht, kann sich aber nicht bewegen. Eine solche Vorstellung kann bei dem Klienten das Gefühl auslösen, in einer Falle zu sitzen oder erstarrt zu sein.

Die Bilder, die *Satir* verwendete, waren immer humorvoll und enthielten nie einen Vorwurf, sie waren lebendige Umschreibungen. In der Regel lösten sie beim Klienten sowohl eine bildliche Vorstellung als auch ein Körpergefühl aus. Jeder Therapeut kann seinen eigenen Stil finden und schöpferische Einfälle haben, wie er in der Seele des Klienten Vorstellungen auslösen kann, die ihm helfen, auf der Ebene des Körpers und der Seele zu lernen. Und der Therapeut lernt dabei gleichzeitig, auf eine rein deskriptive Weise zu lehren, ohne Schuldgefühle zu vermitteln.

Wenn der Therapeut seine Katalysatorfunktion im Hinblick auf diese Vorstellungen wahrgenommen hat, beginnt der Klient selbst Vorstellungen seiner Situation zu entwickeln, die genauere Bilder liefern, aus denen sich ein privater Code zwischen ihm und dem Therapeuten entwickeln kann, der weitaus wichtiger ist, als jede logische Erklärung der Situation es sein könnte.

Phase II des Veränderungsprozesses

Die zweite Stufe ist durch den Widerstand gegen die Veränderung und eine engere Beziehung zum Therapeuten gekennzeichnet. „In dieser Phase ist der Status quo im Begriff, sich neu zu gestalten." (Achten Sie auf *Satirs* positives Reframing des Widerstandes.) Außerdem kommen fremde Elemente ins Spiel, zum Beispiel neue Informationen oder das Bedürfnis oder die Sehnsucht nach einer Veränderung. Auch der Therapeut selbst stellt immer ein solches fremdes Element dar, gegen die der Status quo in der gleichen Weise Widerstand leistet, wie der Körper sich gegen ein transplantiertes Organ wehrt. Er braucht zwar das Organ, versucht aber trotzdem, es abzustoßen. Der Wunsch zu leben wird durch das Fremde verdrängt. Das „automatische" Verhalten und der „Komfort" des Status quo hat etwas mit dem Überlebenstrieb zu tun. Man hat das Gefühl, jede Veränderung wäre gleichbedeutend mit dem Tod.

Sowohl das psychische System des einzelnen als auch das Familiensystem besitzen ein Eigenleben. Damit dieses Leben in der gleichen Weise fortgesetzt werden kann, muß das fremde Element abgestoßen werden. Dieser Abstoßungsprozeß stellt den natürlichen, ja sogar instinktiven Versuch des Systems dar, das Gleichgewicht zu erhalten.

In der Therapie bezeichnet man so etwas als Widerstand. Dieser Widerstand negiert nicht etwa die Hoffnungen und Wünsche, sondern hat einfach nichts damit zu tun. *Satirs* Methode, eine Veränderung herbeizuführen, steht im Gegensatz zu den Methoden, die diesen Widerstand als eine Ablehnung der Veränderung interpretieren.

Wenn der Klient in der zweiten Phase Widerstand leistet, betrachtet er den Therapeuten als Fremden und wird ihm gelegentlich mit Ärger und Kritik begegnen. Das kann dann beim Therapeuten den Eindruck hervorrufen, er habe keine gute Arbeit geleistet oder das Problem nicht richtig angefaßt. Er kann zum Beispiel auch ganz allgemein das Gefühl haben „Ich bin kein guter Mensch" (*Satir* nennt das die „Ich-zähle-nicht-Einstellung") oder er sagt sich: „Der

Klient (die Familie) ist einfach nicht zu behandeln" (Das ist die „Die-zählen-nicht-Einstellung").

Wenn die zweite Phase erfolgreich ablaufen soll, muß der Therapeut mit beiden Beinen auf der Erde stehen und darf sich nicht persönlich vom Ergebnis der Therapie abhängig machen. Er muß geduldig sein, eine Perspektive haben und an die Menschen glauben. Er nimmt Kontakt mit dem Teil des Menschen auf, der Hoffnungen hat, eine Perspektive sieht und über die Energie verfügt, die Veränderung durchzuführen, mag sie auch noch so gering sein. Er hat Verständnis, Mitgefühl und Respekt vor dem Gefühl des Klienten, an seinem Status quo festhalten zu wollen, und für die Ängste, die damit verbunden sind.

Ein Beispiel, wie der Therapeut diese Einstellung vermitteln kann, könnte so aussehen:

1. Manchmal sind wir zwischen dem, was wir tun wollen, und dem, was wir tun sollten, gefangen. Das läßt sich darstellen, indem einer aus der Gruppe an einem Arm des Klienten zieht und ein anderer an dem anderen, (wobei alle Personen bei dieser Übung stehen sollten). Der Klient erlebt dann körperlich den Kampf zwischen dem „sollte" und „müßte" auf der einen und seinen Wünschen auf der anderen Seite.
2. „Allein die Tatsache, daß Sie hier in der Therapie sind, beweist Ihren Mut. Sie haben Angst, Sie haben das Gefühl, nicht weiter zu kommen, aber Sie haben bereits ein Element der Veränderung auf Ihrer Seite: Mut." Dann werden die Vorgänge besprochen, die zu dem Entschluß des Klienten geführt haben, eine Therapie zu beginnen. Ihm wird aufgezeigt, daß er aus eigenem Antrieb gekommen ist, weil er sich nach einer Veränderung sehnt. Er hat den nötigen Mut bewiesen, und der Therapeut muß ihm jetzt helfen, die nötige Kraft zu finden, um den Status quo verlassen zu können.
3. Ein Beispiel für Widerstand sieht etwa so aus:
Klient: „Ich weiß nicht, wie ich auf die Idee kommen konnte, daß ausgerechnet Sie uns helfen könnten." Wenn der Therapeut die Angst erkennt, die sich hinter dieser Bemerkung verbirgt, kann er/sie darauf antworten: „Sie haben Angst, ich könnte Ihnen auch nicht helfen. Sie befürchten, daß Sie *und* ich eine Niederlage erleben werden, und daß Sie sich dann noch verlassener und hoffnungsloser fühlen werden."
Mit derartigen Bemerkungen umgehen wir den Widerstand und neh-

men Kontakt auf. Wenn das Gefühl erst einmal bewußt geworden ist, können wir gewöhnlich geduldig weitermachen.

Um Kontakt zu bekommen, müssen wir den anderen Menschen dort begegnen, wo sie leben, wo ihre tiefsten Gefühle, Hoffnungen und Ängste sind. Sie müssen jederzeit wissen, daß wir bei ihnen sind, ohne daß sie deshalb ihre Selbstachtung verlieren müßten. Wenn der Kontakt wirklich erreicht ist, begegnen wir auch dem „höheren Selbst" des anderen. Er weiß dann, daß auch wir zumindest einen Teil seiner Möglichkeiten erkannt haben. Seine Selbstachtung steigt dadurch, während er uns gleichzeitig erlaubt hat, seinen wunden Punkt zu berühren.

Phase III des Veränderungsprozesses

Das Merkmal der Phase III ist das Chaos. Während die Phase II in gewisser Weise berechenbar ist, und wegen der Vertrautheit ein Gefühl der Kontrollierbarkeit vorherrscht, ist die Phase III völlig unberechenbar, weil alles sich im Prozeß der Veränderung befindet. Das alte Leben ist nicht mehr angenehm, aber es gibt auch noch keine neue Ordnung. Der Therapieprozeß selbst hat eine Krise heraufbeschworen.

Es kommt oft vor, daß jemand eine Therapie beginnt, während er sich in oder *fast* in einer Krise befindet. Dann wird er versuchen, am Status quo festzuhalten, und wird jeder Möglichkeit einer Veränderung Widerstand entgegensetzen, und dabei gleichzeitig immer wieder mit dem Chaos eines Zusammenbruchs eben jenes Status quo konfrontiert werden. Die Therapie muß sich auf die Krise zubewegen; dabei ist die Beziehung, die der Therapeut zu seinem oder seinen Klienten hat, von entscheidender Bedeutung.

Satir betrachtete die Krise als eine „Gelegenheit zum Wachstum, zur Entwicklung". Eine Krise kann innerhalb eines Familiensystems entstehen und durch Ereignisse wie die Geburt eines Kindes, finanzielle Schwierigkeiten und Krieg ausgelöst werden, sie kann sich aber auch in der Seele eines Menschen abspielen, dessen „höheres Selbst" nach einer Veränderung strebt.

Eine solche Krise gehört zum normalen Leben und ist weder ein Problem, das gelöst werden muß, noch eine Krankheit, die behandelt werden sollte. Sie stellt vielmehr einen Prozeß dar, den man erkennen muß, wenn man Klienten, Familien- oder Gruppenmitgliedern dabei helfen will, zu lernen, auf sich selbst zu hören, um diesem Veränderungsprozeß folgen zu können.

Für *Satir* war eine derartige Krise und das damit verbundene Chaos keine negative Erscheinung, sondern ein wichtiges Signal dafür, daß die Zeit reif ist für eine Veränderung, daß wir in uns hineinhorchen sollten, um herauszufinden, wie diese Veränderung aussehen wird. Ob sie groß oder klein ist, spielt dabei keine Rolle, in jedem Fall sollen Krise und Chaos uns aufrütteln, damit wir unser Leben von innen und außen in einem neuen Licht sehen.

Die Krise gibt uns sowohl Gelegenheit, uns zu öffnen, als auch Gelegenheit, uns zu schützen. Wenn wir uns vor dem schützen, was geöffnet wurde, verlieren wir es. Wenn man sich öffnet, ist man verletzlich. Aufgabe des Therapeuten ist es, dem Klienten ein Gefühl der Sicherheit zu vermitteln, damit er es sich leisten kann, verletzlich zu sein.

Der Therapeut führt den Menschen dann zu seiner eigenen inneren Wahrheit. Wenn er ihn zum Beispiel plötzlich mit der Aussage konfrontiert „Ich möchte Sie nie wiedersehen!" oder etwas Ähnliches sagt, heißt das, daß er keine Therapie im alten Sinne nötig hat, die ihm eine kathartische Abfuhr seiner Gefühle ermöglicht. In einem solchen Fall geht es weniger um eine Gefühlsabfuhr als darum, den Auslöser dieser Gefühle zu finden, den das Selbst kennt.

Ich fordere den Klienten oft auf, ganz einfach tief durchzuatmen und dann nach ein paar tiefen Atemzügen in sich hineinzuhorchen, um festzustellen, wie er sich fühlt. Fast immer höre ich dann: „Ich bin verzweifelt, einsam, traurig" oder der Klient drückt ein ähnliches Gefühl aus, mit dem er kämpft. Das ist der Auslöser, der zu der Entladung geführt hat. Das Gefühl, das die Explosion begleitet, vermittelt dem Menschen eine neue Bewußtheit... es ist ein weiteres fremdes Element, das die Familie aus dem Gleichgewicht bringt und gleichzeitig neue Perspektiven öffnet.

Diese neue Bewußtheit kommt nicht plötzlich, sondern wächst allmählich, aber sie führt letzten Endes zu einem Bruch mit dem Status quo, durch den der Mensch in die Lage versetzt wird, neue Gedanken durchzuspielen und neue Erfahrungen zu machen. Eine solche Freiheit entsteht nicht durch Worte, sondern durch Erfahrungen.

„In dieser Phase muß der Therapeut die kreative Spannung zwischen den Widerständen, die respektiert werden müssen, aufrechterhalten und gleichzeitig die neuen Möglichkeiten ausschöpfen." Dabei kann er den Fehler machen, sich zu lange bei den Widerständen aufzuhalten, weil er selbst Angst vor der Veränderung hat. Wenn der Therapeut diese Angst auf den Klienten projiziert, sich also mit dessen Angst identifiziert, sind beide gelähmt. Wir müssen uns unsere eigene Angst bewußt machen und allein damit fertigwerden, erst dann können wir Mitgefühl mit den Ängsten des Klienten haben. Therapeut und Klient werden dann den Mut finden, der Angst gemeinsam entgegenzutreten. Dabei läuft im wesentlichen folgendes ab:

> Für solche Zeiten des Chaos habe ich eine Faustregel. Es sind nur Veränderungen zulässig, die in 10 Sekunden ausgeführt werden können. In diesem Stadium kann der Betroffene, der einen Veränderungsprozeß durchmacht, sich nicht auf sein eigenes Urteilsvermögen verlassen. Es handelt sich nicht um ein zentrales Stadium. Wenn der Klient damit droht, er werde sich trennen, scheiden lassen usw., bestätige ich das nicht, weil das Chaos noch nicht genug Material zutage gefördert hat, um eine derartige Entscheidung zu rechtfertigen. Ich betrachte die drastischen Entscheidungen, die in diesem Stadium getroffen werden, als einen Aufschrei des Selbst, das seinen Hoffnungen Ausdruck verleihen will.

Der Klient hat das Gefühl, daß alles viel schlimmer und noch problematischer geworden ist. Man muß ihm erklären, was geschieht. Man sollte schon in der Phase I und dann noch einmal in der Phase II auf das Chaos und die Verschlimmerung der Probleme hinweisen, um Klienten auf das vorzubereiten, was sie erwartet.

In Phase III muß der Therapeut ganz für die Klienten da sein, denn dann gehen sie „in Deckung". Der Therapeut muß ihnen durch Berührungen und andere Mittel ein Gefühl der Sicherheit und

Geborgenheit vermitteln und ihnen zeigen, daß er sich um sie kümmert. Seine Hauptaufgabe ist es, auf dem Weg in die Angst Vorbild zu sein und dabei gleichzeitig die Klienten zu unterstützen und ihre Angst zu würdigen. Er bleibt in der kongruenten Kommunikationsform* – d. h. er gibt, empfängt und überprüft Bedeutungen, hört zu und schafft die Freiräume, damit jeder gesehen und gehört werden kann. Er ist bei diesem Prozeß ein „Detektiv", der solange tätig ist, bis das Individuum und/oder die Familie ein neues Bewußtsein erlangt hat und seinen/ihren Prozeß selbst analysieren kann. Der Therapeut schafft eine Atmosphäre, in der eine Entwicklung ohne Schuldgefühle möglich ist.

Eine Interaktion in Phase III kann zum Beispiel so aussehen:

Ehemann: Ich habe eine solche Wut auf meine Frau, ich könnte sie umbringen.

Therapeutin: Sie möchten Ihre Frau am liebsten umbringen, wie denn?

Ehemann: Ich möchte sie erdrosseln, damit sie endlich mit ihrem Geschwätz aufhört.

Therapeutin: Können Sie sich noch andere Möglichkeiten vorstellen?

Ehemann: Ich möchte sie ersticken, einen alten Lappen in ihren Mund stecken.

Therapeutin: Sie meinen also, Sie möchten gern, daß sie aufhört zu schwätzen.

Ehemann: Ja.

Therapeutin: Gut, vielleicht finden wir ja eine andere Möglichkeit.

Ehemann: In Ordnung.

(Die Therapeutin arbeitet auf dieses Ziel hin und wendet sich an die Frau.)

Therapeutin zur Ehefrau: Wissen Sie, was er meint?

Ehefrau: Nun ja, ich werde wütend und schreie ihn dann oft an.

Therapeutin: Worüber werden Sie wütend?

---

* *Satir* hat fünf Kommunikationsformen beschrieben, vier davon bezeichnet sie als dysfunktional: beschwichtigen, anklagen, rationalisieren, ablenken. Die fünfte Kommunikationsform ist funktional; sie bezeichnet sie als kongruent (leveling) oder fließend. ‚Dabei gehen alle Teile einer Botschaft in die gleiche Richtung: Die Worte passen mit dem Gesichtsausdruck, der Körperhaltung und dem Stimmausdruck zusammen. Wenn Menschen sich so verhalten, sind ihre Beziehungen leicht, frei und ehrlich, und die Betreffenden fühlen sich in ihrer Selbstachtung kaum bedroht ' (*Satir* 1990, S. 131). (Anmerkung d. Hrsg.)

Ehefrau: Ich rede mit ihm, und er gibt mir einfach keine Antwort. Ich rede weiter, aber er antwortet nicht, also sage ich immer wieder dasselbe und fange schließlich an zu schreien.

Therapeutin: (Spielt immer noch den Detektiv, bleibt dabei aber immer deskriptiv, ist nicht vorwurfsvoll und geht davon aus [weiß], daß alle Verhaltensweisen einen Sinn haben und sie diesen Sinn finden muß.) „Kann einer von Ihnen beiden sich daran erinnern, wann so etwas passiert ist? Können Sie mir sagen, was dem vorausgegangen ist?"

Im weiteren Verlauf erfährt die Therapeutin, daß die Frau sich kurz vor einem solchen Vorfall vernachlässigt gefühlt hat, daß er sie völlig ignoriert hat und nichts von ihr hören wollte. Die Therapeutin entdeckt möglicherweise, daß das Verhalten der Frau mit Verletzungen aus der Vergangenheit zusammenhängt und nicht unbedingt etwas mit dem Ehemann zu tun hat. Der Mann hört die ganze Zeit zu und gewinnt dadurch ein besseres Verständnis für die Gefühle seiner Frau. Die Frau wiederum kann lernen, alte Verletzungen von gegenwärtigen zu unterscheiden. Sie kann neue Möglichkeiten finden, sich Gehör zu verschaffen. Der Ehemann erkennt womöglich, daß er seiner Frau unterstellt hat, sie wolle ihn mit ihrem Geschwätz verrückt machen, obwohl ihr „Geschwätz" in Wirklichkeit durch völlig andere Gefühle motiviert wurde.

Beachten Sie bitte, daß die Therapeutin dem Mann nicht gesagt hat, was er tun soll. Inzwischen wollte er seine Frau nicht mehr umbringen. Er hatte neue Informationen bekommen und damit neue Alternativen. Auch der Vorfall selbst wird wertfrei behandelt, Gefühle werden gewürdigt, und alles wird in einen neuen, sinnerhellenden Zusammenhang gebracht, wodurch es zu einem neuen Verständnis kommt.

Für *Virginia Satir* spielte gerade in dieser Phase Humor eine wichtige Rolle. Im Falle des beschriebenen Ehepaares würde sie beispielsweise die Rolle der Frau übernehmen und so gestalten, daß sie einen neuen Sinn bekäme ... und würde die Rolle dabei übertreiben:

(Virginia ganz dicht am Gesicht des Ehemanns) „Hör zu, mein Lieber, ich möchte dir etwas sagen, und ich möchte, daß du mir zuhörst." (Dann wartet sie, bis er ihr in die Augen blickt, und sagt ihm in einer klar verständlichen, direkten Weise, was sie von ihm will.)

Dieser Dialog führt zu der Erkenntnis, daß ein Teil der Frau gar nicht angehört werden wollte, denn sie fühlt sich bloßgestellt und hat Angst. Jetzt offenbart sich das, was aus der Tiefe ihrer Seele auftaucht.

Es wird klar, daß es nicht um das eigentliche Problem geht, sondern um die Art, in der man versucht, damit fertigzuwerden. In dieser Phase verschafft der Therapeut seinem Klienten die Möglichkeit, alle seine Sinne einzusetzen und zu berichten, was er dabei erlebt. Die Sinne sind das Rückmeldungssystem, mit dessen Hilfe wir auf das ursprüngliche Problem reagieren können. Und diese Sinne sind vorher zweifellos in irgendeiner Weise ignoriert worden, was zu den Schwierigkeiten im Umgang mit dem Problem geführt hat.

Phase IV: Anwendung des Veränderungsprozesses auf die gesamte Lebensentwicklung

Inzwischen ist die Zusammenarbeit zwischen den Familienmitgliedern, dem einzelnen, der Gruppe und dem Therapeuten von gutem Willen geprägt, und das gleiche trifft zunehmend auch auf die Atmosphäre zwischen den Familien- oder Gruppenmitgliedern zu. Auf der Grundlage dieser Sicherheit können jetzt neue Verhaltensweisen ausprobiert werden, wobei es keine Rolle spielt, ob die Klienten es dabei „richtig" machen. Es geht um das Experimentieren.

In dieser Phase besteht unsere Arbeit daraus, daß wir uns das, was wir an uns und an unserer Umwelt als echt erkannt haben, immer wieder aufs neue bewußt machen. Man kann leicht etwas wieder vergessen, was man gelernt hat. Schließlich wird man auch kein guter Tennisspieler, indem man an Tennis denkt, sondern dadurch, daß man trainiert. Das gleiche gilt für seelische Veränderungen.

Beim Üben macht man oft einen schwerfälligen und ungeschickten Eindruck. Dazu gehört Mut, der besonders gewürdigt werden muß (s. S. 85 „Mutstab"). Das Üben kann darin bestehen, daß man sich mit Hilfe von Tagebüchern, Bildern oder Notizen, die man sich an den Spiegel heftet, wo man sie immer wieder sehen muß, dazu zwingt, sich zu erinnern. Wenn man dabei Angst bekommt, sollte man tief durchatmen. Wenn wir den Weg zu unserer inneren Wahrheit finden wollen, müssen wir Geduld haben und uns immer wieder die Dinge ins Gedächtnis zurückrufen, die wir vor lauter Angst beinahe vergessen hätten.

Familien-, Gruppenmitglieder und der Therapeut unterstützen den Klienten vor allem in dieser Phase in liebevoller Weise, damit er erkennt, was eigentlich geschieht, wie er eine Veränderung herbeiführen kann und daß er anschließend selbst merkt, wie er sich jetzt anders verhält. Der Therapeut muß dem Klienten Sicherheit vermitteln, damit er nicht vor lauter Angst in das Stadium des Kampfes ums Überleben zurückfällt.

Der Schmerz der Phase IV ist der Schmerz des Wiedererkennens. Es mag weh tun und es kann Tränen geben, aber im Gegensatz zu den Schmerzen der Phase I führt dieser Weg zu neuer Hoffnung. In Phase I werden die Schmerzen durch Selbstvorwürfe und Schuldzuweisungen verursacht, und solche Schmerzen enden nur vor verschlossenen Türen.

Der neue Status quo – das neue Gleichgewicht

Wenn wir das Gelernte geübt haben, erreichen wir einen neuen Status quo, der aus dem Erkennen biologischer Gesetzmäßigkeiten und der eigenen Wahrheit gewonnen wird. Dadurch werden neue Energien frei, und es entsteht neue Kreativität. Oft kommt es dann vor, daß nicht nur das Denken klarer wird, sondern daß ein Mensch auch buchstäblich besser sehen kann. Der Energiepegel steigt. Die Fähigkeit, klare Entscheidungen zu treffen, wächst. Auch die Harmonie des Menschen im Umgang mit sich selbst und mit anderen wird gesteigert. Viele erleben darüber hinaus eine Verbundenheit mit den Kräften des Universums.

Diese Beschreibung der Elemente der Veränderung hat nicht das Ziel, den Status quo als schlecht und die Veränderung als gut zu bezeichnen. Es gibt natürlich Zeiten, in denen es sinnvoll ist, den

Status quo beizubehalten und Veränderungen Widerstand entgegenzusetzen. Es kann sogar sein, daß genau *das* Entwicklung bedeutet und zwar in Zeiten, in denen Konstanz und Berechenbarkeit Voraussetzungen für eine Weiterentwicklung sind. Es geht letztlich nicht um Veränderung oder Beibehaltung des Status quo, sondern um die Seinsqualität, die all dem unterliegt, was wir tun. Wenn man aus Angst und Vorsicht den Status quo beibehält und die Kommunikation mit den eigenen Sinnen und inneren Wahrheiten ablehnt, und statt dessen seine Identität auf der Grundlage äußerer Regeln und Gesetze aufbaut, ist das tödlich für die eigene Menschlichkeit.

Es ist allerdings etwas anderes, wenn man den Status quo beibehält, weil man Ruhe braucht und zum Beispiel andere Dinge integriert oder kreiert. Dann ist das sogar ein Teil des Entwicklungsprozesses. Wir reden hier über die Verbindung zum eigenen Selbst und über die Freiheit, alle Sinne einzusetzen, um dann diese Informationen in unsere Handlungen, Entscheidungen und Kontakte einfließen zu lassen. Wenn das geschieht, befinden wir uns in einem Wachstums- und Veränderungsprozeß, obwohl wir den Status quo aufrechterhalten.

Zusammenfassung der Elemente der Veränderung

Symbolisch gesehen vermittelt uns Phase I, die Phase des Status quo, zunächst den Eindruck, mit den Füßen im Beton zu stecken. Wir fühlen uns dann zwar ganz schwer, können aber zumindest nicht umfallen, also empfinden wir gleichzeitig eine gewisse Stabilität. In Phase II wird dem neuen Element – zum Beispiel dem Therapeuten, neuen Ideen, neuen Vorstellungen, einer neuen Ehe usw. – Widerstand entgegengesetzt. Wenn der Veränderungsprozeß sich dann fortsetzt, wird der Widerstand in Phase III durch eine chaotische Eruption des alten Gleichgewichts abgelöst. Diese Phase ist durch Angst, extreme Verhaltensweisen, Krisen, aber auch durch neue Informationen gekennzeichnet. In dieser dritten Phase stehen wir nur noch mit einem Fuß im Beton. Hin und wieder stürzen wir bei unseren Versuchen zu Boden und haben das Gefühl, in einer

Falle zu sitzen. Mit Mut, Geduld und viel Unterstützung von außen befreien wir dann auch den anderen Fuß.

Phase IV ist die Trainingsphase. Beide Füße sind jetzt mehr oder weniger aus dem Beton heraus, und wir wissen, daß wir nicht mehr in den alten Zustand zurückkehren können, obwohl der neue sich noch nicht stabilisiert hat. In dieser Phase erinnert der Schmerz an Geburtswehen und ist nicht mehr ein Schmerz der geschlossenen Türen wie in Phase I, in der man eine Stagnation erlebt und sich betäubt und wie tot fühlt. Die beiden Arten des Schmerzes sind völlig verschieden.

Phase V ist durch ein Gefühl der Leichtigkeit gekennzeichnet, das man empfindet, wenn man nach langer Zeit von einer schweren Last befreit ist: man würde am liebsten tanzen. Das eigene Befinden und die Beziehungen zu anderen Menschen und zur Umwelt sind besser geworden. Die alte Identität des Status quo basierte bis zu einem gewissen Grad auf automatischen Verhaltensweisen und in größerem Maße auf Einflüssen von außen. Wenn Phase V erreicht ist, hat der Mensch mehr Selbstvertrauen und seine Identität kommt mehr von innen. Bei der Suche nach Wahrheit und Orientierung verläßt er sich jetzt häufiger auf sich selbst.

Therapie bedeutet geplante Veränderung. Während des gesamten Veränderungsprozesses bietet der Therapeut einen festen Halt, er erkennt die menschlichen Gemeinsamkeiten bei sich und seinem Klienten – er weiß, daß solche Veränderungen einen Lebensprozeß darstellen, dem wir alle unterworfen sind und er weiß auch, daß wir alle Angst haben. Der Therapeut glaubt fest daran, daß sein Klient alles hat, was er braucht, um seinen Weg zu finden, und dirigiert den Prozeß, indem er ihm im Abstand von einem halben Schritt folgt und die Atmosphäre schafft, die dem therapeutischen Prozeß und der Entwicklung des Klienten förderlich ist.

Anwendung des Veränderungsprozesses auf die Entwicklung im Laufe des gesamten Lebens

Die einzelnen Phasen des Veränderungsprozesses wiederholen sich ständig, so lange der Mensch lebt. Immer wenn wir eine Zeitlang in einem Status quo verblieben sind, wird der Kreislauf wieder in Gang gesetzt: ein fremdes Element, Chaos, Training, ein neuer Status quo. Aber dieser Kreislauf hat einen progressiven Charakter. Um das zu illustrieren, gibt *Satir* ungefähre Prozentsätze an, die eine Entwicklung von lähmender Angst bis zur höchsten Erregung und Lebendigkeit zeigen:

Beim erstenmal besteht der Status quo zu 99% aus Angst und zu einem Prozent aus Wohlbefinden. Beim neuen Status quo beträgt die Angst 75% und das Wohlbefinden 25%. Wir verändern uns, aber wir zögern immer noch. Die Vergangenheit hält uns noch immer zurück. Wir stehen zwar schon mit beiden Beinen im Neuen, die Frage ist nur, bis zu welchem Grad wir uns darauf verlassen können, daß sie in diesem neuen Status quo bleiben.

Wenn wir den Veränderungsprozeß ein zweites Mal durchlaufen, sind die Gefühle im Chaos weniger chaotisch und das Training und der neue Status quo ergeben 50% Angst und 50% Wohlbefinden. Bis zu diesem Punkt war jegliches Risiko mit Ängsten verbunden; danach gibt es zumindest ein gleiches Maß an Wohlbefinden oder sogar an freudiger Erwartung und Angst und Furcht.

Am Ende des dritten Zyklus stehen 90% Wohlbefinden 10% Angst gegenüber. Die Furcht hat sich in freudige Erregung und Lebendigkeit verwandelt.

Die Lebensgrundlage hat sich jetzt verändert, anstelle der Angst erlebt der Mensch in zunehmendem Maße freudige Erregung und Lebendigkeit, er wird kreativ und schottet sich nicht mehr ab.

Dieser Kreislauf kann sich über das gesamte Leben erstrecken (siehe Abb. 1). Es ist durchaus möglich, daß man sich ständig in solchen Zyklen der Veränderung bewegt, daß man sein Leben wirklich lebt und den Höhepunkt seiner Kreativität erreicht, statt nur dahinzuvegetieren. Wenn wir diesen Zustand erreicht haben, halten wir Ausschau nach einem neuen fremden Element, so wie man einem Wunsch oder einer Sehnsucht folgt. Wir lernen, Risiken einzugehen, und stellen fest, daß wir an einen Punkt gelangt sind, an dem wir noch nie waren. Wir betrachten diesen Ort als Neuland, in dem wir Neues lernen können. Wir folgen jetzt unseren inneren Signalen und nicht mehr den äußeren Regeln, die uns vor unseren Ängsten schützen sollen. Chaos ist dann kein Chaos mehr, sondern

Teil der Lebensenergie, die ganz besonders intensiv erlebt wird, als „peak experiences", wie *Abraham Maslow* es ausgedrückt hat.

Das Wachstumsmodell des Lebens und der Veränderung steht im Gegensatz zu dem klassischen, linearen Modell des Lebens, das man uns beigebracht hat und das in Abbildung 1 durch eine dicke Linie markiert ist. Es besagt im Grunde nur, daß das Leben aus Kindheit, Jugend, Erwachsenenalter und Alter besteht. Wir warten vorsichtig und voller Furcht auf die nächste Phase. Wenn wir uns in einer Phase befinden, bereiten wir uns auf die nächste vor, die dann der Mittelpunkt unseres Lebens ist, denn das hilft uns, unsere Angst in Grenzen zu halten.

Der Mensch ist in jedem Lebensalter in der Lage, sich zu ändern.

Veränderungen des Individuums und der Weltfrieden

Dieser Abschnitt besteht aus direkten Zitaten von *Virginia Satir*, auf die der Text sich bezogen hat. Sie betrachtete Psychotherapie als Mittel einer geplanten Veränderung und hatte erkannt, daß der Prozeß, den sie in der Therapie beschrieb, mit dem Prozeß des Lebens identisch ist, wie er sich im Individuum, bei Ehepaaren, in Familien und Gruppen abspielt. Er läßt sich auch auf Nationen anwenden. Sie glaubte, daß sich immer mehr Leute zugunsten der Wachstumsmodelle von den linearen Modellen abwenden werden. Sie hatte die Hoffnung, daß sich ähnlich wie in dem Buch *The Hundredth Monkey* das Bewußtsein der Welt ändern würde, wenn sich nur genügend Menschen diesem Veränderungsprozeß unterzögen. Die folgenden Zitate stammen vom Herbst 1987 und Frühjahr 1988:

> Es gibt (in unserer Welt) eine neue Kraft und neue Formen, die sich in Bewegung befinden. Ich selbst bin ein Beispiel dafür. Ich möchte nicht in dem Bewußtsein sterben, daß die Welt das, was ich getan habe, für etwas Einmaliges hält. Ich habe in vielen Ländern versucht, Menschen dabei zu helfen, besseren Kontakt zu sich selbst zu bekommen, um auf diese Weise menschlicher zu werden und gleichzeitig Vermittler sein zu können, der anderen beibringt, wie man ein Gefühl der Verbundenheit entwickelt, wie man gibt und nimmt (und wie man sein Leben an einem

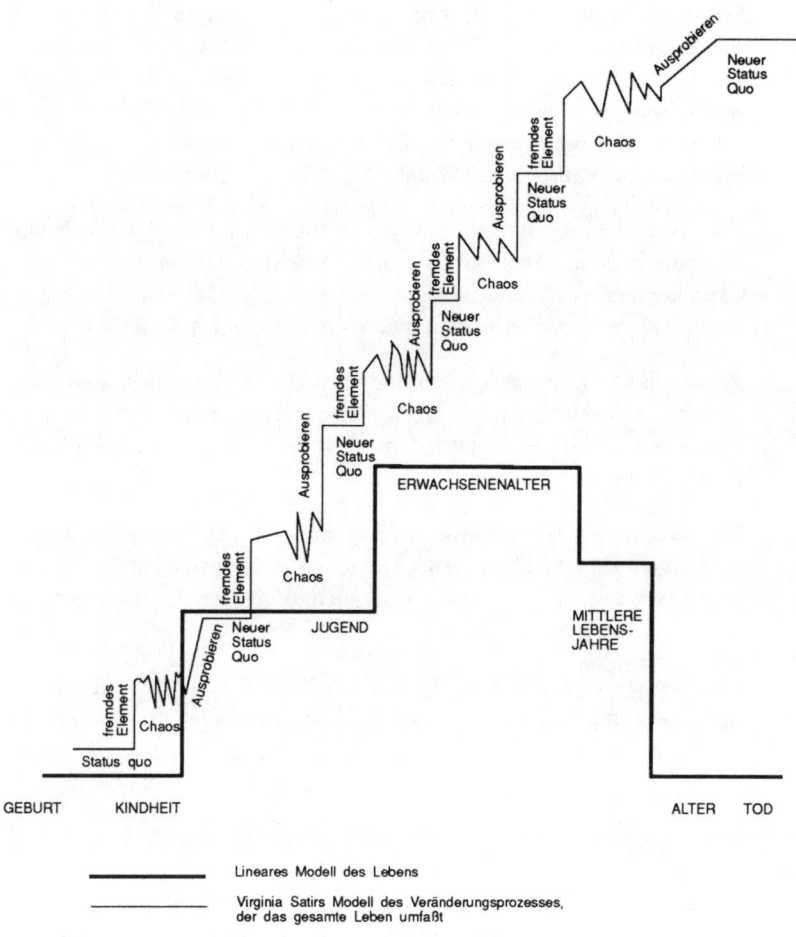

Abb. 1

Wachstumsmodell orientieren kann). Wenn sich genügend Menschen zu dem Veränderungsmodell bekennen würden, könnten wir ein neues (planetares) Bewußtsein erlangen, wie es das in dieser Welt noch nie gegeben hat. Statt des linearen Modells des Lebens, das uns alle in Schubläden einordnet wie Jugend, Erwachsenenalter, mittlere Jahre und Alter oder nach unserer Tätigkeit, nach der Ansammlung materieller Dinge, nach der Hautfarbe oder nach unserer Adresse, wäre dann jeder Mensch eine wunderbare Manifestation des Lebens. Die Seele des Menschen würde dann eine Stimme finden, mit der sie ihr Wachsen und ihre Einzigartigkeit ausdrücken könnte.

Wenn die Nationen einander mit dieser Einstellung begegnen würden, stünden Angst und Schutzverhalten nicht mehr im Mittelpunkt, sondern dann könnten wir alle unsere Sinne einsetzen, um das wahrzunehmen, was wirklich ist und es so kommentieren, wenn wir möchten.

Wenn ich von innerem Frieden und vom Frieden unter den Menschen spreche, denke ich nicht daran, wie Jordanien und Israel miteinander auskommen könnten, sondern daran, wie Sie mit mir und ich mit Ihnen auskommen könnte.

Seit meinem fünften Lebensjahr habe ich mich mit Leidenschaft dem Gedanken verschrieben, daß „Menschen sich entwickeln können". Wenn wir das, was wir sagen, nicht auch in unserem Leben verwirklichen, werden wir zu Lügnern.

Ihre Gegenwart auf diesem Planeten (zu dieser Zeit) ist die wesentliche Voraussetzung dafür, daß eine Veränderung stattfindet. Ihr Bewußtsein wird gebraucht.

Weitere Untersuchungen und Entwicklungen

Virginia Satir hat ihr Leben dem Veränderungsprozeß und der Rolle des Therapeuten in diesem Prozeß gewidmet. Sie wandte die Methode bei Einzelklienten, Familien und Gruppen an und betrachtete den Veränderungsprozeß als einen Teil des normalen Lebens. Sie war Lehrerin und Therapeutin der Therapeuten, denen sie half, menschlicher zu werden und sich um ihren eigenen Entwicklungsprozeß zu kümmern – das heißt, das zu leben, was sie anderen beibrachten. In den letzten zehn Lebensjahren, vor allem in den letzten vier, wandte sie diesen Veränderungsprozeß auch auf das Problem des Weltfriedens an. Bei einem meiner letzten Gespräche mit ihr (im Mai 1988 in der UdSSR) war sie intensiv damit beschäftigt, die Entwicklung des Bewußtseins in unserer Welt zu untersuchen. Mussolini, Hitler und Lenin, und vor ihnen viele andere, hatten eine bessere Welt für alle Menschen schaffen wollen, erreichten aber genau das Gegenteil. Selbst wenn wir die besten Absichten haben, können wir keine bessere Welt schaffen. Dazu bedarf es eines neuen Bewußtseins. Sie sprach davon, daß sie darüber schreiben wolle, wenn sie mit ihren historischen Studien weiter gediehen sei.

Bei ihren Vorträgen in der UdSSR sprach sie über dieses neue Bewußtsein, das den Frauen auf der ganzen Welt eine neue Freiheit bringen würde. Sie sprach von der notwendigen Freiheit eines jeden Menschen, an jeden Ort reisen und dort leben zu können, wo es ihm gefällt. Sie wies immer wieder darauf hin, daß sich das Bewußtsein auf einer ganz persönlichen Ebene entwickeln müsse, und schuf, wo immer sie auftrat, eine Atmosphäre, in der Menschen einander begegnen konnten.

Als *Virginia* im Sterben lag, war es meine Aufgabe, ohne sie ein Programm zu organisieren, das sie geplant hatte, und das den Titel „Was die Familie gesund macht, macht auch die Welt gesund" trug. *Reone Eisler* war die Hauptreferentin dieser Veranstaltung und berichtete uns über das Fehlen einer femininen Komponente des Bewußtseins, über das sie historische Untersuchungen angestellt hatte. Sie sieht darin einen der wichtigsten Faktoren für eine globale Veränderung. *C. G. Jung* hat in seinen Aufsätzen über „Fliegende Untertassen" und ihre symbolische Bedeutung aus dem Jahre 1958 über dieses Thema geschrieben. *Virginia Satir* hatte absolut recht. Sie war eine Repräsentantin der neuen Kraft. Wenn sie weiter gelebt hätte, hätte sie sich bestimmt mit ihrer einfachen Sprache und in ihrer praktischen Art dieses Problems angenommen und den Menschen dieses neue Bewußtsein vermittelt. Ihre große Begabung bestand darin, daß sie dem Publikum mit prägnanten Worten ein essentielles Bewußtsein vermitteln konnte, dem sich keiner entziehen konnte. Ich bin der Meinung, daß sich die Psychotherapie, sei es Gruppen-, Einzel- oder Familientherapie dahin entwickelt, daß wir das einsetzen, was wir über die Veränderungsprozesse gelernt haben und es dazu benützen, das Bewußtsein aller Kulturen, Altersgruppen, aller sozioökonomischen Schichten zu steigern, so daß schließlich alle Veränderungen, die auf der Welt ablaufen, auf der Grundlage eines völlig anderen Bewußtseins stattfinden, als das bei unseren Vätern der Fall war. Die Kraft, von der *Virginia Satir* gesprochen hat, kann einer größeren Zahl von Menschen bewußt gemacht werden, die Prinzipien können gelehrt und vorgelebt werden, und müssen sich nicht auf die Psychotherapie beschränken. Sie können in einer kulturellen Dimension eine präventive Wirkung haben.

Literatur

Satir, V.: Video tape of Virginia describing the Change Process – made and distributed by Golden Triad Films, Inc., with the Family Institute of Kansas, Kansas City, Mo.

Satir, V. (1988): Video tape of Virginia describing the Change Process – Gabriola Island, 1988, Spring.

Satir, V. (1987): Lecture at Vista Hermosa, Fall, 1987 on tape done by Dr. Morris Gordon.

Erinnerungen und Notizen: Erfahrungen aus Reisen, Seminaren, Freundschaft und Zusammenarbeit mit Virginia Satir von 1963 bis zu ihrem Tod 1988.

Aus dem Amerikanischen von Dr. Bringfried Schröder.

Ingredienzen einer Interaktion

Michele Baldwin

Die Intervention, die in diesem Aufsatz beschrieben wird, wurde Anfang der 80er Jahre von Virginia Satir entwickelt und basiert auf der Beobachtung, daß bei jeder Interaktion zwischen zwei Menschen der sichtbare Teil dieses Vorgangs häufig keine Hinweise auf die inneren Prozesse des Senders oder Empfängers enthält. Wenn diese inneren Prozesse jedoch erkennbar werden, lassen sich zahlreiche Mißverständnisse vermeiden. Eine solche Intervention soll am Beispiel eines Ehepaares dargestellt werden.

Eine meiner bevorzugten und häufigsten Interventionen, basiert auf dem äußerst wirkungsvollen Transformationsprozeß, den *Virginia Satir* „Ingredienzen einer Interaktion" genannt und gemeinsam mit *Maria Gomori* und mir entwickelt hat. Bestimmte Elemente dieses Prozesses hatte sie schon viele Jahre lang verwendet, aber erst nachdem viele ihrer Theorien in ihren letzten Lebensjahren ausgearbeitet worden waren, wurden auch diese Elemente formalisiert. Man geht bei einer solchen Intervention von der Hypothese aus, daß der innere Prozeß einer Interaktion sowohl einem universellen als auch einem spezifischen Muster folgt, und daß ein großer Teil dessen, was wir hören und fühlen und auf das wir reagieren, mit unserer Vergangenheit zusammenhängt. Ich möchte in diesem Aufsatz zeigen, auf welche Weise man diesen Prozeß als Instrument benützen kann, um die interpersonelle Kommunikation zu fördern. Ich glaube, daß man dieses Instrument in jeder Situation einsetzen kann, in der die Reaktion eines bestimmten Familienmitglieds auf die verbale oder nichtverbale Botschaft eines anderen Familienmitglieds nicht zu der Botschaft paßt, die empfangen wurde, oder den Adressaten beunruhigt.

Das gesprochene Wort und bestimmte Verhaltensweisen lassen vor allem den äußeren Aspekt einer Kommunikation erkennen. Sie sind das Ergebnis komplizierter innerer Transaktionen. Wenn sie nicht bestätigt werden oder der Adressat sie mißversteht, führen sie zu dysfunktionalen Kommunikationsstrukturen. Solche Transaktionen laufen so schnell ab wie in einem Computer und entziehen sich dem Bewußtsein. In der Therapie versucht man, sie an die Oberfläche zu bringen. Man kann den hörbaren (oder sichtbaren) Anteil einer Kommunikation mit der Spitze eines Eisbergs vergleichen; auch hier verbirgt sich der größere Teil unter der Oberfläche. Zahlreiche Kommunikationsstörungen und Streßphänomene sind darauf zurückzuführen, daß man die inneren Prozesse, die bei der Kommunikation ablaufen, nicht erkennen kann. Ein Verständnis dieser inneren Prozesse kann dazu beitragen, Klarheit über Verhaltensweisen oder Reaktionen zu bekommen, die sonst mißverstanden würden. Den Mitgliedern einer Familie wird auf diese Weise ein nützliches Werkzeug an die Hand gegeben, das sie in ihrer häuslichen Umgebung benützen können.

Bevor ich Ihnen diese Intervention erkläre, möchte ich kurz die Wege einer Botschaft beschreiben, die beim Empfänger Streß auslöst und zu einer dysfunktionalen Reaktion führt. In dysfunktionalen Familien ist der Streßpegel in der Regel bei allen Mitgliedern hoch und wird ständig durch bestimmte Kommunikationsmuster verstärkt, die weiteren Streß erzeugen. Wenn dieser Teufelskreis erst einmal in Bewegung gesetzt ist, leidet eine solche Familie so lange, bis ihre Mitglieder die Möglichkeit finden, auf eine andere Art miteinander umzugehen und zu kommunizieren. Wir wollen einmal den komplexen Weg einer Kommunikationseinheit verfolgen und zeigen, wie Streß entsteht und wie die Unfähigkeit, ihn zu bewältigen, zu einer Reaktion führt, die den Streß noch weiter steigert. Dieser innere Prozeß ähnelt einem Hindernisrennen: Bei jedem Schritt kann etwas schief gehen. Die einzelnen Schritte sind:

1. Die Ebene des sensorischen Inputs

Wir könnten das, was auf dieser Ebene geschieht, mit einer Videoaufnahme vergleichen. Was wurde gesehen und gehört? Leider haben die meisten nicht gelernt, objektiv zu beobachten, sind aber trotzdem von ihrer Objektivität überzeugt. Das hat zur Folge, daß der innere Prozeß schon ganz zu Anfang auf ein falsches Gleis geraten kann.

2. Bedeutungen herstellen

Alle Menschen wollen in dem, was sie hören und sehen, eine Bedeutung und einen Sinn erkennen. Die Bedeutung, die wir dem zuordnen, was unsere Sinne aufgenommen haben, ist das Ergebnis einer Interpretation, die von unseren gesamten Erfahrungen, Überzeugungen, Wertvorstellungen und unserem Selbstwertgefühl bestimmt wird. Der ganze Hintergrund, den wir einer solchen Bedeutung geben, kann zu einer Verzerrung der Botschaft führen, die wir empfangen haben. So kann zum Beispiel eine leichte Kritik meines Chefs bei mir die Erinnerung an meinen Vater wachrufen, der mir gesagt hat, ich könne aber auch nichts richtig machen, und mich anschließend bestrafte. Von diesem Augenblick an reagiere ich nicht mehr auf die Äußerung meines Chefs, sondern auf eine alte Erinnerung.

3. Das mit der Bedeutung verbundene Gefühl

Welches Gefühl löst die Interpretation, die ich gerade vollzogen habe, bei mir aus? Die Bedeutung steht nicht isoliert da. In dem oben erwähnten Fall hätte ich zum Beispiel Angst und das Gefühl, nichts wert zu sein.

4. Das mit dem Gefühl verbundene Gefühl

Die ersten drei Schritte sind wahrscheinlich den meisten Therapeuten vertraut. Für *Virginia Satir* war das mit dem Gefühl verbundene Gefühl jedoch wichtiger als das eigentliche Gefühl. Ein Mensch mit einem hohen Selbstwertgefühl kann in der Regel jedes Gefühl akzeptieren. Ein Mensch, dessen Selbstwertgefühl nur schwach entwickelt ist, wird dagegen sich zunächst entscheiden müssen, ob er dieses bestimmte Gefühl zulassen kann oder nicht (im negativen Fall muß er dann eine Möglichkeit finden, sich vor dem Gefühl zu schützen). Ich kann mir zum Beispiel dumm vorkommen, weil ich mich für minderwertig halte oder Angst habe, und dieses Gefühl entweder verleugnen oder verstärken.

5. Die Abwehrmechanismen
Die Reaktion auf das mit einem Gefühl verbundene Gefühl aktiviert meine Überlebensmechanismen. Auch wenn ich mir sage, daß ich das, was ich jetzt erlebe, eigentlich nicht erleben sollte, muß ich doch eine Möglichkeit finden, mit meiner inneren Unruhe fertigzuwerden. Dazu rufe ich meine Überlebensmechanismen auf den Plan, was ich immer dann tue, wenn ich in eine solche Zwangslage gerate. Ich kann meine Angst oder meine Minderwertigkeitsgefühle einfach verleugnen und mir die Gefühle ausreden. Ich kann einen anderen Menschen für meine Gefühle verantwortlich machen und – wie im oben genannten Beispiel – meinem Chef die Schuld dafür geben. Oder ich kann eine innere Barriere zwischen mir und dem Gefühl aufrichten und es ignorieren.

6. Regeln für den Kommunikationsaustausch
Meine Antwort oder mein Verhalten wird von meinen persönlichen Regeln für den Kommunikationsaustausch abhängen, die ihre Wurzeln ebenfalls in meiner Vergangenheit haben und sich auf meine Antwort auswirken werden. Auch wenn ich meinem Chef am liebsten Vorwürfe machen würde, kann es ein, daß ich eine Regel verinnerlicht habe, die besagt, daß ich „immer nett zu denen sein muß, die wichtiger und mächtiger sind als ich." In diesem Fall werde ich sowohl meine Kritik als auch meine Gefühle ignorieren.

7. Die Reaktion
Die äußerlich sicht- und hörbare Phase der Kommunikation – die Reaktion – ist, auch wenn sie unmittelbar erfolgt, Ergebnis des oben beschriebenen Prozesses, dessen einzelne Schritte unbewußt bleiben, es sei denn, man würde versuchen, sie zu identifizieren.

Natürlich gestaltet sich dieser innere Vorgang nicht immer so linear. Das Modell ist sicher sehr persönlich (Holografie), kann dem Familientherapeuten aber eine nützliche Hilfe sein, wenn er einer Familie zu besseren Kommunikationsmöglichkeiten verhelfen will.

Ein Beispiel für die therapeutische Anwendung einer solchen Intervention war der Fall von Mary und Charles. Sie waren zu mir gekommen, weil Mary nicht sicher war, ob sie noch weiter mit einem Mann verheiratet bleiben wollte, der offenbar mehr an seiner Arbeit interessiert war als an ihr. Nachdem wir etwa ein Dutzend Sitzungen lang zusammengearbeitet hatten, berichteten die beiden, daß sie einen schlimmen Streit gehabt hätten. Sie waren ratlos und wußten nicht, wie sie mit dem gegenwärtigen Problem fertigwerden sollten. Ein paar Tage zuvor hatte Charles gegen sechs Uhr abends zu Hause angerufen und gesagt, daß er noch aufgehalten worden sei, aber so schnell wie möglich nach Hause käme. Sie hatte ihn gefragt, von wo aus er anriefe, und er hatte daraufhin ziemlich wütend geantwortet: „Geht das schon wieder los!" Diese Reaktion führte zu einem heftigen Wortwechel und einem langen Streit, als Charles schließlich nach Hause gekommen war.

Ich arbeitete mit Marys Frage und Charles Reaktion nach der Prozedur der „Ingredienzen der Interaktion". Das Folgende ist eine zeitlupenartige Darstellung des Prozesses, der für Charles selbst blitzschnell abgelaufen war.

1. Ich fragte ihn zuerst: „Was haben Sie gehört?" Charles hatte korrekt gehört, daß Mary ihn fragte, wo er sei, aber da sie nur telefonisch miteinander verbunden waren, fehlten ihm die sichtbaren Hinweise, die ihm möglicherweise eine vollständigere Botschaft übermittelt hätten.

2. Meine zweite Frage lautete: „Wie haben Sie das Gehörte aufgefaßt?" Für ihn bedeutete Marys Frage, daß sie verärgert war, weil er noch nicht nach Hause kam. Als wir versuchten herauszufinden, warum er das so aufgefaßt hatte, erinnerte er sich an Situationen in der Vergangenheit, in denen Mary verärgert gewesen war, weil er zu spät nach Hause gekommen war.

3. Anschließend fragte ich ihn: „Und was haben Sie dabei gefühlt?" und er erwiderte, daß er sich darüber sehr geärgert habe.

4. Meine nächste Frage lautete: „Was hatten Sie für ein Gefühl, als sie sich so ärgerten?" Er sagte, er habe das Gefühl gehabt, zu Recht wütend zu sein, weil er nur deshalb zu spät gekommen sei, weil er ihr ein Geburtstagsgeschenk kaufen wollte. Mary habe ihm die ganze Freude verdorben.

5. Zum Schluß fragte ich ihn: „Wie sind Sie mit Ihrem Ärger umgegangen?" Da er sich seiner Meinung nach zu Recht geärgert hatte, gab er Mary die Schuld für sein Gefühl.
6. Da er keine Regel kannte, wie gerechtfertigter Ärger auszudrükken ist, reagierte er, indem er Mary Vorwürfe machte.

Charles Reaktion auf ihre Frage hatte Mary verblüfft. Sie fühlte sich verletzt und war wütend. Sie hatte eigentlich nur wissen wollen, ob Charles noch arbeitete, weil sie ihn bitten wollte, eine Flasche Milch aus dem nahegelegenen Supermarkt mitzubringen.

In dieser ersten Runde begriffen Mary und Charles, wie sie in diese schwierige Situation geraten waren. Ich mußte ihnen jetzt noch zeigen, wie sie ein derartiges Mißverständnis aus der Welt schaffen könnten. Dazu mußten wir herausfinden, was er in den entscheidenden Phasen dieser Situation hätte anders machen können.

Ich fragte Charles, ob es ihm nicht möglich gewesen wäre, Marys Äußerung anders zu verstehen. Ihm wurde klar, wie leicht es ihm gefallen war, Marys Frage so zu verstehen, als ob sie ihn kontrollieren wolle. Eine derartige Deutung war auf die negativen Gefühle zurückzuführen, die er früher gehabt hatte, weil seine Mutter ihn ständig kontrolliert hatte. Ich schlug ihm vor, die Bedeutung einer solchen Frage doch erst einmal genau zu überprüfen, bevor er reagierte. Es könnte natürlich sein, daß ihm ein mögliches Mißverständnis erst dann klar wird, wenn er spürt, daß er wütend wird. Deshalb sollte er sich in diesem Augenblick sagen: „Ich bin wütend. Weshalb? Hat das etwas mit dem zu tun, was sich hier gerade abspielt oder könnte es mit meiner Vergangenheit zusammenhängen?" Eine derartige Intervention hatte eine bleibende Wirkung für die Beziehung zwischen Charles und Mary. Sie konnten sich jetzt gegenseitig helfen, die Verantwortung für ihre inneren Prozesse übernehmen und in ehrlicher Weise miteinander zu kommunizieren, statt in einer Weise zu reagieren, die jeden Konflikt verschlimmern mußte.

Diese scheinbar einfache Intervention kann zu dauerhaften Veränderungen in einer Beziehung führen, vorausgesetzt der gute Wille ist vorhanden und jeder hat den Wunsch, das zu verstehen, was in der Seele des Partners oder des anderen Familienmitglieds vorgeht.

Die Prozedur der „Ingredienzen einer Interaktion" kann in vielen Situationen angewendet werden, in denen es um Menschen geht, die an einem besseren Verständnis und an eindeutiger Kommunikation interessiert sind. Das bezieht sich sowohl auf den professionellen als auch auf den familiären oder gesellschaftlichen Bereich. Glücklicherweise erfordern nur wenige Interaktionen eine derart detaillierte Analyse. Sie ist zum Beispiel nicht sehr nützlich, wenn es sich um Situationen handelt, in denen die Äußerungen völlig neutral sind und keine Gefühle oder Abwehrmechanismen auslösen. Es ist allerdings nicht leicht, von außen (manchmal sogar bei sich selbst) zu entscheiden, ob Gefühle beteiligt sind, es sei denn, der Empfänger reagiert in einer Weise, die für den Sender der Botschaft unverständlich ist, wie zum Beispiel bei Charles und Mary. Die Methode der „Ingredienzen einer Interaktion" läßt sich auch dann gut anwenden, wenn jemand nicht genau weiß, warum er sich unwohl fühlt oder beunruhigt ist. Die Methode kann man allein oder mit Unterstützung eines Therapeuten oder einer anderen Person durchführen, die mit diesem Prozeß vertraut ist.

Abgesehen von einer weiteren Entwicklung der einzelnen Schritte dieser Methode und einer Analyse der Rolle und der Auswirkungen, die vergangene Erlebnisse und seelische Stimmungen oder Zustände haben, wäre es interessant, die Beziehung zwischen der Methode der „Ingredienzen einer Interaktion" und dem Konzept der „Teil"- oder Subpersönlichkeiten zu untersuchen. Wer oder welcher Teil des Selbst sendet und empfängt die Kommunikation? Sind es zu verschiedenen Zeiten andere und wie kann das Verständnis dieser Zusammenhänge uns mehr Klarheit über das Wesen der interpersonellen Kommunikation vermitteln.

Literatur

Schwab, J., Baldwin, M., Gerber, J., Gomori, M. & Satir, V. (1989): The Satir Approach to Communication. Palo Alto, CA.: Science and Behavior Books.

Banmen, J., Gerber, J. & Gomori, M. (1991): The Satir Model: Family Therapy and Beyond. Palo Alto, CA: Science and Behavior Books.

Aus dem Amerikanischen von Dr. Bringfried Schröder.

Das Konzept der Triaden in Virginia Satirs Arbeit*

Michele Baldwin

Virginia Satir betrachtete die Familientriade als wichtigste Quelle des Lernens in den Entwicklungsjahren. Trotz aller strukturellen Schwierigkeiten stellt die Triade für das Individuum eine schier unerschöpfliche Quelle der Kraft und Förderung dar. Im folgenden soll dargestellt werden, auf welche verschiedenen Weisen Virginia das triadische Konzept in ihren Arbeiten eingesetzt hat.

In den letzten Jahren hat *Virginia Satir* das triadische Konzept als Grundlage ihrer therapeutischen Theorie benützt (*Satir* und *Baldwin* 1983). Sie stand nicht allein mit ihrer Auffassung, daß die Triade in unserer Welt eine entscheidende Rolle spielt. Ihre Bedeutung ist in der Religion (Adam, Eva und die Schlange, die Dreifaltigkeit), in der Harmonik der westlichen Musik (*Len Holvik*, persönliche Mitteilung, 4. März 1984) in der Physik und in der Psychologie (*Bowen* 1978) und in der Soziologie (*Simmel* 1902, 1950; *Caplow* 1969) gewürdigt worden. Während jedoch die meisten Autoren die Triade mit einem Gefühl betrachteten, das einen Christen überfällt, der an die Erbsünde denkt, hat *Virginia Satir* die Triade in einem positiveren Licht gesehen.

Ich möchte in diesem Aufsatz die große Bedeutung des triadischen Konzepts in *Virginia Satirs* Werk auf folgende Weise behandeln: Zuerst werde ich die Triade definieren und zeigen, in welcher Weise sie sich von der Monade und der Dyade unterscheidet. Zweitens möchte ich aufzeigen, daß die primäre Familientriade in den Entwicklungsjahren die wichtigste Quelle des Lernens ist. Drittens

---

* Dieser Artikel erschien unter dem Titel „The Triadic Concept in the Work of Virginia Satir" in *Journal of Couple Therapy*, Vol. II, 1 und 2 im März 1991. Copyright 1991 by The Haworth Press, Inc., 10 Alice St., Binghamton, NY. Der Abdruck geschieht mit freundlicher Zustimmung des Verlages.

soll deutlich gemacht werden, daß die Triade trotz der mit ihr verbundenen Schwierigkeiten eine bedeutende Quelle der Kraft und der Unterstützung für die betroffenen Individuen darstellt. *Virginia Satir* war fest davon überzeugt, daß die Psychotherapie unter dem Aspekt der Heilung der Ursprungstriade betrachtet werden muß. Wenn man die Probleme in ihrem ursprünglichen Zusammenhang mit der Triade begreift, können sie zu einer Klärung der Gegenwart beitragen, statt sie zu stören. Im letzten Teil möchte ich darstellen, auf welche verschiedenen Arten *Virginia Satir* die Triade dazu benützt hat, Menschen zu helfen, seien es Klienten, Studenten oder einfach Leute, die sich weiterentwickeln wollen und die Triade zur Förderung ihrer Entwicklung benützen wollen.

Was ist eine Triade?

Die Triade kann in vieler Hinsicht als Grundlage des gesamten gesellschaftlichen Lebens betrachtet werden. Viele Theoretiker beschreiben die Familie als eine Gruppe miteinander verzahnter Dreiecksbeziehungen. Selbst in einer perfekt funktionierenden Familie entsteht mit der Geburt des ersten Kindes eine gewisse Komplexität, die wir einmal näher betrachten wollen. Bevor ein Individuum (eine Monade) eine Beziehung zu einem anderen Individuum aufnimmt, drückt es* sich als Einheit aus und trifft auch seine Entscheidungen aus dieser Perspektive. Seine Gedanken, Gefühle und Handlungsweisen basieren ausschließlich auf seinen eigenen Wahrnehmungen. („Wie ich über mich denke/fühle"). Wenn zwei Individuen aufeinandertreffen und ein Paar werden, kommen drei Wahrnehmungs- und Kommunikationseinheiten ins Spiel: zwei Monaden und eine Dyade, („Wie ich über dich und mich denke/fühle"). Sobald ein Kind dazukommt, wird die Interaktion bedeutend komplexer: Das aus drei Personen bestehende System enthält jetzt sieben strukturelle Einheiten (drei Monaden, drei Dyaden, eine Triade) und noch bedeutend mehr funktionelle Einheiten. In jeder der drei Monaden Vater, Mutter, Kind stellt sich die Frage: Was denkt Mut-

---

* „Er" und „sein" werden verwendet, weil es sich so leichter lesen läßt. Gemeint ist immer auch „sie" und „ihr".

ter über sich und wie fühlt sie sich, was denkt Vater über sich und wie fühlt er sich, und was denkt das Kind über sich, und wie fühlt es sich. In den drei Dyaden Mutter-Vater, Mutter-Kind und Vater-Kind stellen sich folgende Fragen: Was denkt, wie fühlt und wie handelt die Mutter ihrem Mann gegenüber und was denkt, wie fühlt und wie handelt sie ihrem Kind gegenüber? Was denkt, wie fühlt und wie handelt der Vater seiner Frau und seinem Kind gegenüber? Was denkt, wie fühlt und wie handelt das Kind seiner Mutter, seinem Vater gegenüber?

Wir wollen unsere Aufmerksamkeit jetzt einmal darauf richten, was in der Triade vorgeht: Funktional geht es um die Beziehungen, die Mutter und Vater zum Kind, Mutter und Kind zum Vater und Vater und Kind zur Mutter haben. Die Komplexität der Wahrnehmung und die Fragen, die in einer Familie von drei Personen aufgeworfen werden, wird noch größer, wenn man alle Wahrnehmungen berücksichtigt, die jede der drei Personen hat. Mutter, Vater und Kind nehmen nicht nur sich selbst und die anderen wahr, sondern sie machen sich auch Gedanken darüber, wie die beiden anderen sie wahrnehmen, und diese Gedanken wirken sich auf ihr Verhalten aus. Wenn weitere Kinder geboren werden oder wenn das Kind zu einer größeren Familie gehört, steigert sich die Komplexität der Triade geometrisch und mit ihr die Komplexität der Interaktionen innerhalb der Familie. Die folgende Illustration zeigt, wie eine Familie von mehr als drei Personen aus miteinander verbundenen Dreiecken besteht (*Bowen* 1978; *Caplow* 1969).

        Vater   Mutter
      Kind
      Kind
      Kind

Lernprozesse in der ursprünglichen Triade

Im folgenden Abschnitt wollen wir die Lernvorgänge betrachten, die in der urspünglichen Triade stattfinden, und die Prozesse untersuchen, durch die sie ausgelöst werden.

Virginia Satir legte großes Gewicht auf die Ursprungstriade Vater, Mutter und Kind, weil das die Triade ist, in der das Individuum beginnt, seine Persönlichkeit und sein Selbstkonzept zu entwickeln. Auf der Basis seiner Erfahrung in der Ursprungstriade bestimmt das Kind seinen Platz in der Welt und lernt, wie sehr es seinen Beziehungen zu anderen Menschen vertrauen kann.

Oberflächlich betrachtet, sieht es so aus, als ob das Kind nur einen Elternteil nötig hat (in der Regel die Mutter, die es großzieht); trotzdem ist es wichtig festzustellen, daß auch der Vater (oder die Erinnerung an den Vater) von Anfang an eine wichtige Rolle spielt. Die Qualität der mütterlichen Fürsorge hängt wesentlich davon ab, was sich zwischen ihr und dem Vater des Kindes abspielt (oder abgespielt hat). Auch wenn mehrere Kinder vorhanden sind und/ oder das Kind Teil einer größeren Familie ist, lassen sich die gleichen Grundprinzipien anwenden, wenn auch in einer komplexeren Form. Das Kind ist dann Teil multipler triadischer Systeme, obwohl in solchen Fällen eine bestimmte Triade gewöhnlich als die wichtigste betrachtet wird.

Wenn ein Kind auf die Welt kommt, ist es völlig hilflos und hängt von den Erfahrungen, der Orientierung und dem Verhalten der beiden Menschen ab, die seinen Kurs bestimmen (auch wenn einer der beiden nur in der Erinnerung oder in seiner Fantasie existiert). In diesem Zustand hängt sein Überleben von der Fürsorge ab, die ihm seine Eltern angedeihen lassen. Jeder Erwachsene, ganz gleich, welche Benachteiligungen er in seiner frühen Kindheit erlebt hat, ist in irgendeiner Weise umsorgt worden: ein Mindestmaß an Nahrung und Liebe waren für sein körperliches und seelisches Überleben unabdingbar.

Das Kind stellt sich folglich die Eltern als allmächtig vor. Ihre Körpergröße und die Tatsache, daß sie dem Kind Liebe und Fürsorge geben oder vorenthalten können, bestärken es in dieser Annahme. Unabhängig davon, ob die Eltern es gut mit dem Kind meinen und es lieben, erlebt es sich am Anfang seines Lebens als schwach und hilflos. Die liebevollsten Absichten der Eltern können das Kind nicht vor der Überlegung schützen, daß jeder Mensch sich letzten Endes allein mit dem Leben auseinandersetzen muß. Deshalb nützt jedes Kind alles aus, was es sieht, hört und versteht, um sich ein Bild von der Welt zu machen, in der es lebt.

Diese intensiven Erlebnisse, die in den ersten Lebensmonaten völlig unbewußt ablaufen, werden im Laufe der Zeit immer bewußter. Da es in der Natur des Menschen liegt, in allem, was um ihn herum vorgeht, einen Sinn zu suchen, wird das Kind alles, was es nicht ohne weiteres versteht, durch Produkte der eigenen Fantasie ersetzen. Später wird dann aus den bewußten und unbewußten Erinnerungen an die Kindheit eine interessante Mischung aus Dichtung und Wahrheit, die sich sowohl auf sein Selbst und seine Weltanschauung als auch auf seine Fähigkeit, mit dem Leben zurechtzukommen, auswirken kann. Ein Kind, das in den ersten Lebensmonaten Gefühle des Verlassenseins erlebt, wird später Schwierigkeiten haben, enge Beziehungen einzugehen, weil es (häufig unbewußt) Angst davor hat, wieder verlassen zu werden. Wenn das Kind sich die Gefühle des Verlassenseins damit erklärt hat, daß es nicht genügend geliebt worden ist, kann es zu dem Schluß kommen, daß es nicht liebenswert ist.

Außerdem entwickelt es ganz früh im Leben innerhalb dieser Ursprungstriade Mechanismen, die der Streßbewältigung dienen. Die damit verbundenen Lernvorgänge bestimmen, wie der Mensch mit der Umwelt fertig wird, es sei denn, sie würden später durch neue Lerninhalte ersetzt. Von entscheidender Bedeutung ist dabei, daß es sehr schwierig ist, unbewußt und vor allem präverbal Gelerntes zu löschen.

Um das anschaulich zu machen, wollen wir einmal ein hypothetisches Kind auf die Welt bringen und es Charlie nennen. Wir wollen die Entwicklung seiner Person, seiner Identität und seines Selbstwerts innerhalb der Triade verfolgen und außerdem beschreiben, wie sich sein Gefühl über sich selbst entwickelt und wie er lernt, Beziehungen zu den anderen Mitgliedern der Triade aufzubauen. Aus der Art, wie er von seiner Mutter behandelt wird, lernt er, was er von Frauen erwarten kann. In der Eriksonschen Terminologie ausgedrückt heißt das, er entwickelt Urvertrauen oder Urmißtrauen. Außerdem lernt er, wie er seiner Mutter Freude oder Ärger bereiten kann, was durchaus Vorbild dafür sein kann, wie er später anderen Frauen Freude oder Ärger bereitet.

Aus der Art, wie er von seinem Vater behandelt wird, lernt Charlie, was er von Männern zu erwarten hat. Wenn er einen sehr dominierenden Vater hat (oder wenn er seinen Vater so erlebt, weil er so groß ist, eine laute Stimme hat usw.), kann es sein, daß er später als Erwachsener Angst vor Männern hat, zumindest vor solchen, die seine Vorgesetzten sind. Es gibt noch viele Variablen, die seine späteren Beziehungen Männern gegenüber prägen, aber vor allem wird Charlie sich auch ein Bild davon machen, was es heißt, Vater zu sein. Seine zukünftige Vaterrolle kann durch dieses Vorbild geprägt werden, sei es daß er es übernimmt oder sich dagegen auflehnt. Das allerdings wird nur dann der Fall sein, wenn sich Charlie später diese frühen Lernprozesse bewußt macht und sie durch neue ersetzt. Denn nur dann kann er als Erwachsener selbst bestimmen, wie er seine Kinder erziehen will.

Die Art und Weise, wie die Eltern miteinander umgehen, ist ein Vorbild für die Beziehungen zwischen Mann und Frau. Wenn der Vater die Mutter ständig kritisiert und unter Druck setzt, wird es dem Kind später schwerfallen, sich seiner zukünftigen Frau gegenüber anders zu verhalten. Wenn seine Mutter dem Vater immer gut zugeredet hat, wird er sich letzten Endes auch eine Frau suchen, die ihm gut zuredet. Seine Entwicklung wird wegen der zahlreichen Beobachtungen, die er bei seinen Eltern macht, durch viele Variablen beeinflußt.

Diese triadischen Lernprozesse sind deshalb so kompliziert, weil das Kind innerhalb der dyadischen Beziehung, die es zu jedem einzelnen Elternteil hat, möglicherweise etwas ganz anderes erlebt als in der triadischen Beziehung. Stellen wir uns einmal vor, was mit Charlie passiert, wenn er am Daumen lutscht. Mary, seine Mutter, freut sich, weil sie weiß, daß Charlie sich dann wohlfühlt. Sein Vater Fred macht sich dagegen große Sorgen um Charlies Zähne (weil er sich womöglich an eine ähnliche Situation in seiner Kindheit erinnert) und zieht ihm den Daumen sofort aus dem Mund. Charlie, der ein intelligentes Kind ist, lernt auf diese Weise schon früh im Leben, nicht am Daumen zu lutschen, wenn der Vater anwesend ist – zumindest wenn er daran denkt. Das ist ihm nicht sehr angenehm (und kann sogar dazu führen, daß er dem Vater aus dem Weg geht), aber es bedeutet für ihn nicht unbedingt einen Konflikt, denn er hat sich bereits damit abgefunden, daß beide Elternteile unterschiedliche Erwartungen an ihn haben. Problematisch wird das Ganze allerdings in dem Augenblick, in dem Charlie in Anwesenheit beider Elternteile am Daumen lutscht. Dann gibt es verschiedene Möglichkeiten, von denen sich jede auf eine andere Weise auf Charlies Entwicklung auswirkt.

Wenn sich Fred und Mary heiß und innig lieben, aus diesem Grund Auseinandersetzungen vermeiden und nichts sagen, lernt Charlie, daß er seinem Vater immer in Anwesenheit der Mutter um etwas bitten sollte, weil er dann nicht nein sagen kann.

Die zweite Möglichkeit ist, daß Fred Mary für Charlies Daumenlutschen verantwortlich macht und ihr vorwirft, eine verantwortungslose, schlechte Mutter zu sein, oder daß sie Charlie das Daumenlutschen erlaubt, nur um ihn, den Vater, zu ärgern. Also sagt er zu Mary: „Nimm deinem Sohn den Daumen aus dem Mund!" Wenn Mary gehorcht, lernt Charlie, daß er seine Mutter besser dann um etwas bittet, wenn der Vater nicht anwesend ist. Möglicherweise sagt Mary zu Fred: „Warum machst du es nicht selbst", und Charlie wird Zeuge, wie seine Eltern in einen Streit geraten, der nichts mehr mit seinem Daumen zu tun hat, sondern mit der Frage, wer das Recht hat, dem anderen vorzuschreiben, was er zu tun hat. Charlie lernt auf diese Weise, daß er Streit zwischen seinen Eltern auslösen kann – und fühlt sich deshalb schuldig oder bekommt ein Gefühl der Macht. Er lernt darüber hinaus, daß er in dem Augenblick, in dem seine Eltern anfangen, sich zu streiten, selbst nicht mehr in der Schußlinie ist.

Eine dritte Möglichkeit kann so aussehen, daß Fred zwar etwas gegen den Daumen hat, das Thema aber in dem Augenblick fallen läßt, in dem Mary sagt: „Das sehe ich nicht so, ich glaube, Charlie fühlt sich wohl, wenn er am Daumen lutschen kann." In diesem Fall lernt Charlie, daß seine Mutter seine Partei ergreift und ihn unterstützt; also beschließt er, ihr zu vertrauen. Die Kehrseite dieser Medaille ist, daß Charlie womöglich in dem Bewußtsein heranwächst, daß Frauen in der Familie die Macht haben und Männer schwach sind.

Das Daumenlutschen ist nur eines von vielen Problemen der Kindererziehung. Es läßt erkennen, in welcher Weise Charlie etwas über eigene Macht oder Ohnmacht erfährt und etwas über menschliches Verhalten lernt. Bei den geschilderten drei Möglichkeiten erfährt er etwas über die möglichen Koalitionen mit einem Elternteil gegen den anderen. Er erkennt außerdem, welche verschiedenen Möglichkeiten der Manipulation ihm in solchen Situationen zur Verfügung stehen. Es braucht wohl nicht erwähnt zu werden, daß dieser Prozeß bei einem kleinen Mädchen genauso ablaufen würde, auch wenn es beim Ergebnis einige Unterschiede geben könnte, die damit zusammenhängen, daß eine Prägung, die von einem gleichgeschlechtlichen Elternteil ausgeht, eine andere Wirkung hat als die von einem gegengeschlechtlichen.

Zum Glück stellen die geschilderten Möglichkeiten nicht die ganze Wahrheit dar. Wir werden im nächsten Abschnitt sehen, in dem wir die Wirkungsweise der nährenden Triade beschreiben, daß auch ein positiveres Ergebnis möglich ist.

Die Grundlage für Charlies Selbstwertgefühl, also was Charlie von sich hält, wird auch innerhalb dieser Urspungstriade geprägt. Es ist, wie schon erwähnt, fast schon ein Charakteristikum dieser Triade, daß sich gelegentlich eine Person in bestimmten Situationen ausgeschlossen fühlt. Das trifft zwar auch auf Mary und Fred zu, wir wollen uns hier jedoch auf Charlie konzentrieren, weil wir seine Entwicklung zum Erwachsenen unter die Lupe nehmen. Wir beschreiben einmal die Mechanismen, die dabei eine Rolle spielen. Die wichtigste Kommunikation in der Ursprungstriade findet zu einem gegebenen Zeitpunkt jeweils zwischen zwei Personen statt: Mutter-Vater, Mutter-Kind oder Vater-Kind. Wenn Charlie das Gefühl hat, von vielen Interaktionen ausgeschlossen zu sein, kann er das als Zurückweisung erleben, sich für nicht liebenswert halten und dadurch ein sehr geringes Selbstwertgefühl entwickeln. Wenn er nicht im Mittelpunkt der Triade steht, kann er das Gefühl bekommen, daß die anderen etwas Besseres vorhaben. Ein solches Gefühl schafft Streß und kann bei Charlie dysfunktionale und inkongruente Reaktionen hervorrufen. Es kann sein, daß er die Gefühle ignoriert oder ablehnt, daß er seinen Eltern den Vorwurf macht, sie liebten ihn nicht oder es kann bei ihm durch ein solches Erlebnis zu einer Verzerrung der Realität kommen.

Die Ursprungstriade ist also der Ort, an dem Kinder ihre ersten Erfahrungen mit Zugehörigkeit und Ausgeschlossensein machen, und so ein Gefühl dafür bekommen, wo ihr Platz in der Welt ist. Wenn diese Lernprozesse nicht durch spätere Erlebnisse modifiziert werden, formen sie ihre Persönlichkeit.

Die nährende Triade

Charlies Erfahrungen haben ihm gezeigt, daß das Leben in der Ursprungstriade mannigfache Schwierigkeiten mit sich bringt, die sich auch noch im Erwachsenenalter negativ auswirken können. Wir werden später einige der korrektiven Maßnahmen betrachten, mit deren Hilfe Charlie lernen kann, als Erwachsener besser zurechtzukommen. Ziel dieses Abschnitts ist es, zu zeigen, daß es trotz dieser potentiellen Probleme, die innerhalb einer gestörten Ursprungstriade entstehen können, möglich ist, Kinder großzuziehen, die später als Erwachsene ein hohes Selbstwertgefühl haben. Individuen, Familie und Gesellschaft müssen lernen, eine nährende Triade aufzubauen, denn sie ist für die seelische Gesundheit der Menschen von entscheidender Bedeutung.

Die Ursprungstriade kann der Platz sein, an dem sich jeder wohl fühlt und an dem es zu einer besonders intensiven Kooperation kommt. In einer solchen Triade sind sich alle drei Personen darüber einig, ihre Kräfte zu vereinen und Möglichkeiten zu schaffen, die jeder einzelne nach Bedarf nützen kann. Die strukturellen Merkmale einer solchen Triade unterscheiden sich nicht von denen einer dysfunktionalen Triade. Der Unterschied liegt in der Arbeitsweise der Triade, die allen Beteiligten zu einem hohen Selbstwertgefühl verhilft.

Wir wollen einmal die Merkmale einer gesunden Triade betrachten, die wir als Orientierung für die seelische Gesundheit und Vorsorge betrachten. Das erste Merkmal einer gesunden Triade besteht darin, daß jeder die Freiheit hat, zu kommentieren und zu reagieren. Jeder einzelne kann seinen Gefühlen Ausdruck verleihen, ohne deshalb getadelt zu werden. In einer Atmosphäre, die von gegenseitigem Respekt geprägt ist, kann das Kind seine Eltern wissen lassen, daß es sich ausgeschlossen fühlt. Das bedeutet nicht, daß die Eltern das unterbrechen müssen, was sie gerade tun, um sich ihm zu widmen, sondern daß sie seine Gefühle würdigen und dann in der Lage sind, angemessen darauf zu reagieren. In einer solchen Triade repräsentieren die Wörter „Ja" und „Nein" die Realität des Augenblicks und werden nicht als Symbole für Liebe oder Mangel an Liebe verwendet.

Das zweite Merkmal einer gesunden Triade besteht darin, daß jeder einzelne die Freiheit hat, die Art und Weise, wie er die Situation erlebt, zu kommentieren und/oder seine Wahrnehmungen zu überprüfen. Wie wichtig das ist, wird einem klar, wenn man sich vor Augen führt, daß in einer dysfunktionalen Triade eine solche Überprüfung unmöglich ist, was dazu führt, daß solche Wahrnehmungen ungeprüft als Tatsachen angesehen werden. Je größer die Störung einer Triade ist, um so wahrscheinlicher ist es, daß Kommunikationen auf einer komplexen Ebene von Interpretationen stattfinden, die als Tatsachen angesehen werden. So kann eine Frau, deren Mann ihren Hochzeitstag vergessen hat, möglicherweise zu dem Schluß kommen, daß er sie nicht mehr liebt. Wenn das als Tatsache angesehen wird, kann eine solche Interpretation eine Lawine schwerer Kommunikationsstörungen auslösen, wohingegen eine einfache Frage genügt hätte, um zu klären, daß der Mann sich intensiv mit einem Geschäftsproblem beschäftigt hat, für das er keine Lösung finden konnte.

Das dritte Merkmal einer gesunden Triade besteht darin, daß es keinen Zwang zur Konformität gibt. Jeder einzelne darf denken, fühlen und sich so verhalten und entwickeln, wie er will. In dem hier gezeigten Beispiel würde Fred Mary seine Befürchtungen im Hinblick auf die Zahnprobleme mitteilen, die Charlie durch sein Daumenlutschen drohen. Dann könnte Mary sagen, daß es für sie aber wichtiger wäre, daß Charlie sich wohl fühlt, wenn er am Daumen lutscht. Nach einem derartigen Gedankenaustausch könnten beide dann gemeinsam eine Lösung finden, wie man Charlie auf andere Weise glücklich machen oder das Daumenlutschen einschränken könnte. Charlie, der diese Interaktion beobachtet, kann daraus lernen, wie man solche Probleme mit gegenseitigem Respekt behandelt, und braucht sich – ganz gleich zu welchem Ergebnis das Gespräch führt – nicht schuldig zu fühlen, weil er Differenzen zwischen seinen Eltern ausgelöst hat. Außerdem wird er lernen, daß Menschen sich verständigen können und ihre Differenzen nicht als Waffen gegeneinander einsetzen müssen.

Und schließlich kann eine Paarbildung in einer solchen Triade ohne großes Risiko stattfinden. Der Vater ist glücklich, weil er sieht, wie gut sich seine Frau um das Kind kümmert, und wenn er sich ausgeschlossen fühlt, kann er das sagen und muß sich deshalb nicht zurückgesetzt fühlen. Die Mutter kann sich freuen, wenn sie sieht, wie ihr Mann und ihr Kind gemeinsam etwas unternehmen, und das Kind weiß, daß seine Eltern ein Recht darauf haben, eine gewisse Zeit ungestört miteinander verbringen zu können. In einer solchen Triade kommt es zu den drei möglichen Paarbildungen, wobei die Übergänge fließend sind. Die „ausgestoßene" Person weiß zu jeder Zeit, daß es nicht lange dauern wird, bis auch sie wieder im Vordergrund steht. Entscheidend ist dabei, daß jeder einzelne das Bewußtsein hat, das Zentrum seines eigenen Universums zu sein, und daß ihm klar ist, daß das bei den anderen genau so ist. Das grundsätzliche Dilemma der Triade, einen Freiraum für drei Leute zu schaffen, wo doch immer nur zwei zur gleichen Zeit eine bedeutsame Interaktion haben können, wird akzeptiert. Eine solche Erkenntnis wird dem Menschen jedoch nicht in die Wiege gelegt: als Säugling kennt er nur seine eigenen Bedürfnisse. Die Eltern haben die wichtige Aufgabe, dem Kind Vorbild zu sein, damit es lernen kann, die Bedürfnisse der anderen zu respektieren und sich auch dann wohlzufühlen, wenn es nicht im Mittelpunkt steht. *Virginia Satir* schreibt in ihrem Buch *Peoplemaking* (1972, S. 152) „Die Herausforderung des Familienlebens besteht darin, daß man Wege finden muß, wie jeder einzelne teilnehmen oder den anderen zuschauen kann, ohne das Gefühl zu bekommen, daß er nicht zählt... "

Die Ursprungstriade als Lernfeld

Nach dieser Beschreibung der Bedeutung, die die Triade in der Entwicklung des Individuums hat, möchte ich darstellen, daß dieses Konzept die Grundlage der Arbeit *Virginia Satir*s ist.

In ihren Trainings-Workshops* tritt die große Bedeutung der Triade für die Entwicklung der Identität und des Selbstwertgefühls des Individuums sehr deutlich zutage. *Virginia Satir* hat eine Reihe von Grundübungen und viele Variationen dieser Übungen entwickelt, die die Gefühle deutlich machen, die innerhalb einer Triade entstehen. Die Teilnehmer haben Gelegenheit, die alten Schmerzen und Ängste aus der Ursprungstriade wiederzuerleben und zu erkennen, auf welche Weise sie dadurch gehindert wurden, ihr Leben voll auszuleben, und sie können gleichzeitig lernen, besser miteinander zu kommunizieren. Das Ganze konzentriert sich auf die Entwicklung einer fürsorglichen, liebevollen Triade. Ich werde einige dieser Übungen beschreiben und hoffe, daß ich dem Leser einen Eindruck davon vermitteln kann, wie sie funktionieren.

Bei einer dieser Übungen sollen sich die Teilnehmer mit dem Problem der Zugehörigkeit und des Ausgeschlossenseins auseinandersetzen. Sie werden gebeten, sich in Dreiergruppen zusammenzutun und darauf zu achten, was sie empfinden, wenn sich die beiden anderen Mitglieder miteinander befassen. Manchmal werden sie gebeten, eine Ursprungstriade Mutter-Vater-Kind zu bilden. Solche Übungen sind zwar nur kurz, lösen aber häufig starke Gefühle aus. Die Ausgeschlossenen berichten den anderen Mitgliedern der Triade sehr oft, daß sie das Gefühl hatten, ausgestoßen, ja sogar zurückgewiesen worden zu sein. Manche berichten außerdem, daß sie gern dazu gehört hätten, sich aber aus Angst vor dem „Nein" nicht getraut hätten zu fragen. Andere geben an, sie hätten angefangen, sich aus der Situation zurückzuziehen. Manche fügen hinzu, daß ihre Reaktion auf diese Übung sie an ähnliche Situationen im

---

* Zusätzlich zu ihren vielen Workshops, die seit 1971 in der ganzen Welt stattfanden, haben *Virginia Satir* und nach ihrem Tod Trainer/innen des Avanta Network außerdem einmonatige, erfahrungsorientierte Trainingsseminare in Crested Butte, Colorado, durchgeführt.

wirklichen Leben erinnere, in denen sie dann beleidigt oder neidisch auf die Beziehung zwischen den beiden anderen gewesen seien. Häufig werden Gefühle aus der frühen Kindheit geweckt.

Man kann diese Übung auf mannigfache Weise variieren. Der Beobachter kann in eine Situation gebracht werden, in der er in einem Konflikt zwischen den beiden anderen vermitteln kann, was ihm ein Gefühl der Macht gibt. Oder man kann ihn bitten zu versuchen, einen der beiden anderen oder beide auf sich aufmerksam machen kann. Auch in diesen Fällen zeigt die anschließende Diskussion, wie sehr diese Übung dem wirklichen Leben ähnelt.

Einige Übungen legen den Schwerpunkt auf das, was in der Ursprungstriade geschieht, wenn Vater und Mutter sich in Anwesenheit des Kindes streiten. Was geht in einem Kind vor, wenn Mutter und Vater sich gegenseitig Vorwürfe machen oder wenn einer Vorwürfe macht und der andere versucht zu beschwichtigen usw.....? Auch in solchen Fällen führen die Gefühle der Teilnehmer einer solchen Triade zu Erkenntnissen darüber, was in derartigen, immer wieder vorkommenden Situationen in einem Kind und/ oder beiden Eltern vorgeht.

Die bisher erwähnten Übungen geben kein besonders positives Bild der Erlebnisse in einer Triade, weil dabei mit hoher Wahrscheinlichkeit zumindest ein Teilnehmer, wenn nicht alle, negative Gefühle haben. Aber es gibt auch Übungen, die die positiven Aspekte der triadischen Situation betonen. Das geschieht, wenn die Betroffenen ein grundsätzliches Bewußtsein für die menschliche Existenz haben und hinnehmen können, daß sie aus einer Situation ausgeschlossen sind, und gleichzeitig alle Gefühle respektieren können, die als Folge ihrer Auseinandersetzung mit der Triade entstehen. Wenn sie diese Gefühle akzeptieren, können sie auch mit den anderen darüber reden, was mit Sicherheit zu einer Reinigung der Atmosphäre führt.

Bei länger dauernden Workshops steht die Triade im Mittelpunkt des Trainings. Jeder Therapeut oder jeder, der *Virginia Satirs* Methode in seinem professionellen oder persönlichen Leben anwenden will, muß sowohl die Prozesse in seiner eigenen Ursprungstriade als auch die der gegenwärtigen Triade analysiert haben. Er muß erkennen, auf welche Weise triadische Prozesse zwischenmenschliche Beziehungen beeinflussen und wie triadische Kräfte sein eigenes Leben geformt haben. Mit der Zeit werden die meisten Triaden auch destruktive, schmerzhafte und ungeeignete Lerninhalte zu Tage fördern. Durch sie wird der Mensch dazu angeregt, sich selbst in einem neuen Licht zu sehen. Die Triade stellt ein ausgezeichnetes Versuchslabor dar, in dem die Mitglieder ein Gefühl für die Schmerzen und Ängste ihrer frühen Kindheit entwickeln und sie besser verstehen können. Darüber hinaus wird ihre Fähigkeit zur kongruenten Kommunikation gesteigert.

Jeder Teilnehmer bekommt Gelegenheit, sich die Partner für seine Triade auszusuchen. In den meisten Fällen strahlen diese Triaden bei der Begegnung mit der größeren Gruppe schon nach kurzer Zeit eine gewisse Euphorie aus, weil jeder Kontakt zu zwei anderen Menschen gefunden hat, von denen er sich in positiver Weise angezogen fühlt. Gewöhnlich stellt sich schon nach kurzer Zeit heraus, daß diese Attraktion auf etwas Vertrautes zurückzuführen ist, das man in den anderen entdeckt hat. Dieses Phänomen, das daraus besteht, daß man Eigenschaften oder Attribute von Menschen, die einem in der Vergangenheit nahegestanden haben, auf eine Person der Gegenwart überträgt, läuft in der Regel unbewußt ab und ist bei losen Bekanntschaften auch harmlos. In intensiveren Beziehungen, sowohl in Intimbeziehungen oder Beziehungen, die mit der Arbeit zusammenhängen, als auch im „triadischen Versuchslabor" kann diese Vertrautheit Probleme verursachen. Sie ist häufig auf eine Ähnlichkeit mit den Eltern oder Geschwistern zurückzuführen – die in den meisten Fällen nicht bewußt erkannt wird. Es kann also gut passieren, daß die triadischen Partner früher oder später in Situationen geraten, die Gefühle auslösen, durch die sie „fixiert" werden, Gefühle, die nichts mit der gegenwärtigen Triade zu tun haben.

Probleme des Überlebens sind solche, denen wir in der Kindheit hilflos ausgeliefert waren, weil wir nicht wußten, wie wir sie lösen sollten. Wenn uns solche Überlebensprobleme in der Gegenwart begegnen, ist uns oft der Zugang zu den Lösungsmechanismen versperrt, die uns sonst zur Verfügung stehen. Es ist sogar absolut sicher, daß Überlebensprobleme oder Streßerlebnisse der frühen

Kindheit in einer intensiven triadischen Beziehung reaktiviert werden. Gelegentlich kann dieses Erkennen einer Vertrautheit mit einem positiven oder negativen Stereotyp oder Vorurteil zusammenhängen, was wiederum nichts mit der gegenwärtigen Situation zu tun haben muß. Eine Frau, die 1983 an einer „Summer Process Community" teilgenommen hat, beschreibt ihre Erlebnisse folgendermaßen:

> „Im Nachhinein ist mir klar, warum ich mir diese bestimmte Triade ausgesucht habe... Jean schien mir ein mütterlicher Typ zu sein, sie war stoisch, intelligent und hatte Sinn für Humor. Dave erinnerte mich an meinen Vater – unnahbar, reserviert und intelligent... Diese beiden Persönlichkeiten sind mir vertraut... Das erste Anzeichen einer gewissen Spannung erlebte ich, als ich feststellte, wieviel Zeit Jean und Dave damit verbrachten, über ihre gemeinsamen Aktivitäten zu diskutieren. Ich bekam dadurch ein Gefühl, in dieser triadischen Beziehung nicht gleichberechtigt zu sein."

Im „triadischen Versuchslabor" haben die Teilnehmer die seltene Gelegenheit, die Probleme, mit denen sie in ihrem früheren Leben konfrontiert wurden, durchzuarbeiten. Wenn ihnen das Wesen der Triade klar wird, fällt es ihnen leichter, sich damit abzufinden, daß man nicht zu jeder Zeit jedem Mitglied die gleiche Aufmerksamkeit schenken kann. Die meisten begreifen dann, daß in vielen Interaktionen der Triade einer ausgeschlossen ist, da nur zwei Personen gleichzeitig direkten körperlichen und visuellen Kontakt miteinander haben können. Erst wenn das damit verbundene Bewußtsein und der existentielle Schmerz voll akzeptiert wird, kann sich das Individuum davon unabhängig machen und sich in realistischer Weise der Ebbe und Flut menschlicher Interaktionen widmen.

Bei den Übungen werden die triadischen Partner so geleitet, daß ihnen die Gefühle, Gedanken und Schlußfolgerungen bewußt werden, die mit dem Ausgeschlossensein zusammenhängen. Zum Beispiel: „Fühle ich mich unerwünscht?", „Gebe ich ein negatives Urteil über die anderen oder über mich selbst ab, wenn ich mich jetzt zurückziehe?", „Habe ich eine positive Einstellung dazu und genieße die Zeit, in der ich allein bin?", „Bin ich immer noch engagiert und daran interessiert, was die beiden erleben, warte ich nur darauf, wieder in direkten Kontakt mit einem von beiden zu kommen?", „Wenn ich mich dafür entscheide, in direktem Kontakt zu bleiben, warte ich dann einen günstigen Zeitpunkt ab oder mische ich mich in einem ungünstigen Moment ein, weil ich mich unwohl fühle?"

Wenn man erkannt hat, wie jeder einzelne die Triade erlebt und auf sie reagiert, werden die Teilnehmer aufgefordert, sich die Vorteile der Laborsituation zunutze zu machen, und unverblümt und direkt über das zu reden, was sie erlebt haben. In diesem Prozeß kann jeder erkennen, in welcher Weise das in der Usrprungstriade Erlernte seine intrapsychische Entwicklung beeinflußt und zu den Schwierigkeiten beigetragen hat, die er mit anderen Menschen hat. Wenn man sich diese vergangenen Lernprozesse bewußt machen kann und darüber hinaus in einer Situation ist, in der man nicht nur die Möglichkeit, sondern auch die Zeit hat, anderen diese Gefühle mitzuteilen, können viele Teilnehmer sich von diesem in der Vergangenheit Gelerntem befreien und sind dann nicht mehr länger Sklaven ihres zwanghaften Verhaltens, sondern werden sich ihrer eigenen Wünsche bewußt. Eine andere Teilnehmerin schreibt:

> Die Konzentration auf die Triade hat mich gezwungen zu erkennen, in welcher Weise ich triadische Situationen dazu benützt habe, mich und andere zu Opfern zu machen. Wenn ich an meine Ursprungstriade denke, wird mir klar, daß ich gelernt habe, mich beim ersten Anzeichen einer Konkurrenzsituation zurückzuziehen und jedem direkten Wettbewerb auszuweichen, um stattdessen auf eine indirekte und zweideutige Weise in Konkurrenz zu treten. Ich sehe mich heute als jungen Achill, der schmollend in seinem Zelt sitzt oder als kleines Mädchen, das nicht mitspielen wollte, weil es nicht die Anführerin sein konnte.

Menschen, die einen solchen Prozeß durchmachen, brauchen vor allem am Anfang gelegentlich Hilfe, um mit den Problemen fertigzuwerden, die auftauchen können. Die Unterstützung besteht im wesentlichen darin, daß man zuerst jedem einzelnen hilft, der die Phase durchmacht, sich gewahr zu werden, daß er sich im Hinblick auf die Triade innerlich zunehmend unwohl fühlt (die Intensität kann dabei von sehr schwach bis sehr stark reichen), um dann alles gemeinsam mit der Triade zu besprechen. Wenn Wahrnehmungen und Gefühle in der Triade offen angesprochen werden, stellt sich häufig heraus, daß das Unwohlsein mit der Unfähigkeit des Betroffenen zusammenhängt, mit einer Situation fertigzuwerden, von der er selbst glaubt, sie sei nur wegen der Sturheit der beiden anderen oder eines anderen Mitglieds der Triade so unangenehm. Der Machtkampf, der manchmal wegen trivialer Entscheidungen entbrennt, kann zu einem großen Problem werden. Der Betroffene muß sich dann an Situationen aus der Vergangenheit erinnern, in denen er ähnliche Gefühle gehabt hat. Oft geht die Person bis in die Zeit der Ursprungstriade zurück. Wenn solche Gefühle aus der Vergangenheit verarbeitet werden, kommt es häufig zu einem Durchbruch im Hinblick auf das Verständnis der Situation, in der sich die gegenwärtige Triade befindet.

In einer Trainingssituation, die sich über einen Monat erstreckt, erlebt eine solche Triade viele Höhen und Tiefen, während die Teilnehmer immer tiefere Ebenen des Bewußtseins und der Transformation erreichen. Das Erleben wird noch intensiver, wenn der Triade bestimmte Aufgaben gestellt werden. Wenn sie ihre ganze Zeit ausschließlich damit verbringt, Gefühle zu verarbeiten, geraten die einzelnen Mitglieder in ein Vakuum, das nichts mehr mit dem wirklichen Leben zu tun hat. Viele Triaden erleben erst dann einen Konflikt, wenn die Mitglieder gemeinsam an einem Projekt arbeiten müssen. Dieser Prozeß kann oft sehr anstrengend sein, aber wenn er durchgearbeitet wird, entwickeln die meisten Teilnehmer eine tiefe Bindung an ihre triadischen Lernpartner. Und, was noch wichtiger ist, sie lernen, wie man die Werkzeuge einsetzen kann, die ihnen zugänglich werden, wenn sie in ihre Kindheitssituation zurückkehren, und die für sie von unschätzbarem Wert sind. Das, was in der Laborsituation gelernt wird, kann auf andere triadische Situationen im wirklichen Leben übertragen werden und dem einzelnen helfen, nährende Triaden aufzubauen.

Eine Teilnehmerin an einem Sommer-Trainingsprogramm beschreibt ihre Erlebnisse mit folgenden Worten:

„Ich habe eine Lektion von unschätzbarem Wert gelernt, die mir geholfen hat, nicht immer im Mittelpunkt stehen zu müssen und daran zu glauben, daß andere Menschen durchaus in der Lage sind, ihre Gefühle direkt auszudrücken. Als ich nach diesem Erlebnis mit der „Process

Community" nach Hause kam, hatte ich Gelegenheit, das gerade Gelernte auszuprobieren. Die Rolle der Friedenstifterin war für mich im Zusammensein mit meinen Mitarbeitern immer ein Problem gewesen. Ich war jetzt in der Lage, meine Gefühle in Worte zu kleiden und mich in verantwortungsbewußter Weise aus jedem Disput herauszuhalten. Ich kann meine Fähigkeiten inzwischen weiterentwickeln und bedeutend effektiver einsetzen, indem ich dafür sorge, daß die Leute, die ein Problem haben, direkt miteinander reden und nicht den Umweg über meine Person machen."

Eine weitere Intervention, die von *Virginia Satir* stammt und sich stark an das triadische Konzept anlehnt, ist das der Familienrekonstruktion (*Satir* und *Baldwin* 1983; *Nerin* 1986 und S. 163 ff.).

Ziel der Familienrekonstruktion ist es, einem Menschen die Möglichkeit zu geben, seine frühen Lernerfahrungen zu begreifen und zu verarbeiten, so daß er sie in Lebenssituationen, in denen diese alten Verhaltensmuster wieder ins Leben gerufen werden, nicht zwanghaft anwenden muß. Bei der Familienrekonstruktion erlebt der Betroffene im Rahmen eines Rollenspiels nicht nur die Lernerfahrungen seiner Ursprungstriade, sondern er kann gleichzeitig auch die Lernprozesse jedes Elternteils innerhalb der Ursprungstriade beobachten, denn der Prozeß reicht Generationen zurück. Die Lernerfahrungen der Ursprungstriade lassen dann die Gegenwart klarer erkennen, statt sie zu verfälschen.

*Virginia Satir*s Methode der Familientherapie konzentriert sich stark auf die Arbeit mit den Triadenbildungen innerhalb der Familie. Wenn man mit einer Familie arbeitet, gibt es viele Ebenen der triadischen Interventionen. Sie reichen von der Arbeit mit der gegenwärtig bestehenden Triade der Kernfamilie bis zur Arbeit mit den Ursprungstriaden der beiden Elternteile. Ziel der Familientherapie ist es, Triaden aufzubauen, die störungsfrei funktionieren und alle Merkmale einer gesunden Familie aufweisen, wie sie weiter oben erwähnt wurden; Triaden, in denen jeder einzelne die Möglichkeit hat, sich frei auszudrücken, in denen das Wort „nein" keine Zurückweisung bedeutet, wo die Kommunikationen eindeutig sind und jeder einzelne er selbst sein darf. Auch in der Paar- oder Einzeltherapie gilt der gleiche triadische Ansatz, weil die Lebensbereiche, in denen das Individuum Schwierigkeiten hat, gewöhnlich mit der Ursprungstriade zusammenhängen.

Literatur

Bowen, M. *(1978)*: Family therapy in clinical practice. New York: Jason Aronson.
Caplow, T. *(1969)*: Two against one: Coalitions in triads. Englewood Cliffs, NJ: Prentice-Hall, Inc.
Nerin, W.F. *(1986)*: Family reconstruction long day's journey into light. New York: W. Norton & Company; dt.: (1989) Familienrekonstruktion in Aktion. Paderborn: Junfermann.
Satir, V. *(1972)*: Peoplemaking. Palo Alto, CA: Science and Behavior Books.
Satir, V., & Baldwin, M. *(1983)*: Step-by-Step. Palo Alto, CA: Science and Behavior Books; dt.: (^{3}1991) Familientherapie in Aktion. Paderborn: Junfermann.
Simmel, G. (1902): The number of members determining the sociological form of the group. *American Journal of Sociology*, 8(1), 45-45.
Simmel, G. (1950): The sociology of Georg Simmel, by K.H. Wolff, Trans., Ed., and Introduction. New York: Glencoe Press.

Anmerkung:

Auch wenn nicht in jedem Fall ausdrücklich darauf hingewiesen wurde, stammen viele der Ideen in diesem Artikel aus Diskussionen mit *Virginia Satir* oder aus ihren Ausführungen.

Aus dem Amerikanischen von Dr. Bringfried Schröder.

Verfeinerung und Schärfung der Sinneswahrnehmung

Gerd F. Müller

Wenn Kontakt geknüpft wird,
machen gleichzeitig zwei Personen
und drei Teile dabei mit:
Jede Person in Kontakt mit sich selbst
und jede Person in Kontakt mit der anderen.
Virginia Satir

Vorbemerkung

Für *Virginia Satir* war die Person des Therapeuten* das wichtigste Instrument in der therapeutischen Arbeit. Techniken betrachtete sie als nützliche Hilfsmittel. „Für mich steht außer Frage, daß die Person des Therapeuten wichtiger ist als alles andere. Er ist sozusagen der Kanal, durch den alles fließt. Die Behandlungsmethoden – sicher sie spielen eine Rolle, aber es ist vor allem die Person, die dahintersteht. Drei verschiedene Therapeuten können die gleichen Behandlungsmethoden anwenden und sie werden drei unterschiedliche Ergebnisse erhalten" (*Satir* 1983). In jüngerer Zeit weisen u. a. *Haber* (1990, S. 375 ff.) darauf hin, wie wichtig die Rolle und die Person des Therapeuten in der systemischen Therapie ist. Damit der Therapeut sich als Instrument zum Klingen bringen kann, muß er in kongruentem Kontakt mit sich selbst sein. Erst dann ist es möglich, Kontakt zu anderen zu schaffen und respektvoll und authentisch mit Menschen zu arbeiten. Kontakt zu sich selbst heißt: Ich nehme mich mit all meinen Sinnen selbst wahr. Ich achte auf

---

* Die im Text benutzte männliche Form bedeutet eine sprachliche Vereinfachung, keine geschlechtliche Diskriminierung. Mit Klient, Therapeut, Berater ist immer auch Klientin, Therapeutin, Beraterin etc. gemeint.

meinen Körper, meine Gefühle, Gedanken, Regeln, Vorurteile, Vorlieben, Projektionen und auf die Bedeutungen, die ich bestimmten Ereignissen und Verhaltensweisen gebe. Ich respektiere andere Personen so, wie sie sich verhalten, und überprüfe, ob ich mit Personen, die Verhaltensweisen zeigen, die meinem Wertesystem deutlich widersprechen, arbeiten will und kann. Kontakt zu anderen heißt: Ich höre aufmerksam zu, nehme Blickkontakt auf, bekunde durch Worte, Stimmlage, Mimik, Gestik, Körperhaltung Wertschätzung des anderen, trenne sorgfältig Beobachtungen von Interpretationen und achte auf den Kontext. So ist es dem Therapeuten möglich, sich selbst als Seismograph und als Quelle für Interventionen zu nutzen.

Die im folgenden in Anlehnung an Satirs Arbeit beschriebenen Übungen reflektieren die Art und Weise, wie sie die Schärfung der Selbst- und Fremdwahrnehmung nutzte und mit dem Fokus „Kontakt zu sich und anderen" arbeitete. Ich habe in die Übungen einige Anregungen von *Moshe Feldenkrais* (1980) aufgenommen. In Fortbildungsgruppen können die Übungen als Schritte zum Aufbau und zur Entwicklung einer therapeutischen Beziehung zum Klienten ebenso eingesetzt werden wie als strukturierte Interventionen im Verlauf von Paar- und Familientherapien oder in der Anleitung von Selbsterfahrungsgruppen. Die Selbstwahrnehmungs- und die Schatten-Übung eignen sich darüber hinaus in modifizierter Form als Zentrierübungen für den Therapeuten: Die verkürzte Selbstwahrnehmungsübung dient als Instrument zur Bündelung der Aufmerksamkeit z.B. vor einer Therapiesitzung oder auch kurz während einer Sitzung, um den Kontakt mit sich selbst wiederherzustellen. Die in Ausschnitten angewandte Schatten-Übung hilft dem Therapeuten dabei, sich eigene Projektionen bewußt zu machen und sie „in den Griff zu bekommen", um dann wieder voll beim therapeutischen Prozeß sein zu können. Sequenzen aus beiden Übungen können auch zur Unterstützung des ständigen Wechsels zwischen Beobachten und Bewerten der Beobachtungen genutzt werden, wie dies *van Trommel* (1991, S. 43 ff.) vorschlägt und damit auf Satirsche Vorstellungen zurückgreift, wie der Therapeut sich selbst im Verlauf der Therapie einsetzen kann.

Selbstwahrnehmung

Die Übung wird langsam, behutsam, mit Pausen vorgetragen. Der Therapeut/Gruppenleiter beobachtet die Körpersignale der Teilnehmer und stellt darauf das Tempo und den Umfang der Übung ein.

"Nehmt auf eurem Stuhl Platz, setzt euch so hin, daß ihr eine Zeitlang gut sitzen könnt. Schließt nun langsam und behutsam eure Augen. Während ihr jetzt eure Augen geschlossen habt, nehmt zuerst Kontakt zu eurem Atem auf und ohne am Atem etwas zu verändern, stellt einfach fest, wo überall in eurem Körper ihr den eigenen Atem spürt und wie tief ihr ein- und ausatmet. ... Laßt die Augen geschlossen und beginnt jetzt eine Wanderung durch euren Körper. Lenkt eure Aufmerksamkeit auf eure Füße und spürt nur nach, wie eure Füße auf dem Boden stehen, wie der Kontakt zum Boden ist, wie kühl oder wie warm eure Füße sind, vielleicht auch, ob ihr so etwas wie Energien aus dem Boden in eure Füße aufsteigen spürt. ... Dann wandert mit eurer Aufmerksamkeit von den Füßen zu den Beinen, Unterschenkeln, Knien, Oberschenkeln und spürt, wie die Kleidung eure Beine berührt, ob irgend ein Kleidungsstück in dieser Gegend spannt. Dann geht weiter zu eurem Gesäß und achtet für ein paar Momente darauf, wie ihr sitzt. Wie sich das Gesäß gegen die Stuhlfläche drückt oder möglicherweise auch wie der ganze Rumpf auf dem Gesäß und eurem Geschlechtsteil ruht. Wiederum geht ein Stück mit eurer Aufmerksamkeit weiter: Den Rücken nach oben; achtet darauf, wie euer Rücken die Lehne berührt, wie sich eure Wirbelsäule anfühlt. Wandert nun zu den Schultern und achtet darauf, was ihr hier spürt; dann über beide Oberarme, Unterarme, bis zu den Händen. ... Nehmt nun eure Hände wahr: Sind sie gefaltet, ineinander gelegt oder liegen sie getrennt auf den Oberschenkeln. Wenn ihr die Hände gefaltet oder ineinander gelegt habt, spürt nach, wie es sich anfühlt, die eigenen Hände zu halten. Laßt euch wissen, wie vertraut oder wie fremd euch die Finger, die Hände vorkommen. Dann wandert mit eurer Aufmerksamkeit von den Händen über die Arme wieder nach oben, zu den Schultern, zum Nacken und laßt euch für einen Moment wissen, wie sich euer Nackenbereich anfühlt. Laßt euch auch wissen, wie der Nacken den Kopf trägt und den Kopf davor zurückhält, daß er nach vorne sinkt. Dann wandert weiter mit eurer Aufmerksamkeit zum Kopf, geht zum oberen Bereich des Kopfes, zu den Haaren. Laßt euch wissen, was ihr vom oberen

Teil des Kopfes spürt. Dann wandert zur Stirn, zu den Schläfen und von den Schläfen zu den Augen, links und rechts. Ihr habt die Augen weiterhin geschlossen und versucht, wahrzunehmen, was ihr seht, ihr hört, während ihr die Augen geschlossen habt. Tauchen irgendwelche Bilder, Farben, Schattierungen, Töne, Stimmen auf? ... Spürt nach, wie die Augenlider auf den Augen liegen. Dann wandert zu eurer Nase weiter und wenn ihr wollt, atmet ein und aus und spürt, wie kühl die Luft beim Einatmen ist, wie warm beim Ausatmen. Vielleicht könnt ihr hören, wie ihr ein- und ausatmet und macht euch bewußt, daß der Atem eine eurer Lebensquellen ist, daß ihr lebt, so lange ihr atmet. Dann wandert mit eurer Aufmerksamkeit zu eurem Mund und achtet darauf, wie euer Mund geformt ist; sind die Lippen geöffnet oder geschlossen, liegen sie leicht aufeinander oder sind sie zusammengepreßt? Fühlt im Mund die Zunge, euer Werkzeug zum Sprechen. Geht wieder nach außen zu den Wangen und versucht, euer gesamtes Gesicht zu spüren, ist es locker oder angespannt. ... Und wandert weiter zum Kinn, zum Kehlkopf und von hier zur Brust und verweilt hier. ... Geht nun zum Magen, zum Bauch; nehmt wahr, wie sich in diesem Augenblick der Magen, der Bauch anfühlt; spürt ihr ein wohliges Empfinden, einen Druck, ein Spannen, etwas anderes? Bleibt mit eurer Aufmerksamkeit in diesem Bereich – Brust, Magen, Bauch – und versucht, wieder in Kontakt mit eurem Atem zu kommen. Versucht jetzt, über den Atem mit eurem gegenwärtigen Gefühl in Kontakt zu kommen und laßt euch erleben, wie es euch gefühlsmäßig geht. ... Wenn ihr entdeckt habt, wie es euch jetzt gerade geht, dann laßt euch wissen, wie es euch damit geht, daß es euch so zumute ist. Achtet auf das Gefühl oder die Gefühle, die ihr jetzt für euch entdeckt habt. Sind diese Gefühle im Augenblick 'erlaubt' oder denkt ihr, ihr solltet euch jetzt anders fühlen? Sind manche Gefühle eher akzeptabel als andere? ... Bleibt für einige Momente in Kontakt damit. ... Werdet euch nun eures Selbstwerts gewahr und gebt euch selbst eine Botschaft der Anerkennung und Wertschätzung. ... Nehmt nun wieder Kontakt zu eurem Atem auf und stellt fest, wie ihr jetzt ein- und ausatmet. Könnt ihr einen Unterschied feststellen zwischen dem Beginn der Übung und jetzt? Atmet nun einige Male bewußt stärker ein und aus und bringt euch gedanklich wieder hierher in diesen Raum. Bereitet euch innerlich darauf vor, daß ihr euch anschließend mit eurem (Übungs-)Partner über eure Erfahrungen austauschen werdet. ... Nehmt jetzt einen tiefen Atem-

zug und öffnet beim Ausatmen langsam und behutsam eure Augen, blickt euren Partner an, schaut im Raum umher, dehnt und streckt euch. Nehmt euch zehn Minuten Zeit und sprecht zu zweit über eure Erfahrungen und Entdeckungen während dieser Übung."

Es ist günstig, eine begrenzte Auswertungszeit anzugeben (und sich auch daran zu halten) und die Übungspartner darauf hinzuweisen, daß sie während des gemeinsamen Austauschs den Fokus auf die Erfahrungen während der Übung richten.

„Schatten-Übung"

Diese Übung hat das Ziel, Projektionen in einer Gruppe, bei einem Paar, in Familien bewußt zu machen. Sie ist sowohl im Verlauf von Paartherapien zwischen Partnern als auch in Gruppen zwischen Mitgliedern einsetzbar. Falls sich beim Therapeuten im Verlauf einer Therapie Projektionen „einschleichen", die den Kontakt zum Klienten behindern, kann er für sich im Stillen ausschnittsweise diese Übung in modifizierter Form machen. Er kann z.B. die Projektionsfigur hinter dem Klienten visualisieren und für sich Ähnlichkeiten und Unterschiede herausschälen, so daß ihm die bewußte Trennung zwischen real anwesender Person und Projektionsschatten leichter fällt.

Im folgenden wird die „Schatten"-Übung als Vorgabe für Gruppenarbeit beschrieben:

„Dies ist eine Übung, die paarweise abläuft. Sucht euch bitte eine Person aus, die ihr noch nicht gut kennt, und setzt euch dann zu zweit direkt gegenüber. Sucht euch auf eurem Sessel oder Stuhl einen Platz, so daß ihr 15 Minuten gut sitzen könnt. ... Nun beginnt damit, euer Gegenüber anzusehen; versucht, euch einen Moment in die Augen zu schauen, dann das Gesicht zu betrachten, den Kopf, den Oberkörper, den Rumpf, die Beine, die ganze Gestalt und macht euch bewußt, welche Teile ihr nicht so genau anschaut und weshalb. Schaut euch jetzt wieder in die Augen und laßt die Augen ineinander ruhen. Während ihr das tut, nehmt wahr, wie es euch geht, wenn ihr eine andere Person anseht und zugleich angesehen werdet. Welches Gefühl kommt euch als erstes hoch? Welches Gefühl als zweites? Welche Gedanken habt ihr dazu? Und dann laßt euren Blick

wieder über den Körper der Person schweifen, die euch gegenüber sitzt. Schaut das an, was euch interessiert und laßt euch wissen, während ihr schaut, welchen Eindruck ihr von dieser Person gewinnt, die euch jetzt gegenüber sitzt und das gleiche tut, wie ihr. ... Ist sie euch sympathisch oder kommen andere Gefühle hoch? ... Dann schließt eure Augen langsam und laßt sie geschlossen. Versucht euch jetzt, mit geschlossenen Augen, von der Person, die euch gegenübersitzt, ein Bild zu machen. Versucht, euch an Einzelheiten zu erinnern: an den Mund, die Nase, die Wangen, die Stirn, die Augen, an den gesamten Gesichtsausdruck, an die Haare, den gesamten Körper, die Körperhaltung, die Kleidung. Möglicherweise ist es so, als ob ihr ein Foto betrachtet oder als ob ihr mit einem feinen Pinsel eine Zeichnung anfertigt. Vielleicht fehlen euch auch Teile in der Erinnerung; wenn es so ist, öffnet kurz eure Augen, schaut euer Gegenüber an und schließt die Augen wieder. Dann – weiterhin mit geschlossenen Augen – laßt euch wissen, ob die Person, die euch gegenübersitzt, euch an irgend eine andere Person erinnert, die ihr von irgendwoher kennt oder einmal gekannt habt. Gebt euch ein wenig Zeit; es können lebende oder bereits verstorbene Personen sein, Verwandte, Bekannte oder Fremde. ... Wenn euch jemand eingefallen ist, versucht euch wissen zu lassen, welche Gefühle ihr dieser Person aus der Erinnerung gegenüber habt. Angenehme, weniger angenehme, diffuse? ... Dann schiebt das Bild dieser Person beiseite. Laßt die Augen geschlossen und macht euch bewußt, daß euch gegenüber eine leibhaftige Person sitzt. Versucht herauszufinden, ob ihr ähnliche Gefühle gegenüber der Person habt, die vor euch sitzt. ... Wenn ja, versucht zu trennen und euch bewußt zu machen, daß die Gefühle, die ihr bezüglich der hier sitzenden Person habt, möglicherweise nur zu der erinnerten Person gehören – zum „Dann und Dort" und nicht zum „Hier und Jetzt". ... Laßt euch dazu Zeit. ... Schließt jetzt damit ab. ... Nun öffnet eure Augen langsam und behutsam und schaut euer Gegenüber an. Während ihr euch jetzt eine Weile anschaut, laßt euch wissen, wie es euch jetzt damit geht, die andere Person anzusehen? Wie empfindet ihr jetzt dieser anderen Person gegenüber? Was hat sich möglicherweise gefühlsmäßig verändert? Wie ist es jetzt, die Person, die euch gegenübersitzt, anzusehen und euch daran zu erinnern, daß sich das Bild oder die Stimme einer anderen Person dazwischen geschoben hat? ... Dann schließt eure Augen wieder und laßt euch wissen, welche Gedanken ihr jetzt habt. Über euch, als die Person, die diese Übung gemacht hat? Über euer Gegenüber? Über die Person, an die ihr vielleicht erinnert worden seid? ... Dann bereitet euch darauf vor, euch zu zweit auszutauschen, über das, was euch durch den Kopf gegangen ist, wie es euch gefühlsmäßig ergangen ist, welche Erinnerungen ihr möglicherweise hattet. Jetzt – langsam und behutsam – öffnet eure Augen, schaut euch an, und gebt dem nach, was bei euch ist. Nehmt euch etwa zehn Minuten Zeit, und tauscht euch über die Erfahrungen aus, die ihr im Verlauf dieser Übung gemacht habt; sagt dabei nur das, was ihr wollt und könnt."

Selbstverständlich taucht nicht immer während der Übung eine andere Person auf. Das Erlebnis und allein die Anregung, auf diese Art und Weise mit Projektionen umzugehen, wird von den Teilnehmern als hilfreich geschildert. Für viele ist es ungewohnt, sich so genau visuell mit einem Übungspartner zu beschäftigen. Alte Regeln – verbunden mit Verboten – werden bewußt und können transformiert werden.

Selbst- und Fremdwahrnehmung

Diese Übung kann für Paare als Anstoß oder als Vorübung für den Einstieg in den Themenbereich Körperkontakt, Zärtlichkeit und Sexualität genutzt werden. In Gruppen kann sie angewendet werden, um Vertrauen zu vertiefen, Nähe und Distanz bewußt zu machen und alte Regeln bezüglich Körperkontakt sich selbst und anderen gegenüber zu entdecken. *Satir* (1976, ohne Seitenzahl) meinte: „Ashley Montagu spricht von Hauthunger, den wir alle hauptsächlich deshalb haben, weil es viele Tabus bezüglich Berührung gibt. Unser Körper, unser Nervensystem, unser Maß an Zufriedenheit mit anderen Menschen und unsere Kreativität könnten enorm anwachsen, wenn wir uns nur gegenseitig mehr berühren würden. ... Hände sind nicht nur zum Arbeiten, zur Bestrafung und für Sex geschaffen. Sie sind ganz besonders ein Werkzeug, um Kontakt herzustellen." (Übersetzung vom Autor.)

„Sucht euch eine Partnerin oder einen Partner, und setzt euch zu zweit direkt gegenüber auf einen Stuhl. Die Übung wird im ersten Teil 15 Minuten dauern. Anschließend habt ihr Zeit zu einem Austausch, und

danach gibt es Gelegenheit zur Besprechung im Plenum. Setzt euch nun so hin, daß ihr euch mit den Händen ohne Anstrengung und ohne Verrenkung berühren könnt. Schließt behutsam eure Augen; während ihr jetzt die Augen geschlossen habt, nehmt Kontakt zu eurem Atem auf, und spürt nach, wie ihr ein- und ausatmet und wo überall in eurem Körper ihr den eigenen Atem spürt. Versucht nun über den Atem in Kontakt mit eurem gegenwärtigen Gefühl zu kommen. Dann laßt euch wissen, was ihr körperlich empfindet und erlebt. Jetzt – weiterhin mit geschlossenen Augen – macht euch bewußt, daß euch gegenüber eine andere Person sitzt, eine Person, die ihr ausgewählt habt oder die euch gewählt hat. Laßt euch wissen, welche Gefühle ihr gegenüber dieser Person habt. ... Öffnet jetzt langsam eure Augen, und schaut euer Gegenüber an, und nehmt euch – langsam und behutsam – bei den Händen. Laßt die Hände ineinander ruhen und, schließt eure Augen wieder; laßt euch wissen, wie es für euch ist, eine andere Person zu berühren und berührt zu werden. Und beginnt jetzt – langsam und behutsam – eine Wanderung, und versucht, die Hände eures Partners, eurer Partnerin zu erkunden; die Finger, die Handoberfläche, die Handinnenseite. Erspürt die Beschaffenheit der Haut: ist sie trocken oder feucht, kühl oder warm? ... Geht soweit, wie ihr gehen wollt; wenn ihr eine Pause machen wollt, wenn ihr verweilen wollt, dann tut das. Nehmt anschließend euren Spaziergang mit den Fingern in der Hand oder auf der Hand eures Gegenübers wieder auf. Und während ihr das tut, nehmt wahr, wie es euch gefühlsmäßig und körperlich geht; laßt euch auch wissen, wie es euch in bezug auf euren Partner, eure Partnerin geht, während ihr die Hände erkundet. ... Und versucht dann – wiederum ganz langsam und behutsam – von den Händen ausgehend, den Puls eures Gegenübers zu finden; laßt euch Zeit dabei, helft euch gegenseitig, wortlos, weiterhin mit geschlossenen Augen. ... Wenn ihr den Puls gefunden habt, dann verweilt dort. Spürt den Pulsschlag, und nehmt wahr, wie es euch geht, wenn gleichzeitig euer Gegenüber euren Pulsschlag spürt. Versucht nun, euren Atem in Einklang mit dem Pulsschlag eures Gegenübers zu bringen; laßt euch wissen, daß ihr mit einer der Lebensquellen eures Partners, eurer Partnerin verbunden seid. ... Dann – langsam und behutsam – löst eure Finger vom Puls eures Gegenübers, nehmt euch wieder bei den Händen, und laßt sie ineinander ruhen, so wie es euch passend erscheint. Und dann – wiederum ganz langsam – neigt euren Oberkörper nach vorne; laßt die Augen geschlossen, und versucht, euch so nahe zuzuwenden, bis ihr den Atem eures Gegenübers spürt und hört. Bleibt so zugeneigt, wie ihr seid. Laßt euch wiederum wissen, wie es euch gerade zumute ist, so nahe an eurer Partnerin, an eurem Partner zu sein, den Atem zu spüren und euch selbst zu spüren. ... Und dann – langsam und behutsam – bewegt den Oberkörper zurück. Nehmt Kontakt auf zu eurem eigenen Atem, und spürt nach, wie ihr jetzt ein- und ausatmet, wo überall in eurem Körper ihr den eigenen Atem spürt. ... Beginnt nun damit, euch auf die für beide gemäße Art von den Händen eures Gegenübers zu verabschieden. Löst euch, wenn es Zeit für euch ist, ganz langsam von den Händen eures Partners, eurer Partnerin. Nachdem ihr die Hände gelöst habt, laßt euch wissen, wie es jetzt für euch ist, wieder bei euch selbst zu sein, ohne die körperliche Verbindung zu einer anderen Person. ... Nehmt jetzt eure eigenen Hände, und beginnt eine Wanderung mit euren Fingern über die eigenen Hände, die Handinnenflächen, die Oberfläche der Hände. Laßt euch wissen, wie es ist, was ihr dabei denkt, wenn ihr eure Hände berührt. ... Macht euch auch bewußt, was der Unterschied dabei ist, andere oder sich selbst zu berühren. Jetzt nehmt eure Hände, und führt sie zum Gesicht; beginnt eine Wanderung mit den Fingern eurer Hände über euer Gesicht, langsam und behutsam. Entdeckt euer eigenes Gesicht, und spürt nach, wie die Haut sich anfühlt, die Flächen und die Unebenheiten. Erlaubt euch, mit den Fingern auf eurem Gesicht zu wandern, wo immer ihr auch wollt. Und nehmt wiederum wahr, wie es euch damit geht, euch selbst mit den eigenen Händen zu berühren. Jetzt stützt euren Kopf in beide Hände, und macht euch bewußt, daß ihr die Fähigkeit und Kraft habt, euch selbst zu stützen und Halt zu geben. Nehmt euch Zeit, darüber nachzudenken. ... Gebt euch eine Botschaft der Anerkennung für euch, für die einzigartige Person, die ihr seid; eine Anerkennung für eure Fähigkeit, zu sehen, zu hören, zu fühlen, zu spüren, zu denken und Wahlmöglichkeiten zu erkennen. ... Dann löst langsam eure Hände von eurem Kopf und eurem Gesicht. Lehnt euch zurück, und legt die Hände auf eure Oberschenkel oder in euren Schoß, so wie es für euch in diesem Augenblick paßt. ... Nehmt wieder Kontakt zu eurem Atem auf, und spürt nach, wie ihr jetzt ein- und ausatmet. Versucht nun über den Atem in Kontakt zu kommen mit eurem Gefühl, und spürt nach, wie es euch jetzt geht. ... Und dann laßt euch wissen, welche gedanklichen und gefühlsmäßigen Unterschiede ihr zwi-

schen dem Anfang der Übung und jetzt entdeckt. ... Macht euch bewußt, daß euch gegenüber eine andere Person sitzt, mit der ihr diese Übung gemacht habt; bereitet euch darauf vor, daß ihr euch anschließend mit dieser Person über eure Erfahrungen während dieser Übung austauschen werdet. ... Jetzt – langsam und behutsam – öffnet eure Augen, schaut euer Gegenüber an, und nehmt wahr, wie ihr eurem Partner, eurer Partnerin gegenüber empfindet. Nehmt euch zehn Minuten Zeit, und tauscht euch über eure Erfahrungen aus. Sagt nur das, was ihr sagen könnt und wollt; was ihr für euch behalten wollt, laßt bei euch, und gebt euch dafür innerlich die Erlaubnis."

Nach jeder Übung muß ausreichend Zeit und Raum zum Ausklingen und für eine ausführliche Auswertung im Plenum zur Verfügung stehen. Der Therapeut/Gruppenleiter kann als Ergänzung zu Themen, wie z.B. Selbstwert, Kongruenz, funktionale und dysfunktionale Regeln oder „Die fünf Freiheiten" von *Satir* überleiten. Je nach Verlauf der Auswertungsphase und nach Einschätzung des Gruppenprozesses kann auch eine Reflexion über folgende Fragen angemessen sein: Habt ihr selbst einen Partner ausgewählt, oder habt ihr euch wählen lassen? Welche Gedanken und Gefühle hattet ihr, während ihr wähltet oder gewählt wurdet? Welche eurer Gedanken und Gefühle und welche Aussagen anderer Teilnehmer/innen haben euch geholfen, mehr Vertrauen in der Gruppe zu entwickeln?

Es ist möglich, daß bei einzelnen aufgrund der Erlebnisse während einer Übung tiefere Prozesse ausgelöst werden, die in der Gruppe bearbeitet werden können. Das bedeutet, daß der Therapeut/Gruppenleiter einen breiten Erfahrungs- und Fortbildungshintergrund haben sollte und sicher in der Prozeßarbeit sein muß.

Literatur

Feldenkrais M. (1980): Persönliche Mitteilungen. 1. bis 31. März 1980. Tel Aviv.
Haber, R. (1990): From Handicap to Handy Capable: Training Systemic Therapists in Use of Self. *Fam. Proc.* 29, 4, S. 375-384.
Satir V. (1976): Making Contact. Berkeley, Cal.: Celestial Arts.
Satir V. (1983): Wege zum Menschen. Baden-Baden: Südwestfunk.
Satir V. (1983, 1985, 1987): Familienrekonstruktion. Video-Aufzeichnungen: Seminare des Münchner Familienkollegs.
Trommel, M. J. van (1991): Das Selbst in Systemtherapie. *Z. system. Ther.* 9 (1): S. 43-52.

Aus Virginia Satirs Werkzeugkasten

Gaby Moskau

*Was ich heute bin,
ist ein Kommentar über das, was ich gelernt habe;
nicht ein Kommentar über meine Fähigkeiten.*
Virginia Satir

Vorbemerkung

Einige interventive Werkzeuge, die Virginia Satir während der Prozeßarbeit einsetzte, werden beschrieben und anhand von Beispielen illustriert:
- *Meditation;*
- *das Stimmungsbarometer;*
- *die „Ausrüstung zur Erhaltung des Selbstwerts";*
- *die Arbeit mit Stricken;*
- *die Arbeit mit Rollenhüten;*
- *das „Virginia-Treppchen".*

Meditation

Virginia begann jeden Tag eines Seminars mit einer geleiteten Meditation, um Raum für Selbstwahrnehmung und Selbstreflexion zu schaffen und eine Verbindung zwischen Spiritualität und Selbstwert herzustellen. Dabei lenkte sie die Aufmerksamkeit speziell auf den Atem: „... die eigene Erfahrung legt nahe, daß eine Beziehung zwischen Gefühlen und dem Atem besteht, da die meisten emotionalen Zustände – besonders wenn sie sehr intensiv sind – mit Veränderungen des Atems verbunden zu sein scheinen" (*Clarke* 1979, S. XI).

Die folgende Meditation leitete *Virginia* während eines ihrer Seminare am Münchner Familienkolleg (*Satir* 1987) an:

„*Schließt behutsam eure Augen; macht euch bewußt, daß ihr nur einen Gedanken hattet und eure Augen haben sich geschlossen. Könnte es sein, daß auch der Rest unseres Körpers genauso auf Gedanken von uns reagieren kann? Ich kann mir das vorstellen. Ich weiß nicht, wie ich das mit allen meinen Gliedern tun könnte, aber ich glaube, daß es möglich ist. Und jetzt prüft nach, ob euer Körper sich beim Sitzen wohl fühlt – und mit geschlossenen Augen – geht nach innen, und gebt euch eine Botschaft der Anerkennung für euch selbst; während ihr die Botschaft der Liebe für euch festhaltet, kommt in Kontakt mit eurem Atem, und möglicherweise wird euch bewußt, daß euer Atem die Verbindung zum Leben ist. Wenn wir den Atem nicht hätten, könnte alles andere da sein, aber wir würden nicht existieren. Nehmen wir uns jetzt einen Moment, um uns des Atems bewußt zu werden. ... Wir können uns auch bewußt werden, daß wir unserem Atem nur erlauben müssen, daß er in uns einströmt; während wir uns erlauben, entspannt zu sein, wird der wundervolle Atem alle Teile unseres Körpers erreichen. Wenn unser Körper angespannt ist, kann der Atem nicht dorthin gelangen, wohin er gehen möchte. Und wir alle wissen, daß wir in Phasen von Rigidität und Spannung nicht gut atmen können. Und in diesem Moment: erlaubt eurem Körper, wieder entspannt zu sein, eurem Geist, empfänglich zu sein, und erlaubt dem Atem einzuströmen. Und vielleicht könnt ihr eurem Atem eine Farbe geben; nehmt dann nur wahr, wie der Atem durch den ganzen Körper wandert. ... Sollte der Atem auf einen Platz treffen, der sehr verkrampft ist, gebt eurem Atem die Botschaft, die Verspannung zu lösen; lächelt den Platz an, der verspannt war, denn wenn sich diese Verspannung nicht gezeigt hätte, könnte sie nicht aufgelöst werden. Während ihr jetzt ruhig atmet, geht tief in euch hinein, und sagt innerlich zu euch: ‚Ich bin eine Lebensform des Universums, ich habe die Fähigkeit zu sehen, zu hören, zu fühlen, zu denken, zu riechen, zu berühren, mich zu bewegen, zu sprechen und – zu wählen.' Laßt euch wissen, daß ihr einzigartig seid, daß es kein Duplikat eurer Person auf dieser Welt gibt. Verlaßt euch auf eure Fähigkeiten, die universell sind, und gebt euch innerlich die Erlaubnis, Neues zu riskieren; gebt euch diese Erlaubnis täglich, wöchentlich, monatlich. ... Und lenkt jetzt wieder eure Aufmerksamkeit auf euren Atem, und erlaubt euch zu sagen: ‚Ich achte die einzigartige Person, die ich bin; ich weiß, daß tief in mir meine Fähigkeit ist, andere zu lieben, mit anderen ehrlich zu sein, ja oder nein zu sagen, wachsen zu können.'* ... *Und jetzt könnt ihr vor eurem inneren Auge ein Bild entstehen lassen, ein Bild von irgend etwas, das ihr in eurem Leben erreichen wollt, das ihr im Moment noch nicht habt;* ... *macht ein klares Bild; gebt euch die Erlaubnis, um die Energie zu bitten, die ihr braucht, um dieses Ziel zu erreichen, und gebt euch auch die Erlaubnis, euch selbst so kreativ wie möglich einzusetzen. Und wenn wir durch den heutigen Tag gehen und lernen, was dieser Tag uns geben kann, während er sich entfaltet und wir frei sind, alles zu sehen, alles anzuhören und auch zu bemerken, daß wir nur das nehmen können, was für uns paßt, und daß wir eine vollere Form für das finden, was geschehen soll. .... Und jetzt, wenn ihr euch danach fühlt, öffnet sehr vorsichtig und behutsam eure schönen Augen, und während ihr das tut, werdet euch gewahr, wie es ist, die Augen zu öffnen und wie sich euer Körper anfühlt. ... Und wenn ihr irgendwelche Bewegungen oder Töne machen möchtet, laßt diese herauskommen."*

Virginia sprach ihre Meditationen mit klarer fester Stimme, die unzählige Schattierungen hatte. Ich war jedesmal, wenn ich sie hörte, tief in meinem Inneren berührt. Ihre Stimme war *der* Anker für mich. Sie legte kleine Pausen ein und ließ sich und anderen Zeit zum „Ausklingen".

Das Stimmungsbarometer

Nach der Meditation begann jeden Morgen das *„Temperature Reading"*, das wir „Stimmungsbarometer" nennen. Wer wollte, konnte zu *Virginia* kommen und sein Anliegen hinsichtlich seines „Barometerstandes" vorbringen. Das Instrument entsprang einem ihrer tragenden Konzepte: Bei jedem Menschen läuft kontinuierlich ein innerer Prozeß ab, über den anderen Menschen aufgrund von einengenden Regeln (siehe S. 93 ff.) nichts mitgeteilt wird. Diese Tatsache trägt dazu bei, daß eine Reihe von Schwierigkeiten zwischen Menschen entstehen können. Es war *Satirs* Anliegen, wenn immer es ihr für die am Prozeß beteiligten Personen wachstumsfördernd erschien, Gedanken und Gefühle offen zu machen; deshalb entwickelte sie ein Werkzeug, das dabei hilft, die fehlenden Teile des Kommunikationsprozesses zu ergänzen. Das Stimmungsbarometer regt zur Selbstreflexion an, bezieht sich auf *Satirs* fünf Freiheiten

(siehe S. 93) und kann als Lernfeld für offene, kongruente Kommunikation genutzt werden. Es besteht aus sechs Teilen:
1. *Anerkennung für sich selbst und für andere;*
2. *Beschwerden mit Änderungsvorschlägen verbunden;*
3. *Sorgen;*
4. *Rätsel, Konfusionen und Unklarheiten;*
5. *neue Informationen;*
6. *Wünsche, Hoffnungen, Träume.*

1. Virginia war der Überzeugung, daß jeder Mensch selbst dafür Sorge tragen kann, den eigenen Selbstwert zu schätzen und zu pflegen. Eine Möglichkeit dazu, sah sie darin, sich selbst Anerkennungen auszusprechen. Viele von uns haben jedoch das Gegenteil gelernt: „Selbstlob stinkt." Auch gegenüber anderen Menschen tun wir uns meist schwer, Anerkennungen auszusprechen. Oft stoppt uns die Befürchtung, „der andere könnte mich als schwach und unterwürfig definieren". Oder es gilt die geläufige Ansicht: „Dem Kontext entsprechendes Verhalten – besonders in der Kindererziehung – ist „selbstverständlich". *Satir* setzt dagegen: „Nichts ist selbstverständlich."

2. Beschwerden werden häufig als Anklage ausgedrückt, weil wir im anderen den Schuldigen sehen und ihm die Verantwortung für Änderungen zuschieben: „Wenn du dich anders verhalten würdest, gäbe es keine Probleme!" Oder wir denken, daß andere an unserem Anliegen gar nicht interessiert seien und/oder deshalb sowieso kaum zuhören werden. *Satir*s Idee, Beschwerden mit Änderungsvorschlägen zu koppeln, lädt zur Reflexion über den Prozeß der Unzufriedenheit ein und öffnet Raum für eine Diskussion, anstatt mit Verteidigung auf Anklagen zu reagieren. Es versteht sich von selbst, daß eine Grundvoraussetzung erfüllt sein muß: der andere will und kann zuhören. Dies bedeutet aber auch, daß wir das Timing, wann wir wem etwas sagen, sorgfältig beachten.

3. Sorgen behalten wir für uns, um „den anderen nicht zu belasten" und wir tun so, als hätten wir alles unter Kontrolle. Das kann zu körperlichen Beschwerden wie Magengeschwüren, Kopfschmer-

zen oder ähnlichem führen. Personen, die das *Satir*sche Kommunikationsmuster „beschwichtigen, harmonisieren" in Streßsituationen benützen, können diesem Teil des Barometers vermehrte Aufmerksamkeit schenken und beginnen, ihre momentanen Sorgen und Unsicherheiten mitzuteilen. An eine „äußerst rücksichtsvoll" agierende Person gewandt, meinte *Virginia* einmal: „Menschen fallen nicht gleich beim ersten Hauch von Unannehmlichkeiten um; sie können lernen, konstruktiv mit Schwierigkeiten umzugehen."

4. Wir haben gelernt, nicht nachzufragen, sondern Gegebenheiten mit eigenen Interpretationen auszuschmücken und herumzurätseln, um nicht als dumm zu erscheinen. *Satir* sagte: „Wenn wir nicht nachfragen, werden wir dumm bleiben; außerdem gehen wir das Risiko ein, zu völlig falschen Ergebnissen zu kommen, die wir dann als ‚die Wahrheit' betrachten." – Ein weit verbreitetes Spiel, das Therapeuten/Beratern nur zu gut bekannt ist!

5. Neue Informationen – z. B. „ich habe mich von meinen Freund getrennt" – werden oft aus Angst oder Rücksicht nicht mitgeteilt. Doch es geht nicht nur um negative Ereignisse. Eine vermeintlich banale Aussage, wie z.B. „heut' abend komme ich voraussichtlich sehr spät nach Hause" (vorausgesetzt diese Entwicklung ist am Morgen absehbar) kann eine – ohne diese Information – unangenehme Situation (Unruhe, Angst, Ärger beim Wartenden) vermeiden helfen.

6. Wünsche werden nicht geäußert, weil wir stillschweigend unterstellen, daß sie sowieso nicht erfüllt werden. Oder wir denken, der andere wird sich verpflichtet fühlen, unserem Wunsch gemäß zu handeln, auch wenn er selbst etwas anderes möchte. Eine weitere Variante: Wir erwarten, daß der andere wissen sollte, was ich will. Insbesondere Ehepaare sind oft der Meinung: Wenn du mich „wirklich liebst", kannst du meine Wünsche erraten! Wenn Paare angeregt werden, ehemals unausgesprochene Hoffnungen und Träume mitzuteilen, sind sie oft überrascht, wie ihre eigenen denen des Partners ähneln. Treten Verschiedenheiten zutage, kann ein Austausch darüber stattfinden, wie beide Partner zufriedengestellt werden können.

Das Stimmungsbarometer kann von unterschiedlicher Dauer sein – je nachdem, wieviel Zeit zur Verfügung steht oder was inhaltlich Vorrang hat. Wir betrachten dieses Instrument als Hilfe für den Wachstumsprozeß der Gruppe als System. Bei den Teilnehmern wird ein Bewußtsein für die Dynamik geschaffen, die einerseits den Prozeß behindern und andererseits ein Potential für persönliches Wachstum darstellen kann. In Fortbildungsgruppen, Supervisionen, Teambesprechungen hilft die Mitteilung des individuellen Barometerstands „stuckplaces", wie *Satir* sagte, zu öffnen. Die Erfahrung, daß die Freiheit gegeben ist, Gefühle, Gedanken und Bedürfnisse mitzuteilen, kann die Stimmung in einer Gruppe rasch verändern. Wir visualisieren die Teile des Barometers an einem Flipchart, so daß jeder Teilnehmer Bezug auf die einzelnen Punkte nehmen kann. Während Paar- und Familientherapien kann dieses Instrument im Prozeß eingesetzt werden, je nachdem, was im Moment passend in bezug auf das angestrebte Ziel erscheint.

Die „Ausrüstung zur Erhaltung des Selbstwerts"

Virginia baute diesen Teil ihres „Werkzeugkastens" oft in ihre morgendliche Meditation ein und/oder benützte Teile der „Ausrüstung" im Verlauf der Prozeßarbeit (siehe z.B. Rollenhüte).
Die „Ausrüstung" beinhaltet:
1. das „unsichtbare Medaillon";
2. den „Mutstab";
3. den „goldenen Schlüssel";
4. den „Detektivhut" und
5. die „Weisheitsbox".

1. Das Medaillon trägt jeder Mensch um den Hals; es ist auf beiden Seiten mit juwelbesetzten Buchstaben beschriftet. Auf der einen steht „Ja" und darunter: Danke, daß du mich beachtet hast; was du von mir möchtest, paßt im Moment genau und deshalb ist dieses meine Antwort. Auf der anderen Seite steht „Nein" und darunter wieder: Danke, daß du mich beachtet hast; worum du mich bittest, paßt im Moment überhaupt nicht und deshalb ist

dieses meine Antwort. Wenn wir fähig sind, unsere wirklichen Ja's und Nein's zu sagen, dann sind wir sowohl mit der Energie der Intuition als auch mit der Energie des „Geerdet-seins" verbunden und wir bereiten den Boden für eine verläßliche Beziehungsform. Wir können dazu den Mutstab als Hilfe nehmen.

2. Der „Mutstab" ist so gestaltet, wie die eigene Phantasie das unsichtbare Werkzeug haben möchte: aus glitzerndem Glas, geschnitztem Holz, bunt bemalt, ganz winzig oder groß – der individuellen Ausschmückung sind keine Grenzen gesetzt. Der Mutstab hilft nicht nur, das Medaillon zu benützen, sondern auch dabei, nach dem zu fragen, was wir möchten, so daß der Erfüllung von Wünschen eine Chance gegeben wird. Außerdem ist er eine Hilfe, wenn Neues ausprobiert wird: Die Reise in unbekanntes Territorium kann mit Unsicherheit, Angst, Zögern und Zweifeln verbunden sein, so daß die Bereitschaft geringer werden kann, Risiken einzugehen. Der Mutstab gibt uns die Kraft weiterzugehen, obwohl unsere Furcht uns eher nach hinten zieht. Er lehrt uns, trotz Angst mit dem uns Unbekanntem konstruktiv umzugehen und erinnert uns daran, daß wir unsere Schätze mit uns tragen: unsere Fähigkeiten, zu sehen, zu hören, zu fühlen, zu entscheiden. Er gibt uns Stärke, damit wir uns in Richtung unserer Träume bewegen können.

3. Virginia erklärt: „Der goldene Schlüssel öffnet die Tür zum Reichtum des inneren Selbst, das ich entdecken kann, wenn ich mir dazu die Erlaubnis gebe."

4. Der „Detektivhut" gibt jedem Menschen die Fähigkeit, sich mit Hilfe des Mutstabs auf den Weg zu machen, die Rätsel des Lebens zu entschlüsseln. Der Hut hilft dabei, sich neue Informationen zu holen, zu explorieren, bevor wir verurteilen. *Satir* sagte: „Nur wenn ich aufhöre zu verurteilen, kann ich anfangen zu entdecken."

5. Die „Weisheitsbox" befindet sich – nach *Satir* – im Inneren eines jeden Menschen drei Finger über dem Nabel in Richtung des Herzens. *Virginia* meinte, jeder von uns weiß, daß die „Weisheitsbox" nicht gefunden wird, wenn eine Person operiert wird; aber genauso wenig kann ein Gefühl oder Gedanke gefunden werden

oder das Medaillon, der Mutstab oder der Detektivhut. Die Weisheitsbox hat dieselbe Wirklichkeit wie ein Gedanke oder ein Gefühl. Es ist der Teil von uns, der eine Verbindung zum ganzen Universum herstellt. Wir können auch sagen, daß es eine tiefere Weisheit oder ein Gespür für das ist, was paßt, und vielleicht ist es auch das, was uns in Träumen hilft zu verstehen; es ist die Quelle unserer Intuition und enthält das – manchmal verschüttete – Wissen um die inneren Ressourcen.

Die Ausrüstung zur Erhaltung des Selbstwerts verhilft Menschen dazu, mit ihrem liebenden, emotionellen, intellektuellen Selbst in Kontakt zu treten. Während einer Therapie können diese Schätze helfen, die Entwicklung eines erweiterten Bewußtseins zu fördern. Diese „Ausrüstung" kann sowohl in der Einzel-, als auch in der Familien-, Paar-, und Gruppenarbeit angewendet werden.

Die Arbeit mit Stricken und anderen Utensilien

Virginia erzählte: „Die Idee zur Arbeit mit Stricken bekam ich, als ich mir bewußt machte, daß wir alle mit einem Strick geboren werden, den wir Nabelschnur nennen. Diese wird zwar nach der Geburt abgetrennt, doch ich erlebte wiederholt, daß es im Leben so schien, als ob die Schnur nicht wirklich durchtrennt worden wäre. So entschloß ich mich, dieses Phänomen sichtbar zu machen und Menschen zu zeigen, was zwischen ihnen ist, so daß sie Wahlmöglichkeiten zur Veränderung erkennen." Viele ihrer Demonstrationen entwickelte sie aus dem Prozeß des Stimmungsbarometers:

Ein Paar, das mit *Virginia* seine Sorgen um die Beziehung teilte, umwickelte sie von oben bis unten mit einem Strick. Ohne viel weitere Worte wurde dem Paar – mit Hilfe dieser direkt spürbaren Intervention – blitzartig klar, daß sie sich beide gegenseitig keinen Freiraum ließen. *Virginia* öffnete mit der kurzen Intervention eine Möglichkeit, dieses Thema in einer Therapie weiter zu bearbeiten.

Eine Teilnehmerin klagte über ihren Mann, der selbst nicht anwesend war. *Virginia* hörte eine Weile zu, ohne viel zu sagen, wählte dann spontan einen Teilnehmer aus der Gruppe als Doppel für den Ehemann. Während die Teilnehmerin weiter klagte, unterbrach *Virginia* kurz, wandte sich an die Gruppe und verlangte einige Tücher. Aus diesen Tüchern band sie dem Doppel eine Windel um, setzte ihm ein Tuch als Häubchen auf den Kopf und steckte einen seiner Finger in seinen Mund. Dann nahm sie einen kurzen Strick, band ein Ende um die Taille des Doppels, das andere um die Taille der Teilnehmerin und forderte sie auf, einen kurzen Spaziergang im Raum zu machen. *Satirs* Bild von der Dynamik dieses Paares wurde überdeutlich.

Voraussetzung für den Einsatz der „Stricktechnik" ist nicht nur eine tragfähige Beziehung zwischen Therapeut und dem/den Klienten, sondern eine „innere Sicherheit" des Therapeuten, mit dieser Technik umgehen zu können, ohne zu verletzen. Außerdem ist es unerläßlich, sich zu vergegenwärtigen, daß diese Darstellung der Dynamik eines Paares, einer Familie, Gruppe, das Bild des Therapeuten ist (siehe Skulpturarbeit, S. 139 ff.) und nicht unbedingt der Wirklichkeit des/der Klienten entspricht. Das bedeutet: Der Therapeut muß einen respektvollen Umgang mit dem/den Klienten pflegen, der/die eventuell andere Bilder für dieselbe Situation entwickelt hat/haben; keineswegs darf er also seine Vorstellungen sozusagen „durchboxen". Außerdem hat nicht jeder Therapeut die Fähigkeit, innere Bilder „zu sehen" und äußerlich mit Hilfe von Stricken darzustellen. Stricke gehörten zu *Satir* wie Wasser zu Fischen und sie nutzte Stricke nicht nur in kurzen Bildern, sondern besonders auch bei Familienrekonstruktionen, bei der Arbeit mit dem Mandala (s.S. 243 ff.) und den Rollenhüten.

Die Arbeit mit Rollenhüten

Eine Teilnehmerin kam während des Stimmungsbarometers zu *Virginia*. Sie hatte bereits ein Kind und erwartete ihr zweites. Sie sprach über ihre Schwangerschaft und ihr schlechtes Gewissen, wenn sie sich Zeit für sich nahm. Sie wollte nicht „nur" Mutter sein, wie ihre Mutter es war. *Virginia* hörte mit dem „dritten Ohr" (*Reik*

1948, S.144) zu, drehte sich zur Gruppe und fragte, ob drei Hüte zur Verfügung stünden. Sie nahm den ersten der drei Hüte, setzte ihn der Teilnehmerin auf und sagte: „Das ist dein 'Person-Hut'; diesen Hut hast du immer an. Nur manchmal vergessen Frauen, die schwanger sind, daß sie auch eine eigene Person sind; und sie fühlen sich schlecht, wenn sie sich erlauben, daran zu denken." Dann nahm *Virginia* den zweiten Hut, setzte ihn auf den ersten und kommentierte: „ ... und als du geheiratet hast, bekamst du den ‚Ehefrau-Hut'." Dann nahm sie den dritten Hut, setzte ihn auf die ersten zwei und sagte: „Das ist dein ‚Mutter-Hut', der verdeckt oft den Ehefrau- und Person-Hut. Kennst du so etwas?" Die Teilnehmerin nickte wortlos. In diesem Augenblick bekam *Virginia* eine neue Idee: sie forderte die Teilnehmerin auf, eine Frau und einen Mann aus der Gruppe zu wählen, die Doppel darstellten. Dann stellte sie beide zueinander, nahm einen Strick, den sie „Lebenslinie" nannte, band ein Ende um die Taille des Mannes, das andere um die Taille der Frau, erzählte eine Geschichte über Identität und Rolle und visualisierte, während sie erzählte, die Rollenhüte auch an der Tafel. (Wann immer sie konnte, benützte sie alle drei Wahrnehmungsmodalitäten: visuell, auditiv und kinästhetisch. Dann kam das erste Kind auf die Welt, das ein weiterer Teilnehmer darstellte; *Virginia* nahm wieder einen Strick, band ihn um die Taille des Kindes und die der Mutter. Dann nahm sie ein Kissen, stopfte es unter den Pullover der Mutter, nahm einen weiteren Strick und gab ihn der Mutter in die Hand, um die Lebenslinie des noch ungeborenen Kindes zu repräsentieren. Dann drehte sie sich zur Gruppe und sagte: „Niemand von uns hat gelernt, wie man mit dieser Situation umgeht; doch wir tun alle das im Augenblick Bestmögliche. Da wir nicht wissen, auf welche Art und Weise wir auch für uns persönlich sorgen können und weil viele von uns gerade in diesem Bereich einengende Regeln haben (siehe Regeltransformation), vergessen besonders Mütter von neugeborenen Kindern, wie sie als eigenständige Personen auch für ihr eigenes Wohl sorgen können."... „Es ist notwendig, daß du in deine Weisheitsbox greifst und dein Ja-Nein-Medaillon benützt, um dich als Person zu schützen und dir den Freiraum zu schaffen, den du als Person brauchst. Das heißt, deine

Ja's zu sagen, wenn es für dich paßt, und deine Nein's zu sagen, auch wenn es irgend jemandem im Moment vielleicht nicht passen könnte. Wenn wir ‚nice people' sind, sagen wir nie Nein zu irgendetwas oder irgendjemandem. In den meisten Fällen können Personen und Dinge, von denen wir uns aufgefordert fühlen, sofort etwas unternehmen zu müssen – wenn wir genau hinschauen – immer noch ein bißchen warten. In Wirklichkeit hast du nicht nur drei Hüte, sondern viel mehr: den Hut als Freundin, als Tochter, als Lehrerin und noch viele andere. Das ist, was ich das ‚Ziehen' nenne. Viele Leute kommen zu mir, um das ‚Ziehen' – d. h. die Pflichten der verschiedenen Rollenhüte – loszuwerden; denen sage ich: Ich kann dir nicht helfen, solange du sagst: ‚meine' Arbeit, ‚meine' Frau, ‚mein' Ehemann, ‚mein' Sohn, ‚meine' Tochter, ‚meine' Großmutter, ‚mein' Großvater. Solange du das sagst, muß etwas an dir ‚ziehen'. Diese Menschen sind nicht nur manchmal eine Last, sondern auch eine Quelle der Freude." Und wieder an die Teilnehmerin gewandt: „Du hast jetzt eine Wahlmöglichkeit, die deine Mutter nicht hatte: du kannst dir deine Rollenhüte bewußt machen und dich an deine Fähigkeit erinnern, dein Medaillon zu benutzen. Wenn du das tust, kannst du jeden Tag ein Fest begehen." Die Teilnehmerin lächelte und nickte. Damit beendete *Virginia* diese Sequenz und das Feedback der Rollenspieler begann.

Die Rollenhut-Technik kann auch bei Scheidungsarbeit (s. S. 115 ff.) angewendet werden. In der Arbeit mit Stieffamilien ist bereits das Visualisieren am Flipchart eine erste Möglichkeit, bewußt zu machen, wieviele unterschiedliche Rollenhüte wer trägt und welche Bedeutung im Kontext des täglichen Lebens dies hat. In Stieffamilien, in denen beide Partner verheiratet waren und beide Kinder aus der ersten Ehe und auch gemeinsame Kinder haben, ist die Vielzahl von Rollenhüten und den damit verbundenen Pflichten manchmal verwirrend und sowohl für Erwachsene als auch für Kinder belastend.

Virginia empfahl Therapeuten, sich eine Sammlung der verschiedensten Utensilien zuzulegen und meinte, jeder könnte selbst den „goldenen Schlüssel" und den „Mutstab" benützen, um mit anderen Medien als nur der Sprache kreativ umzugehen.

Das „Virginia-Treppchen"

Der Name für diese Intervention stammt von mir und *Gerd F. Müller*. Nachdem wir *Virginia* unzählige Male beobachtet hatten, wie sie Menschen auf gleiche Augenhöhe zueinander brachte, ließen wir ein zweistufiges hölzernes Treppchen anfertigen, das wir in Therapien und Seminaren benützen. Ein Anwendungsbeispiel:

Ein Paar mit einem achtjährigen Buben war zu einer Therapiesitzung mit *Virginia* bereit. Als Problem nannten sie „häufiges Streiten" zwischen dem Paar. *Virginia* und die Familie saßen am Anfang der Sitzung in einem kleinen Kreis vor den Teilnehmern des Seminars. Nachdem sie herausgearbeitet hatte, welche Veränderungen jeder für sich erhoffte, bat sie das Paar aufzustehen. (Sie hatte gleich anfangs wahrgenommen, daß die Frau um gut eineinhalb Kopf kleiner war als ihr Mann.) *Virginia* verlangte nach dem Treppchen und stellte die Frau darauf, ihren Mann gegenüber. Dann fragte sie: „Wie fühlt es sich für dich an, ihn so anzuschauen?" Die Antwort der Frau: „Für mich ungewohnt!" *Virginia*: „Wenn du ihn jetzt so anschaust, was siehst du jetzt?" „Ich sehe sein Gesicht genau." „Und wie sieht es für dich aus, wenn du ihn genau siehst?" „Ich sehe mich auf der gleichen Ebene und fühle mich etwas verunsichert." „... die Tatsache, daß du jetzt auf der gleichen Höhe mit ihm bist?" „Ja – es ist aber auch neu – ich muß mich erst daran gewöhnen." *Virginia* lachte und meinte: „Ich will nicht, daß du zu viel arbeitest, komm' bitte herunter, und schau' dir deinen Mann jetzt an – ist es das, woran du gewöhnt bist?" „Ja." „Und wie geht es dir dabei, wenn du ihn so von unten anschaust?" „Er ist so mächtig." *Virginia* bat die Teilnehmerin, wieder auf das Treppchen zu steigen, und fragte: „Und wie sieht er jetzt von da oben aus im Vergleich zu da unten?" „Ich hab' jetzt den Eindruck, ich bin gleich mit ihm." „Hast du jetzt ein anderes Gefühl im Vergleich dazu, als du dort unten warst?" „Ja." „Hast du so ein Treppchen zu Hause?" „Nein." „Vielleicht kannst du dir eines besorgen – es könnte sehr wichtig sein. ... Jetzt sag' von dieser Position aus, was du dir von deinem Mann in dieser spezifischen Streitsituation wünschst."

Ich möchte diese Sequenz hier beenden. *Virginia* hatte mit Hilfe des „Treppchens" einen neuen Kontext auf nonverbale Art hergestellt, in welchem es möglich war, mit dem ständig wiederkehrenden Streit auf konstruktive Art und Weise umzugehen: im Blickkontakt auf Augenhöhe. Natürlich muß ergänzend Prozeßarbeit geleistet werden, um Konflikte zu lösen und alternative Handlungsweisen zu entwickeln.

Ich habe diese Technik in unzähligen Situationen verwendet. Doch nicht nur bei Streit kann das „Treppchen" gute Dienste leisten; auch bei Umarmungen ist es für den kleineren Partner oft körperlich anstrengend, wenn der größere mit ihm/ihr im Stehen Zärtlichkeiten austauschen will. Zu Kindern kann man sich entweder niederhocken oder sie auf einen Stuhl stellen – „eye to eye", wie *Virginia* sagte. Kinder schätzen das „Heraufheben" ganz besonders – es „hebt" ihr Selbstwertgefühl. Immer wieder erlebe ich, wie ihre Gesichter bei dieser Intervention zu strahlen beginnen; sie sind ganz stolz darauf, wie ein Fünfjähriger mir sagte, „auch mal so groß zu sein".

Die hier beschriebenen sechs Teile aus *Satir*s Werkzeugkasten sind nur einige aus ihrem Repertoire. *Virginia* hinterließ eine Fülle von Ideen und es ist meine Hoffnung, daß dieses Kapitel ein Stück dazu beiträgt, den Reichtum ihrer Interventionen zu bewahren.

Bezüglich der Wirksamkeit der hier dargestellten Werkzeuge gibt es noch keine Untersuchungen. Die Meßbarkeit ist schwer herzustellen. Trotzdem denke ich, daß sie in Therapien, Gruppen und Supervisionen auch ohne „wissenschaftliche Prüfung" mit Gewinn angewendet werden können. *Virginia* legte den Fokus immer auf die Erweiterung von Fähigkeiten und auf die Entwicklung von Wahlmöglichkeiten; in diesem Sinne sind die Werkzeuge Prozeßhilfen, um leichter ein positives Ergebnis zu erzielen.

Literatur

Clarke, J. (1979): Vorwort in: *Rama, S., Ballentine, R., Hymes A.:* Science of Breath. A Practical Guide. Honesdale: The Himalayan International Institute of Yoga Science and Philosophy.
Münchner Familienkolleg (1979 – 1991): Materialien zur Weiterbildung in strukturell- und wachstumsorientierter Familientherapie. Unveröffentlichte Arbeitspapiere.
Satir, V. (1983, 1985, 1987): Familienrekonstruktion. Video-Aufzeichnungen: Seminare des Münchner Familienkollegs.

Anmerkung:

In meine Arbeit und in diesen Artikel gehen Erfahrungen aus Seminaren, Zusammenarbeit und Freundschaft mit V. Satir von 1974 bis 1988 ein.

Tücher-Übung
und Regeltransformation

Gisela Lutz

Vorbemerkung

Regeln sind Botschaften und Verhaltensvorschriften, die jeder Mensch in der Familie mitbekommt, in der er aufwächst. Implizite (unausgesprochene) und explizite (offen ausgesprochene) Regeln bestimmen die Kommunikation in der Familie, sie bilden das Grundgerüst des Familiensystems. Viele Regeln sind außerhalb des Bewußtseins der Familienmitglieder, wirken weit ins Erwachsenenleben hinein und verhindern oft befriedigende Kommunikation. Das Bewußtwerden rigider, dysfunktionaler Regeln einerseits und die Auseinandersetzung damit andererseits, ermöglichen Veränderungen, die persönliches Wachstum fördern.

Die „Tücher-Übung" und die „Regeltransformation", die hier beschrieben werden, sind zwei Techniken von Virginia Satir, die solche Veränderungen bewirken können. Dabei hat die „Tücher-Übung" die Entdeckung alter, einengender Regeln zum Ziel, die „Regeltransformation" ihre Veränderung. Beide Übungen können aufeinander aufbauend oder unabhängig voneinander durchgeführt werden. Sie zielen auf die von Satir postulierten „Fünf Freiheiten" ab:

1. *Die Freiheit, zu sehen und zu hören, was jetzt ist, anstatt was war oder was sein wird.*
2. *Die Freiheit, zu fühlen, was ich fühle, anstatt was ich fühlen sollte.*
3. *Die Freiheit, zu sagen, was ich fühle und denke, anstatt was ich fühlen und denken sollte.*
4. *Die Freiheit, danach zu fragen, was ich gern möchte, anstatt immer auf Erlaubnis zu warten.*
5. *Die Freiheit, auf eigene Faust Risiken einzugehen, anstatt immer auf „Nummer sicher" zu gehen. (vgl. Müller und Moskau 1978, S.101)*

Theoretische Grundlagen

„Es gibt etwa 400 Regeln, nach denen Familien leben und die ein Kind im Laufe der Zeit lernt. Es ist deshalb unmöglich, sich immer richtig zu verhalten. Denn diese Regeln sind zudem oft auch noch widersprüchlich. So wird z.B. einem Kind die Regel ‚Du sollst nicht prahlen' vermittelt; wenn aber die Oma zu Besuch kommt, wird von dem Kind erwartet, daß es zeigt und vorführt, was es schon kann" (*Satir* 1987). Diese Bemerkung von *Virginia Satir*, auf einem ihrer Seminare vorgetragen, weist auf einen ganz wesentlichen Bereich ihrer theoretischen und praktischen Arbeit hin: Die Entdeckung und Veränderung von Familienregeln. Die Bedeutung, die *Satir* Regeln beimißt, zeigt sich in ihren Büchern, wenn sie diesem Thema ganze Kapitel widmet (*Satir* 1988; 1990). Wenn man *Satir* in ihren Seminaren bei der praktischen Arbeit erlebte, arbeitete sie mit ihren Klientinnen und Klienten immer wieder die in der Kindheit erlernten Regeln heraus. Gemeinsam mit ihnen veränderte sie die Regeln, wenn diese sich als rigide, unmenschlich und für die aktuelle Lebenssituation hinderlich erwiesen.

Regeln entwickeln sich in jedem System, in allen sozialen Gruppen (z.B. Arbeitsgruppen, Freizeitgruppen, Parteien). Besonders prägend sind jedoch die Regeln, die wir in unserer Herkunftsfamilie erlernen (vgl. *Wegscheider* 1988, S. 50 ff.). Regeln haben, selbst wenn sie nicht offen ausgesprochen werden, eine Art Gesetzescharakter und jedes Familienmitglied „weiß", wie es sich zu verhalten hat. Juristisch werden Gesetzesübertretungen bestraft (z.B. Geldbuße oder Gefängnis), Regelverletzungen in der Familie dagegen werden subtiler sanktioniert, wie z.B. durch Liebesentzug.

Entscheidend ist, inwieweit die Regeln in einer Familie der persönlichen Entwicklung des Individuums förderlich oder hinderlich sind. Förderliche Regeln passen für die gegenwärtige Lebenssituation und können bei Bedarf verändert oder aufgegeben werden. Jedes Familienmitglied kann darum bitten, daß Regeln neu überdacht oder verändert werden; insofern sind sie flexibel und funktional. Wachstumsfördernd für alle Familienmitglieder wären z.B. folgende Regeln über Gefühle:

- „Es ist erlaubt, liebevolle und ärgerliche Gefühle zu äußern."
- „Man kann ein und derselben Person gegenüber gegensätzliche Gefühle haben."

Hinderlich und einengend wären die Regeln, wenn sie z.B. lauteten:
- „Man muß Gefühle wie Schmerz und Ärger unterdrücken."
- „Man muß eine Person immer lieben."

Fast alle Menschen haben als Kind solche einengenden Regeln kennengelernt.

Schwierig sind für das kleine Kind implizite Familienregeln, weil es diese Regeln aus dem Verhalten seiner Bezugspersonen interpretieren muß. Ihm fehlen jedoch die kognitiven Fähigkeiten, seine Wahrnehmungen zu beurteilen und zu überprüfen. So übernimmt ein Kind oft Regeln, die für es selbst hinderlich sind. Die Übernahme und Einhaltung der Familienregeln sichern dem Kind jedoch emotionale Zuwendung und Unterstützung der Familienmitglieder; manche Regeln werden somit „Überlebensregeln". Überlebensregeln repräsentieren oft Leben und Tod, manchmal ganz real, manchmal aus der eingeschränkten Wahrnehmungsfähigkeit des Kleinkindes heraus. So kann ein kleines Mädchen glauben, es müsse immer stark sein, weil sonst Mama traurig würde. Und wenn Mama sehr traurig würde, könnte es sein, daß sie stirbt. Damit wäre das Überleben des kleinen Mädchens existentiell bedroht. Insofern ist die Bedeutung der Regel „Ich muß immer stark sein" für das Mädchen und sein Leben in der Familie evident. Die Regel „Ich muß immer stark sein" könnte z.B. ein Kind als Überlebensregel entwickeln, weil es sehr früh erfahren hat, daß seine Eltern (aus welchen Gründen auch immer) weder für sich selbst noch für die Erziehung der Kinder Verantwortung übernehmen konnten.

Überlebensregeln spiegln manchmal Konflikte der Eltern oder eines Elternteils wieder. Ebenso können sie sich aufgrund von Ängsten der Eltern entwickeln. Sie können sich auf elterliche Wertvorstellungen beziehen, die wiederum in deren jeweiligen Ursprungsfamilien erlernt wurden. Sie können auch in Unwissenheit der Eltern oder deren Wünschen, ihr Kind zu schützen, begründet sein.

Die Problematik, die sich daraus für das Kind selbst sowie seine Beziehungen zu anderen Menschen ergibt, läßt sich erahnen. Nie schwach sein zu dürfen, immer und überall eine starke, stets leistungsfähige Person sein zu müssen, bedeutet u. a. ständige Überforderung und Schwierigkeiten in Beziehungen. Dabei gibt es selbstverständlich Situationen, in denen es adäquat und sinnvoll ist, stark zu sein.

Eine Modifikation einengender Regeln ist notwendig, wenn diese eine Person in der Erfüllung ihrer Wünsche oder Bedürfnisse behindern oder gar krankmachen. Für *Satir* war das Herausarbeiten und Verändern von Überlebensregeln ein wichtiger Aspekt der Therapie; Leitfragen waren dabei:

– Was hast du gelernt, als du aufgewachsen bist?
– Welche Regeln haben dir geholfen, in deiner Ursprungsfamilie zu überleben?

Das Akzeptieren dieser Regeln und ihre Anerkennung als zur eigenen Person gehörig, ist ein weiterer Schritt in der Entwicklung der Person.

Die Möglichkeit, hinderliche Regeln zu erkennen und zu verbalisieren, bildet die Basis für eine Veränderung (Transformation) mit dem Ziel, Regeln zu entwickeln, die der jetzigen Lebenssituation angepaßt sind. *Satir* meinte: „Regeln sind oft so fest, als wären sie in Zement geschrieben. ... Menschen haben viel Kraft, sich mit negativen Dingen zu beschäftigen. Ebensoviel Kraft ist also für positive Veränderungen da" (*Satir* 1987). Wie immer legte sie den Fokus auf „outcomes", um Wahlmöglichkeiten für die Zukunft zu schaffen und neue Wege zu öffnen.

„Tücher-Übung"

Eine Möglichkeit, die Bedeutung der Lebensregeln zu demonstrieren, stellt die „Tücher-Übung" dar. Sie ist für die Anwendung in Gruppen geeignet, z.B. in Kommunikationstrainings, Weiterbildungs-, Eltern- und Familiengruppen und in Einzel-, Paar- und Familientherapien.

Wie aus den Botschaften der Eltern von kleinauf Regeln abgeleitet und erlebt werden, entwickelt die Therapeutin (im folgenden ist damit immer auch ein Therapeut gemeint) anhand einer „Entwicklungsgeschichte in Episoden". Die Episoden beziehen sich jeweils auf eine Wahrnehmungsmodalität. Die Botschaft der Eltern wird visualisiert, indem die Therapeutin dem „Kind" ein Tuch um das entsprechende Körperteil bindet.

Anschließend werden die Beobachtungen und Erfahrungen der Gruppenmitglieder ausgetauscht; hierfür muß genügend Raum und Zeit sein. Botschaften aus der eigenen Kindheit der Teilnehmerinnen und Teilnehmer und daraus abgeleitete Regeln können diskutiert werden. Zum Schluß faßt die Therapeutin nochmals zusammen, wie kleine Kinder Botschaften in ihrer Familie wahrnehmen und daraus Regeln entwickeln.

Die „Fünf Freiheiten" können die Demonstration abrunden. Sich selbst die Erlaubnis zu geben, diese Freiheiten zu leben, ermöglicht persönliches Wachstum. Natürlich ist dies nicht in jeder Situation, mit jeder Person, zu jedem Zeitpunkt möglich. Jeder von uns bestimmt, wann was zu wem paßt.

Der Prozeß der Übung soll nun anhand eines Beispiels verdeutlicht werden:

Die Therapeutin hat sieben Tücher oder Schals vorbereitet. Sie wählt aus der Gruppe ein möglichst psychisch stabiles Mitglied, da die Übung sehr eindrucksvoll ist und belastend sein kann. Die gewählte Person wird gebeten, in die Rolle eines kleinen Kindes zu schlüpfen und sich auf den Boden zu legen.

Die Therapeutin sagt:

„Du bist jetzt Katrin und ich bin deine Mutter. Du mußt nichts weiter tun als mit dem zu gehen, was ich sage. Ich möchte jetzt, daß du die Augen schließt und dir den Rollenhut „Katrin" aufsetzt. ... Du bist noch sehr klein, liegst in der Wiege und Mutter und Vater streicheln dich (die Therapeutin tut dies). Manchmal weinst du, und dann gibt dir Mama die Brust oder die Flasche und nimmt dich in die Arme."

Die Therapeutin beginnt langsam und behutsam die Entwicklungsgeschichte von Katrin zu erzählen. Sie bleibt während der ganzen Demonstration in engem Kontakt mit dem „Kind", die Botschaften der Eltern richtet sie direkt an Katrin.

„Langsam wächst Katrin und im Alter von einigen Monaten lernt sie krabbeln und erobert sich die Welt." Die Therapeutin instruiert Katrin, das zu tun. Sie greift nach allem, was sie erreichen kann. „Die Mutter beobachtet ihr Baby und weil sie Angst hat, daß Katrin sich weh tut, nimmt sie zunächst das Händchen weg." Wieder macht die Therapeutin das, was sie gerade sagt. „Nach einiger Zeit, als Katrin nach dem Elektrostecker greift, erschrickt die Mutter. Sie gibt Katrin einen liebevollen Klaps auf die Finger." Die Therapeutin macht dies und sagt: „Nicht immer alles anfassen, Katrin, das ist gefährlich, du tust dir weh!" Die Therapeutin bindet ein Tuch um Katrins Handgelenke und macht einen leichten Knoten.

Sie fährt fort: „Katrin wächst und lernt bald zu laufen. Sie klettert überall hinauf und rennt den Eltern gerne davon." Die Therapeutin ermuntert Katrin, das zu tun, und sagt dann: „Katrin, geh' schön langsam, mach' nicht so große Schritte! Klettere nicht auf den Tisch, das ist gefährlich! Du tust dir weh! Sei vorsichtig!" Die Therapeutin bindet Katrins Beine um die Knöchel herum zusammen.

„Am Sonntag geht Katrin mit den Eltern spazieren; im Park beobachtet sie neugierig ein Liebespaar. Der Vater sagt: Da schaut man nicht hin, das ist noch nichts für dich!" Die Therapeutin verbindet die Augen des Kindes.

„Eines Tages hört Katrin einen Streit zwischen den Eltern. Die Mutter schickt sie aus dem Zimmer: Geh' in den Garten spielen, Katrin. Du mußt nicht alles hören, das ist nichts für deine Ohren." Die Therapeutin bindet Katrin ein Tuch um die Ohren.

„Mittlerweile geht Katrin in den Kindergarten, und eines Tages kommt sie nach Hause und ruft ‚Scheiße!' und ist ganz stolz auf das neue Wort. Die Mutter schimpft: Das sagt man nicht, das ist ein häßliches Wort!" Die Therapeutin bindet ein weiteres Tuch um den Mund des Kindes.

„Katrin und eine Freundin spielen im Kinderzimmer. Weil es so still ist, geht der Vater mal nachsehen. Katrin und ihre Freundin sind splitternackt und spielen Doktor. Der Vater ruft: Katrin, da faßt man nicht hin, das ist was für später, wenn du groß bist! Mach das nie wieder!" Die Therapeutin bindet Katrin ein Tuch um den Unterleib.

„Katrin ist nun 8 Jahre alt und soll abends für die Mutter in den Keller gehen. Es ist bereits dunkel und Katrin sagt: ‚Ich traue mich nicht, ich habe Angst'. Die Mutter entgegnet: Da brauchst du doch keine Angst zu haben; als ich so alt wie du war, hab' ich gar keine Angst gehabt. Manchmal muß man seine Gefühle einfach überwinden." Die Therapeutin bindet ein Tuch um den Bauch des Kindes.

Inzwischen ist Katrin fast vollständig mit Tüchern eingebunden und kaum noch handlungsfähig. Die Therapeutin beendet die Entwicklungsgeschichte von Katrin: „Katrin ist eines Tages zu einer jungen Frau herangewachsen. Die Eltern sagen: Nun geh' hinaus in die Welt und werde glücklich."

Zu diesem Zeitpunkt wählt die Therapeutin einen Mann aus der Gruppe, stellt ihn neben Katrin und sagt: „Eines Tages trifft Katrin auf Michael, der auch mit Tüchern aufgewachsen ist. Sie verlieben sich, heiraten und dann bekommen sie Kinder..." Die Therapeutin bedankt sich bei Michael und fordert ihn auf, sich wieder zu setzen.

Nun beginnt die Therapeutin langsam, Katrins Tücher zu lösen; als erstes jenes von den Augen, dann vom Mund u.s.w. Dabei hilft Katrin manchmal mit, meist jedoch übernimmt die Therapeutin das Entfernen der Tücher. Während des Prozesses fragt sie Katrin, wie es ihr als „Kind" gefühlsmäßig ergangen ist und ob Ähnliches in ihrer eigenen Entwicklung geschah. Ausreichend Zeit und Raum für die Auswertung muß gewährleistet sein.

Nun ist es wichtig, Katrin zu „entrollen", d. h. sie anzuleiten, den Rollenhut „Kind" abzulegen und sich wieder in die Runde zu setzen: „Schließ deine Augen und mach' dir bewußt, daß du ein Risiko eingegangen bist, denn du wußtest nicht, was auf dich zukommt. Ich möchte, daß du dir dafür eine Anerkennung gibst. ... Erlaube dir jetzt, die verschiedenen Rollenhüte, die du während dieser Demonstration aufhattest, abzulegen; einen nach dem anderen; stelle sie neben dich. Dann schau' nach dem Rollenhut, auf dem dein eigener Name steht, nimm ihn in die Hand; während du ihn jetzt auf deinen Kopf setzt, sage innerlich: Ich bin ... und setze deinen Namen ein. Und jetzt nimm einen tiefen Atemzug, öffne deine Augen und sei voll hier."

Zusammenfassend beschreibt die Therapeutin nochmals die Erfahrungen eines Kindes in seiner Familie: Von Geburt an sehen wir mit unseren Augen die Welt um uns herum. Wir sehen die Menschen und nehmen Kontakt mit ihnen auf. Mit unseren Ohren hören wir auf Geräusche und Worte, mit unserem Mund teilen wir uns mit, lernen unsere Muttersprache. Durch Tonfall und Lautstärke drücken wir aus, wie etwas gemeint ist. Gefühle nehmen wir von kleinauf im Bauchbereich oder/und im Hals wahr. Unsere Sprache greift dies in Redewendungen auf, wie „das liegt mir im Magen", „meine Kehle ist wie zugeschnürt". Mit unseren Händen begreifen wir die Welt. Wir berühren Menschen und Gegenstände. Unsere Sexualität spüren wir im Genitalbereich. Wir nutzen unser Gehirn, um Gedanken, Informationen und Wertvorstellungen zu verarbeiten und Ereignissen bestimmte Bedeutungen zu geben.

Eltern vermitteln ihren Kindern unbewußt Botschaften und Regeln, die offene und direkte Kommunikation erschweren oder verhindern. Solche Regeln beginnen mit „Ich muß immer..." – „Ich darf nie..." – „Ich sollte eigentlich...". Aus der Botschaft „Du kannst vieles denken, aber nicht alles sagen" könnte ein Kind die Regel ableiten: „Ich muß meine Gedanken immer für mich behalten und teile am besten nichts von mir mit". Die Regel „Ich muß im Leben immer sehr vorsichtig sein und darf kein Risiko eingehen" könnte auf Botschaften wie „Geh' lieber den sichersten Weg, sei immer vorsichtig" zurückzuführen sein.

Entsprechende eigene Botschaften der Gruppenteilnehmerinnen und -teilnehmer werden nun gesammelt, aufgeschrieben und diskutiert. Leitfragen hierzu sind:
- „Welche Botschaften habe ich als Kind bekommen und welche Regeln habe ich daraus gemacht?"
- „Welche Botschaften habe ich von meiner Mutter, meinem Vater, meinen Großeltern, meiner Lehrerin bekommen?"
- „Welche haben jetzt noch Gültigkeit, welche habe ich ganz oder teilweise abgelegt?"
- „Wie geht es mir mit meinen Regeln?"

Regeltransformation

Die Regeltransformation kann immer dann Anwendung finden, wenn sich im therapeutischen Prozeß zeigt, daß rigide Regeln persönliches Wachstum und offene Kommunikation verhindern. Sie erfolgt in drei Transformationsschritten und kann in der Einzel-, Paar- und Familientherapie eingesetzt werden. In Gruppen kann sie mit einem Mitglied demonstriert werden. Hier paßt sie thematisch im Anschluß an die „Tücher-Übung". Es sollte jedoch auch in der Gruppe immer nur eine Regel transformiert werden, für die auch ein Wunsch nach Veränderung besteht. Gearbeitet wird an der Wandtafel oder am Flip-chart und möglichst im Stehen, um die Körperwahrnehmung zu erleichtern.

Zu Beginn achtet die Therapeutin darauf, daß die angebotene Regel nach der Transformation keine destruktive Wirkung hat. Sollte z.B. jemand die Regel wählen „Ich muß immer perfekt sein", so ist daraus zuerst eine adäquate, menschliche Regel zu entwickeln. Das bedeutet, daß sich die Therapeutin die veränderte Regel vor ihrem inneren Auge und Ohr vorstellen muß, bevor sie anfängt, daran zu arbeiten. Beispielsweise könnte hinter der Regel „Ich muß immer perfekt sein" die Regel „Ich darf nie Fehler machen" verborgen sein; letztere ist demnach zu transformieren. Manchmal sind Regeln hinter familiären Episoden oder Aussagen verschleiert und müssen erst herausgearbeitet werden.

Ich gehe jetzt zur Beschreibung des Prozesses der Regeltransformation über: Beispielsweise möchte Thomas seine Überlebensregel „Ich muß immer hart arbeiten" verändern. Die Therapeutin bittet ihn, diese Regel an die Tafel zu schreiben. Beide schauen sich die Regel an; die Therapeutin bittet Thomas, die Regel mehrmals laut auszusprechen.

Therapeutin: „Schließ deine Augen für einen Moment, und spür' nach, wie sich dein Körper anfühlt, wenn du die Regel anschaust und ausprichst?"

Thomas öffnet die Augen: „Sehr hart, sehr angestrengt, ich kann kaum atmen."

Therapeutin: „Welche Gedanken gehen dir im Moment durch den Kopf?"
Thomas: „Früher hörte ich diesen Satz von meinen Eltern, jetzt sage ich ihn oft selbst zu mir."
Thomas schüttelt sich; er kann körperlich spüren, wie einengend und hinderlich die Regel „Ich muß immer hart arbeiten" ist, die er in seiner Herkunftsfamilie gelernt hat.
Nun erfolgt die 1. Transformation:
Die Therapeutin schlägt Thomas vor: „Verändere nun das Zwanghafte der Regel in eine allgemeine Wahlmöglichkeit. Streiche „muß" aus, ersetze es durch „kann" und sprich den veränderten Satz wieder mehrmals aus." Thomas schreibt die veränderte Regel auf: „Ich kann immer hart arbeiten".
Therapeutin: „Wie fühlt sich dein Körper jetzt an?"
Thomas: „Es ist viel besser, aber auch noch anstrengend."
Therapeutin: „Ist das möglich für dich?"
Thomas: „Nein, ich würde dabei sehr müde werden."
Therapeutin: „Als nächstes verändere die Aussage so, daß du „immer" ausstreichst und durch „manchmal" ersetzt; schreib' sie wieder an die Tafel, und sprich den veränderten Satz mehrmals aus."
Dieser Schritt entspricht der 2. Transformation.
Thomas: „Es ist wesentlich besser, nicht so viel Druck und Streß."
Therapeutin: „Stimmt das so für dich?"
Thomas: „Ja, jetzt paßt es".
In der 3. Transformation wird die neue Regel auf spezifische Situationen bezogen, es werden Wahlmöglichkeiten gesucht.
Therapeutin: „So, nun mache deine Aussage spezifisch, indem du „manchmal" wegläßt und am Ende des Satzes „wenn" oder „falls" anfügst, und schreibe wieder alles auf. Führe dann drei Situationen an, für die der neue Satz zutrifft, und sprich die neue Aussage aus."
Dabei braucht Thomas ausreichend Zeit und eventuell die Unterstützung der Therapeutin, um Wahlmöglichkeiten zu erarbeiten. Selbstverständlich kann es darüberhinaus noch weitere Wahlmöglichkeiten geben.
Thomas schreibt an die Tafel: „Ich kann hart arbeiten,
– wenn ich den Eindruck habe, daß die Arbeit sinnvoll ist;

- wenn ich mich gut fühle;
- wenn ich dafür gut bezahlt werde."

Jede Wahlmöglichkeit wird jeweils von Thomas laut vorgelesen und überprüft. Die Therapeutin achtet darauf, daß nur Möglichkeiten gewählt werden, die Thomas selbst verantworten kann.

Therapeutin: „Wie geht es dir mit der neuen Regel?"
Thomas: „Ich fühle mich gut. Ja, so ist es in Ordnung für mich."
Therapeutin: „Wenn du möchtest, danke deinen Eltern, daß sie dir die Anfänge eines Wegweisers mitgegeben haben. Du hast den Wegweiser jetzt so verändert, daß er zu deinem jetzigen Leben paßt."

In zukünftigen Therapiesitzungen wäre nun zu überprüfen, inwiefern es Thomas möglich war, mit der neu entwickelten Regel umzugehen und nachzufragen, ob er mehr Wahl- und Entscheidungsfreiheit erlangt hat.

Schlußbemerkung

Die beiden beschriebenen Methoden, die „Tücher-Übung" und die „Regeltransformation", können zu hilfreichen und wirksamen „Werkzeugen der professionellen Schatzkiste" werden. Ergänzend zu den beiden vorgestellten Übungen soll ein Vorschlag von *Virginia Satir* angefügt werden: Familienmitglieder und Einzelpersonen, die sich mit dem Thema Regeln und Veränderungen rigider Regeln auseinandergesetzt haben, können sich entschließen, hin und wieder eine Art „Regelinventur" durchzuführen. Sie können ihr Inventar an Regeln durch folgende Fragen überprüfen:

- Wie lauten meine/unsere Regeln jetzt?
- Was erreiche/n ich/wir mit ihnen?
- Welche Regeln passen noch?
- Welche Regeln sind überholt und könnten verändert werden?
- Welche Regeln können neu entwickelt werden?

Denn: „Nichts bleibt ewig gleich. Denken Sie an Ihre Unterhosen, den Kühlschrank oder einen Werkzeugschrank. Sie alle brauchen Neuordnung, Ersatz, das Wegwerfen des Alten und das Zufügen von Neuem" (*Satir* 1988, S. 139).

Literatur

Müller, G. F. und Moskau, G. (1978): Elterntraining: Familienleben als Lernprozeß; Köln: Kiepenheuer & Witsch. Neuauflage (1982): Familienleben als Lernprozeß. Frankfurt, Berlin, Wien: Ullstein.

Münchner Familienkolleg (1979 – 1991): Materialien zur Weiterbildung in strukturell- und wachstumsorientierter Familientherapie. Unveröffentlichte Arbeitspapiere.

Satir, V. (1987): Familienrekonstruktion. Video-Aufzeichnungen: Seminare des Münchner Familienkollegs.

Satir, V. (1988): Selbstwert und Kommunikation; München: Pfeiffer.

Satir, V. (1990): Kommunikation, Selbstwert, Kongruenz – Konzepte und Perspektiven familientherapeutischer Praxis. Paderborn: Junfermann.

Wegscheider, S. (1988): Es gibt doch eine Chance; Wildberg: Bögner-Kaufmann.

Familien-System-Karten

Irmengard Hegnauer-Schattenhofer

Vorbemerkung

In diesem Artikel wird die von Virginia Satir entwickelte „Familienkarte" und die „Beratersystem-Karte" beschrieben, mit deren Hilfe sich die Komplexität der Daten in der Arbeit mit Familien und größeren Systemen auf ein überschaubares Ausmaß reduzieren lassen. Es lassen sich einzelne Themenbereiche herausschälen, verdeutlichen und bearbeiten. Die Familienkarte ist ein Hilfsmittel in den verschiedensten Settings und kann je nach Fokus in verschiedenen Variationen eingesetzt werden. Sie dient dazu:
- *Informationen zu visualisieren;*
- *Zusammenhänge deutlich zu machen;*
- *„Vergessenes" bewußt zu machen;*
- *Geheimnisse aufzudecken;*
- *Fragen und Antworten entstehen zu lassen.*

Mit Hilfe von Symbolen für die am therapeutischen System beteiligten Personen und von Zeichen, die über die Art der Beziehungen zwischen ihnen Auskunft geben, wird den Therapeut/inn/en und jeweiligen Klient/inn/en die Struktur der Familie vor Augen geführt. Die Anwendung der Familienkarte wird an verschiedenen Beispielen (Familienrekonstruktion, Familien-, Paar-, Einzeltherapie) verdeutlicht.

Theoretische Anmerkungen

Familienkarte oder Genogramm

Wenn von „Familienkarte" die Rede ist, kommt häufig der Einwurf: „Sie sprechen ja von einem Genogramm" (siehe *McGoldrick, Gerson* 1990). Beide Techniken weisen Ähnlichkeiten, aber auch deutliche

Unterschiede auf; mit beiden kann ein System auf grafische Weise sichtbar gemacht werden. Beide dienen dem/der Therapeuten/in als Hilfsmittel zur Therapieplanung und als einfache Intervention während der Therapie. Die Symbole sowohl für Personen als auch für Beziehungen sind nahezu identisch.

Unterschiede bestehen bei der Darstellung und Anwendung. So bedarf es bei der Familienkarte einer wesentlich kürzeren Einarbeitung, da sie meiner Ansicht nach die Komplexität von Systemen stärker reduziert als das Genogramm. Sie trennt die einzelnen Generationen deutlicher voneinander und macht somit die Gestalt eines jeden Familiensystems deutlich; dies läßt die Möglichkeit einer Generationen übergreifenden Sichtweise, z. B. durch Anlegen einer eigenen Karte für die Generation der Großeltern mit den ebenfalls die Generationsgrenzen überschreitenden Beziehungszeichen, nicht außer acht. Ein weiterer Unterschied liegt in der vertikalen Schreibweise der Familienkarte, im Gegensatz zur horizontalen beim Genogramm. Sie läßt die Subsysteme (eheliches, elterliches und geschwisterliches Subsystem; siehe *Minuchin* 1977, S. 70 ff.) klarer hervortreten und zeigt auf den ersten Blick, die dem Alter entsprechende Rangreihe der Kinder. Die in einer Familie vorhandene natürliche Hierarchie wird deutlicher sichtbar.

Ziele und Anwendungsmöglichkeiten der Familienkarte

Ausgehend von der Skizzierung der Daten und Zeichen der ratsuchenden Familie dient die Familienkarte dazu, sich alle im Kontext der Therapie wichtigen Personen und Institutionen – wie Familienmitglieder, Therapeut/in, Hilfsdienste, Behörden, Schule etc. – in vereinfachter und überschaubarer Form plastisch vor Augen zu führen. Sie ermöglicht und erleichtert ein Erfassen dieser Vielfalt mit seinen Verknüpfungen. Allen Betroffenen in einem System soll so verdeutlicht werden, daß sie sich in Beziehung zu den anderen begreifen können und müssen. Das trifft auf mich als Therapeutin in einem therapeutischen System ebenso zu, wie für alle anderen beteiligten Personen. Je nach Anlaß werden unterschiedliche und unterschiedlich viele Familienkarten erstellt: Bei der Familienrekonstruktion benützte *Satir* nicht nur die Familienkarte der Ursprungsfamilie des „Stars", sondern auch die der beiden großelterlichen Familien, manchmal auch die der Urgroßeltern. In der Familientherapie kann es ausreichend sein, die Karte der anwesenden Familie zu zeichnen. Wird im Laufe der Therapie jedoch deutlich, daß Einflüsse aus den Ursprungsfamilien des einen oder beider Partner von Bedeutung sind, werde ich auch die Karte(n) der Ursprungsfamilie(n) anfertigen. Bei einer Paartherapie ist es die Karte der Kernfamilie, sowie die beiden Karten der Herkunftsfamilien der Partner, mit denen ich im Normalfall arbeite. In der Einzeltherapie erstelle ich in der Regel die Familienkarte der Herkunftsfamilie. Zu Beginn einer Therapie – oft schon nach dem Erstkontakt am Telefon – fertige ich stets für mich alleine eine Familienkarte mit den relevanten Daten an, um mir „ein Bild" machen zu können. Sie veranschaulicht Fakten und gibt Hinweise auf Ungereimtheiten, die zur Hypothesenbildung und damit zur weiteren Therapieplanung beitragen. Es fällt mir z. B. auf, daß das Hochzeitsdatum des Paares und das Geburtsdatum des ersten Kindes nahe beieinanderliegen. Dies kann ein Hinweis darauf sein, daß die Eltern heiraten „mußten", daß sie als Partner wenig Zeit hatten, das Subsystem Paar zu installieren; möglicherweise konnten die Eltern diese Ebene nach der Geburt der Kinder nicht mehr explizit leben. In einer Familie mit drei Töchtern lenken die Symbole das Augenmerk z. B. auf die Frage der Ausprägung der Geschlechtsrollen in dieser Familie; eine Hypothese, der nicht nur dann nachzugehen ist, wenn der Vater aus beruflichen Gründen wenig bei seiner Familie sein kann. Will ich der Familie oder einzelnen Klient/inn/en ihre Familie vor Augen führen, um sie auf Besonderheiten aufmerksam zu machen, zeichne ich die Familienkarte in der Therapiesitzung. Dieses Vorgehen erleichtert visuell-orientierten Klient/inn/en das Verständnis und erweitert das Sichtfeld auditiv-orientierter Klienten. Ob ich die Karte/n alleine für meine Unterlagen verwende oder in der Therapiesitzung einsetze, richtet sich nach dem momentanen Therapieziel. Die Familienkarte kann sichtbarmachen, was die einzelnen in der Familie z. B. an Verflechtungen zwar oft spüren, aber nur schwer oder gar nicht beschreiben können. Das gemeinsame Erstellen der Karte in der Therapiesitzung führt zu neuen Informationen über verdeckte Beziehungsmuster und wird somit selbst zur therapeutischen Intervention.

In der Familienkarte werden grundsätzlich alle Personen vermerkt, die der Familie angehören oder angehört haben, und sei es für noch so kurze Zeit. Dies wird verständlich, wenn wir bedenken, daß z. B. eine Abtreibung, eine Fehlgeburt, der Tod eines Familienmitglieds oder eine Trennung bei jeder einzelnen Person der Familie Erfahrungen und somit Spuren hinterläßt – selbst wenn diese Spuren nicht (mehr) bewußt sind. Manchmal sind gerade diese Familienmitglieder höchst „lebendig", ohne direkt anwesend zu sein. Äußerlich zeigt sich dies bisweilen im unverändert gelassenen Zimmer der verstorbenen Oma oder durch plötzlich auftretende Überfürsorge gegenüber einem Kind, das gerade in dem Alter ist, in dem sein/e ältere/r Bruder/Schwester starb. Die zwar vorhandenen aber nicht offen gezeigten Wirkungen derartiger Ereignisse auf alle Familienmitglieder können oft mit Hilfe der Familienkarte aufgedeckt werden. Dies kann der Fall sein, wenn ein totgeborenes Kind der ersehnte Sohn war, das nächstgeborene Mädchen von den Eltern eher wie ein Junge behandelt wird und sich auch äußerlich sehr jungenhaft gibt. Dieser möglicherweise nicht betrauerte und verabschiedete Sohn, kann durch seine immer noch existierende Verbindung zu einem oder beiden Elternteilen, einen starken Einfluß auf das gesamte Familiensystem haben. Auch dies kann durch eine Familienkarte deutlich werden, denn zusätzlich zu den Personen, ihrem Namen und Alter werden auch die verschiedenartigen Beziehungen zueinander mit unterschiedlichen Symbolen (siehe S. 113 und S. 119) eingezeichnet. Immer wieder ist zu beobachten, daß ein Kind den Namen des als Säugling gestorbenen Geschwisters bekommen hat. Dahinter können sich heimliche Vergleiche verstecken, die niemals ausgesprochen werden, aber trotzdem wirksam sind. Mit Hilfe der Familienkarte kann dies aufgedeckt, bewußt und damit bearbeitbar gemacht werden. Allein das Ansprechen solcher – oft in bester Absicht – gehüteter Geheimnisse entspannt die Atmosphäre in vielen Fällen und wirkt heilend; denn die Erinnerungen an die Vergangenheit spielen oft eine für alle Beteiligten einengende Rolle in der Gegenwart. Sie wirken gerade deswegen im aktuellen Familiensystem weiter, weil nie darüber gesprochen wird, und verhindern, daß jedes Familienmitglied „es selbst" sein kann.

Eine Variante der „normalen" Familienkarte benutzte *Satir*, wenn sie die vielfältigen Rollen in einem Familiensystem ansprechen und damit arbeiten wollte. Sie benannte explizit die einzelnen Rollen, die jedes Familienmitglied innehat und zeichnete sie in Form von „Rollenhüten" ein (siehe S. 87 ff.; S. 115 ff.). Am *Münchner Familienkolleg* wird – wenn notwendig – auch eine Erweiterung der Familienkarte, die sogenannte Beratersystem-Karte, verwendet. Diese bezeichnet neben den oben erwähnten Fakten und Beziehungen auch noch die in ein Familiensystem involvierten Institutionen, wie Schule/Lehrer, professionelle Helfer, Ärzte u.s.w., also alle, die am „Problemsystem" beteiligt erscheinen. Diese Form stellt eine Erweiterung der von *Satir* angewandten Familienkarte dar. Sie hat sich als besonders hilfreich erwiesen, wenn es vornehmlich um Erziehungsschwierigkeiten eines Kindes geht oder wenn es sich um sozial schwache Familien handelt. In beiden Fällen sind häufig viele andere Berater und Institutionen beteiligt, in der Arbeit mit sozial schwachen Familien meist über Generationen hinweg.

Vorgehensweise

Die einfache Familienkarte

Für die Erstellung der Familienkarte benötige ich folgendes Material: große Papierbögen (DIN A 2, besser DIN A 1); dick schreibende Stifte (Filzstifte, Wachsmalkreiden).

Die Bögen werden für alle Anwesenden gut sichtbar aufgehängt. Bereits beim ersten Familiengespräch beginne ich aufgrund der erfragten und erzählten Daten die Familienkarte zu zeichnen. Fehlende Daten können in späteren Sitzungen ergänzt werden, wenn der therapeutische Prozeß ein Nachfragen sinnvoll erscheinen läßt. Mit dem für alle sichtbarem Aufzeichnen der Informationen während der Sitzung signalisiere ich den Familienmitgliedern, daß mir jedes von ihnen so wichtig ist, daß ich weder seinen Namen noch

sein Alter oder sein Geburtsdatum vergessen will. Um das Beschriebene zu veranschaulichen, führe ich nun die „Familie Maier" ein. Mitglieder dieser Familie sind:
der Ehemann und Vater Herbert Maier, 42 Jahre;
die Ehefrau und Mutter Gisela Maier, 38 Jahre;
die Tochter und Schwester Manuela Maier, 14 Jahre;
der Sohn und Bruder Siegfried Maier, 11 Jahre;
und die Tochter und Schwester Astrid Maier, 5 Jahre.

Satir verwendete für alle Familienmitglieder unabhängig vom Geschlecht einen Kreis als Symbol für die Person. Um sich schneller orientieren zu können und der Tatsache Rechnung zu tragen, daß Frauen und Männer nun mal unterschiedlichen Geschlechts sind, verwenden wir am Familienkolleg Kreise für die weiblichen und Quadrate für die männlichen Familienmitglieder. Beim Aufzeichnen wird dem jeweiligen Ziel der Intervention entsprechend vorgegangen: Möchte ich die Elternebene besonders betonen, werde ich mit den Eltern beginnen. Will ich einen Hinweis auf die innere Hierarchie der Familie erhalten, werde ich alle fragen, wen ich als erstes, als zweites u.s.w. aufzeichnen soll. Die „einfache" Familienkarte der Maiers sieht dann so aus:

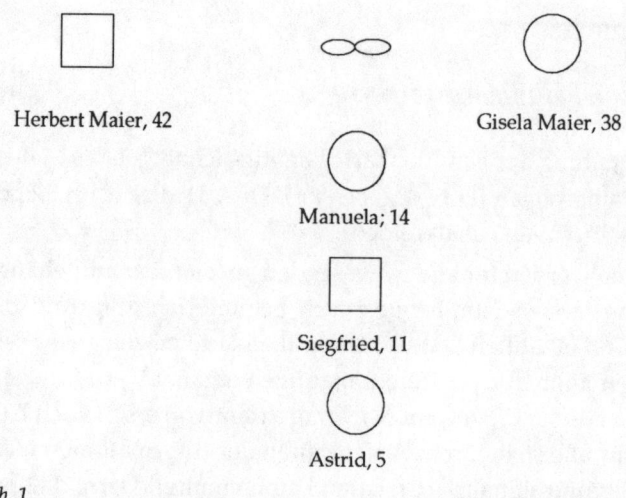

Herbert Maier, 42   Gisela Maier, 38

Manuela; 14

Siegfried, 11

Astrid, 5

Abb. 1

Manchmal ist es bereits beim Aufzeichnen angebracht, die verschiedenen Rollen der einzelnen zu benennen. Ich sage dann z. B.: „Sie, Herr Maier, sind der Ehemann von Gisela und der Vater von Manuela, Siegfried und Astrid." Oder: „Du bist Manuela, die erste Tochter deiner Eltern, überhaupt ihr erstes Kind, also auch die Älteste der Geschwister, die große Schwester von Siegfried und Astrid." In der vierwöchigen *Process Community* (1979), begrüßte *Satir* eine Familie mit drei Töchtern folgendermaßen: „Du bist also Eva, die *Erstgeborene*. Und du bist Maria, die *erste* Zweitgeborene, und du bist Helene, die *erste* Drittgeborene." (Die Namen sind erfunden.) Sie honorierte auf diese Art und Weise die Einzigartigkeit eines jeden Kindes mit dem Ziel, seinen Selbstwert zu heben und zugleich seine Position deutlich zu machen. Selbst bei dem einfachen Beispiel von Familie Maier stößt man bei der Visualisierung der Familienkarte auf Informationslücken, die zu weiteren zur Erkennung des Systems wichtigen Fragen führen können: Beispielsweise fehlt in der abgebildeten Karte noch das Hochzeitsdatum. Auch die Ursache für den großen zeitlichen Abstand zwischen den Geburten von Siegfried und Astrid wird noch zu erfragen sein. Dahinter kann sich Unterschiedliches verbergen: Eine schwere Krankheit eines Elternteils, berufliche Unsicherheiten, Arbeitslosigkeit, eine Krise in der Paarbeziehung, Fehlgeburten oder auch nur eine Pillenpause, die zu einer erneuten, nicht geplanten Schwangerschaft führte. Dies macht deutlich, wie vielfältig und dabei sehr unterschiedlich in der Qualität solche Ursachen sein können; d. h. wie wichtig es auch ist, den auf diese Familie zutreffenden Grund zu erfragen.

Die erweiterte Familienkarte

Wie bereits erwähnt, kann es therapeutisch sinnvoll sein, auch die großelterlichen Familien in einer Karte zu visualisieren. Soziale Vererbungen – der „rote Faden" – werden leicht erkennbar, die Einbettung in den größeren Familienkontext wird für die anwesenden Eltern und Kinder evident (Abb. 2).

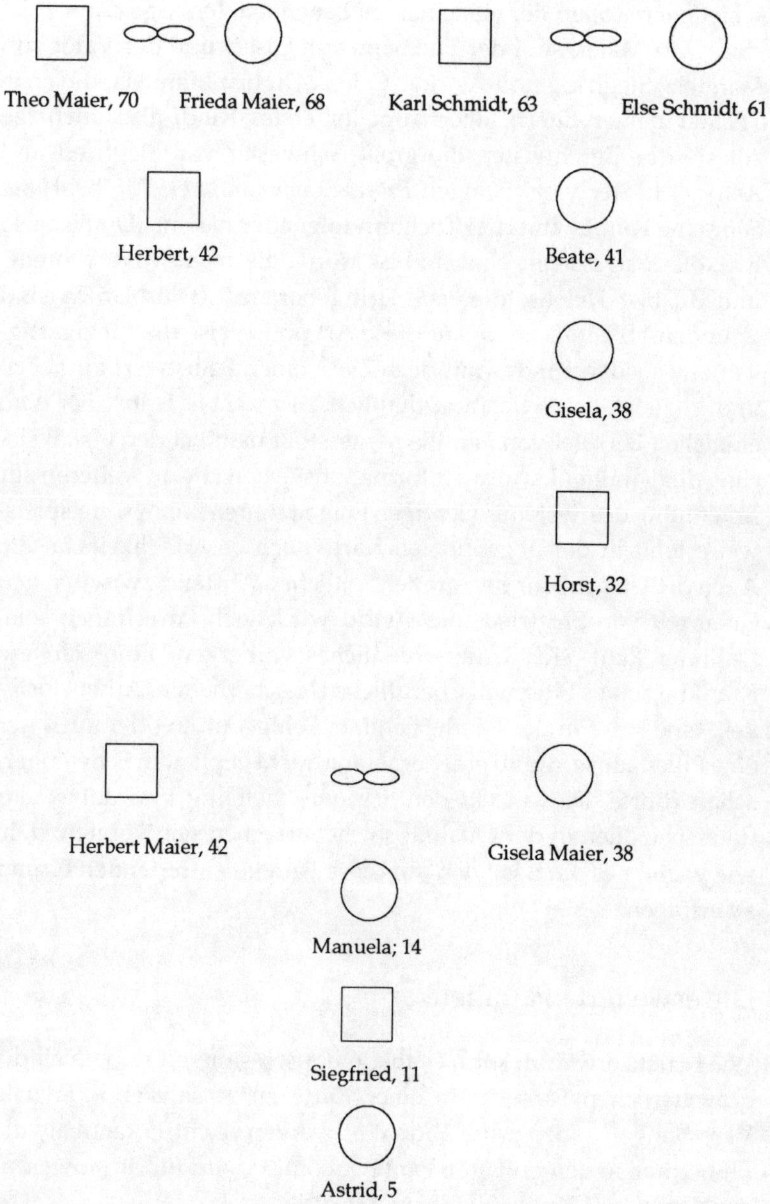

Theo Maier, 70   Frieda Maier, 68   Karl Schmidt, 63   Else Schmidt, 61

Herbert, 42   Beate, 41

Gisela, 38

Horst, 32

Herbert Maier, 42   Gisela Maier, 38

Manuela; 14

Siegfried, 11

Astrid, 5

Abb. 2

Die Beziehungszeichen

In der Familienkarte können die Beziehungen der Familienmitglieder untereinander, bzw. in der Beratersystem-Karte die Beziehungen zu den außerhalb der Familie stehenden Personen und Institutionen dargestellt werden. Dazu bedienen wir uns verschiedener Symbole, die sich im Anhang dieses Artikels finden. (*Satir* benützte nur einfache Linien, die eine Verbindung zeigen sollten.) Die Beziehungszeichen gehen auf *Minuchin* (1977, S. 70 ff.) und *McGoldrick und Gerson* (a.a.O.) zurück. Mit Hilfe dieser Zeichen entsteht eine

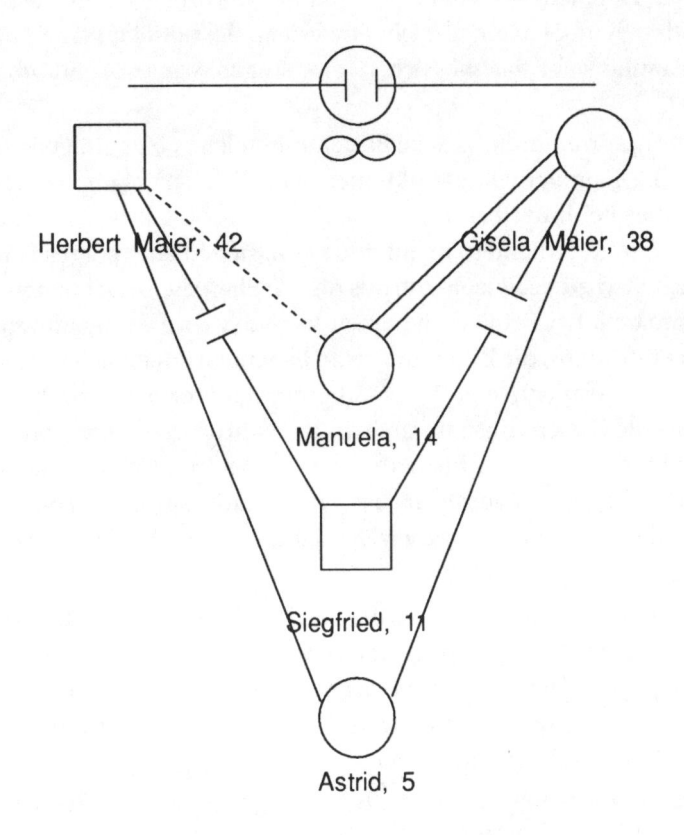

Abb. 3

Landkarte, die es dem/der Therapeuten/in leichter macht, „... Hypothesen bezüglich gut funktionierender wie auch bezüglich möglicherweise dysfunktionaler Gebiete innerhalb der Familie zu formulieren" (*Minuchin*, a.a.O., S. 116). Die Zeichen ermöglichen es mir, eine Fülle an Informationen überschaubar darzustellen und zugleich Besonderheiten schnell zu erkennen. Es fällt sofort auf, wenn ein Familienmitglied mit allen anderen im Konflikt steht oder bei der Beschreibung der Beziehungen ausgespart wird und dann sichtbar ohne jede „Anbindung" an die anderen ist: Wiederum Hinweise, die im Rahmen der Therapie genauer geprüft werden müssen. Die Beziehungen der Familienmitglieder untereinander können zu einem späteren Zeitpunkt in die Karte mit den entsprechenden Symbolen eingezeichnet werden. Bei der oben eingeführten Familie sieht das möglicherweise so aus, wie es Abbildung 3 zeigt.

Wer bestimmt nun, welche Beziehungszeichen eingetragen werden? Bei Familienrekonstruktionen natürlich der „Star". Ebenso klar ist es bei Einzelberatungen, wobei immer die Möglichkeit besteht, den/die Klienten/in aufzufordern, sich in ein anderes Familienmitglied zu versetzen und aus dessen Sicht die Beziehungen zu beschreiben. Bei Familientherapien kann ich ein Familienmitglied dazu auffordern, die Beziehungen zu benennen oder aber die Familie in ein Gespräch, eine Verständigung darüber eintreten lassen, wie sie die Beziehungen untereinander wahrnehmen. Die Gemeinsamkeiten und Unterschiede in der Wahrnehmung sowie der Ablauf des Gesprächs geben mir als Therapeutin auf jeden Fall Hinweise auf die Dynamik dieser Familie und ermöglichen eventuell den Einstieg in Prozeßarbeit.

Manchmal bediene ich mich der Familienkarte, um als Außenstehende meine Wahrnehmung der Familie mitzuteilen. Ich zeichne die Beziehungszeichen aus meiner Sicht ein und fordere die Familienmitglieder auf, sich mit mir und auch untereinander mit dieser Sichtweise auseinanderzusetzen.

Immer wenn eine Person die Beziehungen zwischen allen Familienmitgliedern einzeichnet, ist es wichtig, deutlich zu machen, daß dies die subjektive Wahrnehmung dieser Person ist. Es geht nicht darum, sich darüber zu streiten, was richtig und was falsch ist, sondern die verschiedenen „Wahrheiten" als solche sehen zu lernen.

Die Rollenhüte

Die bereits erwähnte Sonderform der Karte, in die die verschiedenen Rollen der Familienmitglieder eingezeichnet werden, sieht im Beispiel so aus: Für jede Rolle, die Person selbst, Ehefrau/mann, Mutter, Vater, Schwester, Bruder, Sohn, Tochter wird ein eigener sogenannter Rollenhut gezeichnet. Diese Karte hat ihre besondere Bedeutung in Familien, in denen es immer wieder Rollenunsicherheiten und Konfusionen gibt. Wenn z. B. in einer Familie die Mutter der Mutter, also die Großmutter der Kinder, mit im Haushalt lebt und auch für ihre Enkelkinder die Rolle der Mutter übernimmt, rutscht die tatsächliche Mutter als Tochter der Großmutter auf die Geschwisterebene. In einer solchen Familie hätte ich die Hypothese, daß die Kinder nicht genau wissen, welche Rolle ihre leibliche Mutter eigentlich spielt: Müssen sie ihr gehorchen oder nicht, gilt das, was sie verbietet, genauso wie das, was die Großmutter oder der Vater verbieten? Hier ist es hilfreich, neben den Grenzen zwischen den Subsystemen und den Generationen, die Rollen mit Hilfe dieser Rollenhüte zu verdeutlichen und bei Frau Maier zusätzlich einen Hut mit der Aufschrift „Tochter" einzuzeichnen.

Die Trennungs- und Scheidungsberatung ist ein weiteres, häufiges Anwendungsfeld. Hier ist mir wichtig, einerseits den Eltern zu zeigen, daß sie ihre Rolle als Vater bzw. Mutter und die damit verbundene Verantwortung mit der Trennung vom Partner/von der Partnerin nicht einfach ablegen können; d. h. daß sie sich nicht von den Kindern scheiden lassen können. Andererseits den Kindern zu zeigen, daß sich die Eltern eben nicht von ihnen als Kinder scheiden lassen, sondern als Paar trennen. Damit gelingt es mir häufig, einen Beitrag dazu zu leisten, die Kinder von der Vorstellung zu entlasten, daß sie Schuld daran haben, wenn die Eltern auseinander gehen. Während ich in der Therapie mit dieser Rollendifferenzierung arbeite, streiche ich den jeweiligen Rollenhut Ehe-

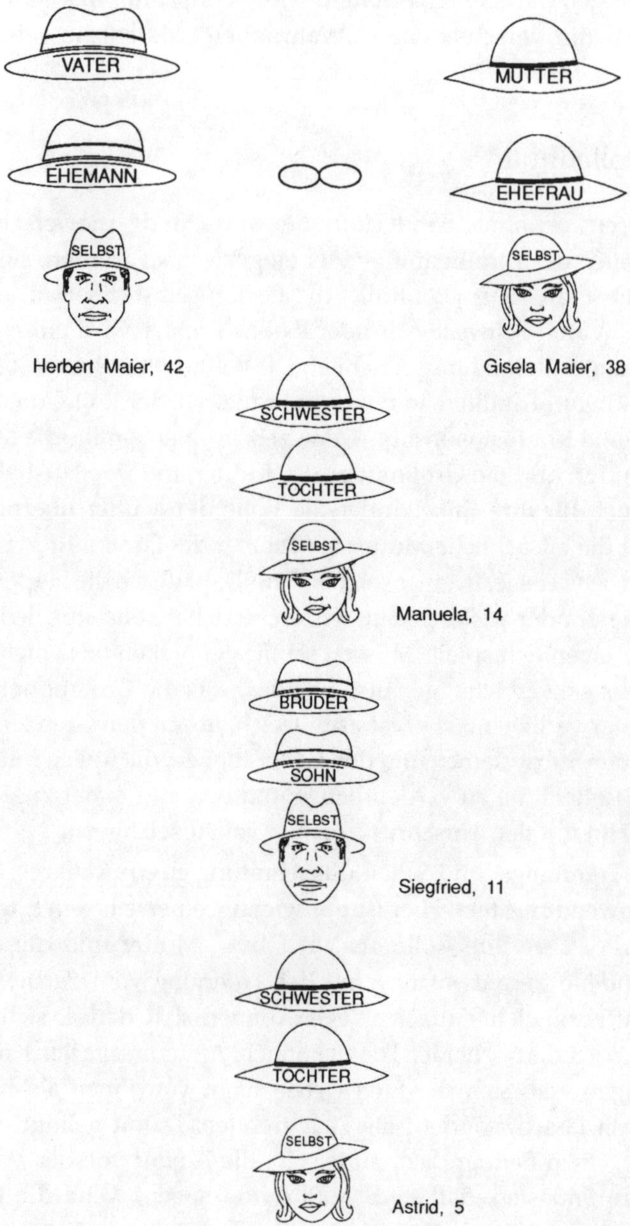

VATER   MUTTER

EHEMANN   EHEFRAU

SELBST   SELBST

Herbert Maier, 42   Gisela Maier, 38

SCHWESTER

TOCHTER

SELBST

Manuela, 14

BRUDER

SOHN

SELBST

Siegfried, 11

SCHWESTER

TOCHTER

SELBST

Astrid, 5

Abb. 4

frau/mann bzw. Partner/-in durch, nie jedoch den Rollenhut als Mutter oder Vater. Dies kann dazu beitragen, daß sich die Eltern in dieser schwierigen Situation ihrer Verantwortung gegenüber den Kindern bewußt werden und sich entscheiden, daran zu arbeiten, wie sie diese auch nach der Trennung am besten wahrnehmen können.

Die Beratersystem-Karte

„Manche Familien leben in scheinbar nie endenden Beziehungen zu größeren Systemen. Bestimmte Familien sind oft in einem Beziehungsnetz der größeren Systeme wohlbekannt, und weder die Familien, noch die Helfer können sich eine Zukunft ohne einander vorstellen; auch dann nicht, wenn diese Beziehung negativ und unangenehm ist." So beschreibt *Imber-Black* (1990, S. 56) das oft verhängnisvolle Verwobensein von Familien und anderen Systemen. Dieses Zitat läßt erahnen, daß es sinnvoll ist, alle anderen Systeme, die mit dem Familiensystem befaßt sind, in die Therapieplanung oder in einzelne Therapiesitzungen einzubeziehen. Verschiedene Systemangehörige definieren des öfteren „Probleme" unterschiedlich, so daß daraus destruktive Beziehungsmuster zwischen den „Helfersystemen" resultieren können. Manchmal ist dann eine Beraterkonferenz der sinnvollste Ausweg, vorausgesetzt die aufrichtige Bereitschaft aller Beteiligten zur Kooperation ist gegeben. Detailliert auf einzelne Punkte der Problematik einzugehen, würde den Rahmen dieses Artikels sprengen.Die Beratersystem-Karte zeigt mir außerdem oft interessante Parallelen zwischen Familien- und Beratersystem. Dies wird verständlich, wenn man bedenkt, daß viele Personen bemüht sind, neue Situationen so zu gestalten, daß auf vertraute Verhaltensmuster zurückgegriffen werden kann. So wird eine Mutter, die gelernt hat, daß sie sich gegen Männer immer durchsetzen muß, auf männliche Berater möglicherweise in der Weise reagieren, daß sie versucht, sich nichts von ihnen sagen zu lassen. Anhand einer Beratersystem-Karte kann ich einen Hinweis auf diesen Sachverhalt bekommen und u.U. lange mühsame Wege sowohl für die Familie als auch mögliche männliche Berater vermeiden.

Mit Dreiecken werden auf der Beratersystem-Karte alle weiteren Personen und Institutionen gekennzeichnet, die mit der Familie befaßt sind. Bei den Maiers könnte die Karte mit den Beziehungszeichen zwischen den einzelnen Personen wie folgt aussehen:

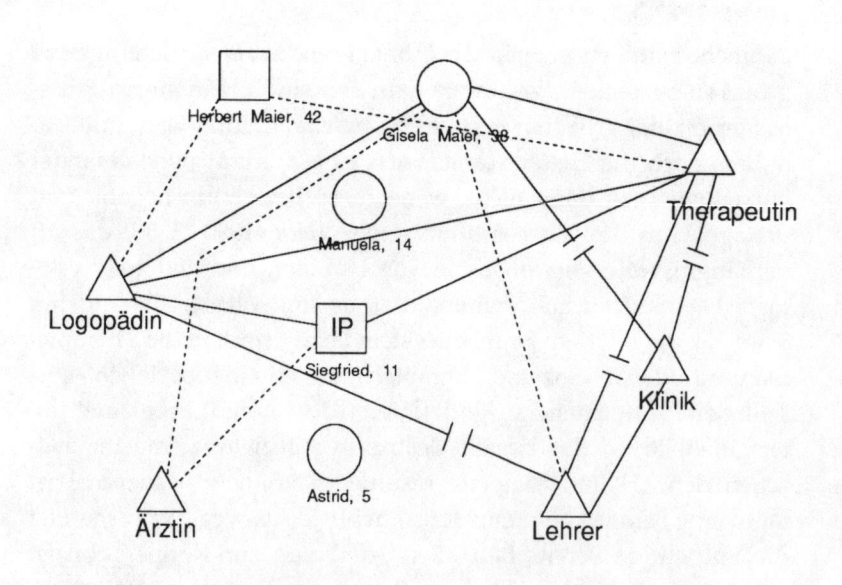

Abb. 5

So wird sichtbar – was im Gespräch oft nicht deutlich ist –, daß die „Helfer", ohne es zu beabsichtigen, manchmal gegeneinander arbeiten und so die Situation, die verändert werden soll, stabilisieren oder im Extremfall sogar verschlechtern; ohne es zu realisieren, replizieren sie das destruktive Familienmuster.

Auflistung der Symbole für Familienkarten

☐	männlich
○	weiblich
··········	distanzierte Beziehung
———	positive Beziehung
═══	enge Beziehung
⩘⩘⩘	enge und konfliktreiche Beziehung
—⊢ ⊣—	offener Konflikt
—⊕—	verdeckter Konflikt
⌒⌒	offene Koalition (zwei gegen eine dritte Person)
⌒	verdeckte Koalition
∞	zusammenlebend
∞	verheiratet
∞|	getrennt
∞✕	geschieden
PF	Pflegekind
Ⓐ	Adoptivkind
●	Abgang
✖	Abtreibung/Fehlgeburt
⊞	Tod/Totgeburt

Wie die Beratersystem-Karte zeigt, die eine Weiterentwicklung der Familienkarte ist, sind der Kreativität des/der Beraters/Beraterin im Umgang mit diesen Karten und Zeichen, deren Grundform die Familienkarte ist, keine Grenzen gesetzt. Dieses Spiel mit den vielfältigen Möglichkeiten einer Technik ist sicher auch im Sinne *Satirs*, deren Ideenreichtum uns einige Variationen der Familienkarte und der dazu passenden Einsatzmöglichkeiten gezeigt hat.

Literatur

Imber-Black, E. (1990): Familien und größere Systeme; Im Gestrüpp der Institutionen; Heidelberg: Auer.
McGoldrick, M., Gerson, R. (1990): Genogramme in der Familienberatung; Bern: Huber.
Minuchin, S. (1977): Familie und Familientherapie; Theorie und Praxis struktureller Familientherapie; Freiburg i.B.: *Lambertus*.
Münchner Familienkolleg (1979 – 1991): Materialien zur Weiterbildung in strukturell- und wachstumsorientierter Familientherapie. Unveröffentlichte Arbeitspapiere.
Satir, V. (1990): Kommunikation, Selbstwert, Kongruenz. Konzepte und Perspektiven familientherapeutischer Praxis. Paderborn: Junfermann.

Skulptur – Äquivalenz in Aktion

Bunny S. Duhl

Stellen Sie sich einmal folgende Szene vor: Zwei heranwachsende Schwestern. Die eine beklagt sich, daß ihre ältere Schwester „nie so viel Zeit mit mir verbringt, wie ich mit ihr verbringen möchte." Die zweite Schwester sagt, sie habe das Gefühl, reichlich Zeit mit ihrer jüngeren Schwester zu verbringen. Beide sind, was die Bedeutung ihrer Aussagen und ihre Verständigung anbetrifft, in einer Sackgasse gelandet.

Virginia Satir stellte die beiden Schwestern einander gegenüber und forderte sie auf, sich auf der Stelle um sich selbst zu drehen, und zwar so schnell, wie es ihnen angenehm war. Die eine drehte sich ganz langsam, die andere ein bißchen schneller. Beide sollten darauf achten, wann sie sich von Angesicht zu Angesicht gegenüberstanden, und wieviel Umdrehungen nötig waren, bis sie sich wieder in die Augen blicken konnten. Auf eine Umdrehung, die die eine Schwester gemacht hatte, kamen drei bei der anderen. Beide sollten anschließend berichten, wie sie das Ganze erlebt hatten. Der jüngeren Schwester, die sich schneller gedreht hatte, war bewußt geworden, daß sie drei volle Umdrehungen hatte warten müssen, bis sie ihrer Schwester wieder in die Augen blicken konnte. Der älteren Schwester, die sich langsamer gedreht hatte, war gar nicht bewußt geworden, daß sich ihre jüngere Schwester schneller gedreht hatte. Beiden wurde klar, daß sich jede mit der Geschwindigkeit gedreht hatte, die sie als angenehm empfand: „Jede drehte sich in ihrer eigenen Welt", stellte *Virginia* fest. Keine von beiden hatte sich langsamer oder schneller gedreht, um die andere zu ärgern.

Durch dieses kurze Erlebnis wurde den beiden Schwestern klar, daß sie sich durch ihre Handlungsweise nicht absichtlich hatten ärgern wollen. Beide begannen, ihre Beziehung zueinander und die Bedeutung, die sie ihrem Selbst und ihrem *Selbstwert* zumaßen, in einem neuen Licht zu sehen und zu erkennen, wie diese Bedeutungen ursprünglich entstanden waren. Die jüngere Schwester hörte auf, sich zu beschweren, und man begann zu verhandeln. Beide trugen dazu bei, ihre Beziehung zueinander und die gemeinsame Zeit neu einzuteilen.

Wir hatten es geschafft! Alle, die dieses Beispiel einer „Skulpturdarstellung" beobachtet hatten, erkannten, wie schnell und umfassend die beiden Schwestern auf diese Weise ihren jeweiligen Standpunkt klarmachen konnten und wie das daraus resultierende Bewußtsein zu neuen Erkenntnissen im Hinblick auf die ursprünglichen Deutungen führte.

Ein solches kurzes Skulpturerlebnis hat sowohl für die Teilnehmer als auch für die Beobachter eine enorme direkte und symbolische Wirkung. Da viele Sinne an einem solchen Vorgang beteiligt sind, laufen bei beiden Schwestern gleichzeitig auf vielen Ebenen Lernprozesse ab – genauso haben wir in der frühen Kindheit gelernt. Beiden Personen steht dieses gemeinsame Erleben als eine ständige Bezugsgröße zur Verfügung, die jedem Dialog als Ausgangspunkt dienen kann und ein deutliches Bild von der Struktur des Verhaltens des jeweils anderen zeichnet. Das Implizierte ist explizit geworden und kann jetzt auf andere Situationen übertragen werden, in denen solche Beziehungen oder Prozesse ebenfalls eine Rolle spielen. Auf diese Weise beginnt der Mensch, die Struktur im eigenen Leben zu erkennen.

Wertvorstellungen, die der Methode unterliegen

Für *Virginia Satir* waren alle Menschen unabhängig von ihrem Alter oder ihrer Rolle gleich. Ihre Überzeugung war so unerschütterlich und umfassend, daß wir nur vier Worte der Präambel der Unabhängigkeitserklärung* verändern müßten, um die Grundwerte verstehen zu können, die sie bei ihrer Arbeit geleitet haben: „Wir halten diese Wahrheit für in sich einleuchtend: daß alle *Personen gleichwertig*

---

* „Wir halten diese Wahrheiten für in sich einleuchtend: daß alle Menschen gleich geschaffen sind, daß sie von ihrem Schöpfer mit gewissen unveräußerlichen Rechten ausgestattet sind, darunter Leben, Freiheit und Streben nach Glück."
(Zitiert nach Propyläen Weltgeschichte)

geschaffen sind; daß sie von ihrem Schöpfer mit gewissen unveräußerlichen Rechten ausgestattet sind, darunter Leben, *Freiheiten* (zu sehen, hören, fühlen, denken, fragen, riskieren) und Streben nach einem *Selbstwertgefühl.*"

*Virginia*s Skulpturtechnik – das Positionieren von Menschen im Raum mit Gesten und Bewegungen, die sich auf andere beziehen, orientiert sich an diesen Werten. Sie sind der Schlüssel zum Verständnis und zur Anwendung dieser Prozesse.

Multisensorisches Lehren

Virginia hat etwas entdeckt, das für viele von uns noch immer schwer zu akzeptieren ist, daß nämlich die Menschen, ganz gleich ob Erwachsene oder Kinder, die wichtigen Dinge im Leben schneller und gründlicher durch Erfahrung lernen, als allein durch Worte – das heißt durch Aktionen und im Spiel. Sie hat deshalb Übungen und symbolische Aktionen in Form von multisensorischen Erlebnissen entwickelt. Die Skulptur ist eins dieser Werkzeuge.

„Beziehungen sehen"

Virginia „sah" Beziehungen. Sie erkannte, daß kein Körper isoliert existiert. Keine Rolle hat für sich allein eine Bedeutung. Es kann nur einen Herren geben, wenn es auch einen Sklaven gibt, ein Kapitän ist nur ein Kapitän, wenn es auch eine Besatzung gibt. *Virginia* hat klar erkannt, in welcher Beziehung die Menschen zueinander stehen, ohne dabei die ausgeprägte Individualität eines jeden Teilnehmers zu verkennen.

Der Raum, in dem Beziehungen nur als Gesten und Bewegung erkennbar sind, enthält gleichzeitig Informationen. Virginia betrachtete den Raum zwischen den Menschen als aktiv und lebendig, er war für sie nie leer. Auf diese Weise konnte sie die allgemeinen Aspekte einer jeden Beziehung ganz deutlich erkennen und porträtieren. Sie „sah" in jeder Situation sofort die Wünsche, Sehnsüchte, Erfahrungen, Bedürfnisse und Gefühle, die uns allen vertraut sind und die den Raum zwischen den Menschen ausfüllen. Sie entwikkelte Methoden, mit denen sie das sichtbar machen konnte, was sie auf einer abstrakten Ebene „sah".

Um zum Beispiel die Sorgen einer Frau und Mutter darzustellen, die sich ständig hin- und hergerissen fühlt, forderte *Virginia* die Frau auf, sich hinzustellen; sie ließ dann die anderen Familienmitglieder an ihren Armen und Beinen, von hinten an einer Schulter und an ihrem Rock ziehen. Durch die bildhafte Darstellung bestimmter Aspekte einer Beziehung schuf *Virginia* eine Art von Handlungssymbolik, wie ich das nennen möchte. Die einzelnen Familienmitglieder konnten den Sachverhalt auf diese Weise direkt begreifen und wir, die Zuschauer, konnten ihn sehen, intuitiv wahrnehmen und erleben. Sie machte das Unbewußte bewußt.

Virginia wandte die Skulpturtechnik in vielen Variationen an, von kleinen Aktionen wie die der beiden Schwestern bis zu drei Generationen umfassenden Familienrekonstruktionen, wozu zwei oder mehr Tage nötig waren.

In den 60er Jahren stellte diese Arbeitsweise eine radikale Abwendung von den bestehenden Therapieformen dar, die ausschließlich verbal abliefen. Ihre „Conjoint Therapy" war nicht nur insofern radikal, als sie eine *Therapie der Beziehungen darstellte, die die Familienmitglieder zueinander hatten,* sondern auch dadurch, daß *Virginia* Übungen entwickelte, die es den Familienmitgliedern möglich machten, an der Entdeckung und der Suche nach der Bedeutung und nach den Strukturen dieser Beziehungen teilzunehmen. Auch damit betrat sie Neuland. In der alten Form der verbalen Therapie waren die Therapeuten die Experten und die Klienten ihre Schüler. *Virginia* setzte ihr Selbstwert- und Gleichwertigkeitsprinzip in die Praxis um, indem sie sich gemeinsam mit den Klienten auf die Suche nach den Bedeutungen der Beziehungen begab.

Mein Beitrag zur Skulpturtechnik

In den 60er Jahren hatte ich Gelegenheit, im Boston Family Institute eine Ausbildung als Familientherapeutin zu absolvieren. Dort wurden auch empirische Übungen durchgeführt und ein Äquivalenzmodell entwickelt, das als Grundlage für die Lehrveranstaltungen dienen sollte. Virginia Satir besuchte uns ein paarmal und hielt einige Workshops ab. David Kantor hatte inzwischen die „Familienskulptur" (*Duhl, Kantor, Duhl* 1973) und *Virginia* das „Posturing" ihrer Kommunikationsmuster (*Satir* 1972) entwickelt, das sie später auch „Familienskulptur" (*Satir* 1983) und schließlich Familienrekonstruktion (*Nerin* 1986) nannte. Als ich im Anschluß an mein BFI-Studium zwei Jahre gemeinsam mit *David Kantor* lehrte, begann ich, viele neue Formen dieses fruchtbaren Ansatzes zu entwickeln (*Duhl* 1983). Ein paar Jahre später lernte *Peggy Papp* bei einem Workshop des Boston Family Institute zuerst die Skulpturtechnik und begann anschließend mit der Entwicklung einer Technik, die sie „Choreographie" (*Papp* 1976; *Papp, Silverstein, Carter* 1973) nannte.

Heute stellt die Skulpturtechnik einen Prozeß und eine Sprache dar, mit deren Hilfe Familien und Gruppenmitglieder die vielen Aspekte ihrer Beziehung umfassender und schneller darstellen können als das mit Worten möglich wäre. Indem man die einzelnen Familienmitglieder bestimmte Posen einnehmen oder Gesten und Bewegungen ausführen läßt, gibt man ihnen die Möglichkeit, die wesentlichen Elemente der Interaktionen dieser bestimmten Familie komprimiert, pantomimisch auszudrücken. Wenn die Teilnehmer einer solchen Skulpturübung dann sagen, was sie empfinden, wenn sie diese Rolle spielen, diese Pose einnehmen oder diese Bewegung ausführen, werden die interpersonellen Aspekte der Beziehung durch die *intra*personelle Dynamik anschaulich gemacht. Das Wesen dessen, was ein Mensch fühlt, und die Bedeutung, die er diesen Gefühlen und Erlebnissen beimißt, kann durch diese Technik sichtbar gemacht werden, so daß wir die interpersonelle Dynamik von innen her verstehen können.

Die Skulpturtechnik ist ein Prozeß, bei dem sowohl die Teile als auch das Ganze eine Rolle spielen und der drei Dimensionen hat: Raum, Zeit und Energie. Er macht das anschaulich, was sich zwischen zwei oder mehreren Personen abspielt. Gleichzeitig läßt die Skulptur den Standpunkt, das Erfahrungs-„Set", jeder einzelnen Person sichtbar werden. Die Skulpturtechnik kennt keine Hierarchie, niemand hat einen „richtigen" Standpunkt. Sie stellt einen Prozeß dar, der das Gleichwertigkeitsprinzip in die Tat umsetzt; der

Standpunkt eines Kindes ist genauso gut wie der einer Ehefrau oder der eines Ehemanns. Jede Stimme, jede Reaktion hat das gleiche „Gewicht" wie alle anderen. Das heißt jede hat ihre Berechtigung, da jeder sich als Teil des Ganzen erlebt. Keine Stimme oder keine Rolle ist wichtiger als die andere, wenn es darum geht, das darzustellen, was geschieht und wie es von jedem einzelnen erlebt wird. Das Feedback kann allerdings deutlich machen, wie unausgeglichen eine bestimmte dargestellte Situation ist, wenn zum Beispiel das Kind sagt: „Ich mag es nicht, wenn er (Vater) mich schlägt." Die Rolle jedes einzelnen Mitspielers offenbart einen Aspekt des Ganzen. Jeder hat die Möglichkeit, zu sehen, zu hören, zu fühlen und sich zu äußern, und man muß ihm respektvoll zuhören, denn all das trägt zu einer Steigerung seines Selbstwertgefühls bei.

Der Prozeß: Die Skulpturtechnik als Theater des Geistes (Theatre-of-the-Mind)

Für mich ist die Skulpturtechnik ein Theater des Geistes; deshalb möchte ich mich jetzt der Frage zuwenden, wie man das, was sich auf der Bühne abspielt, im Rahmen der Gruppentherapie nach außen bringen kann.

Bei der Skulpturtechnik werden die Teilnehmer aufgefordert, bestimmte Rollen zu übernehmen und/oder bestimmte Positionen einzunehmen oder Gesten auszuführen, die sich auf die anderen beziehen. Auf diese Weise schaffen wir eine bildliche Darstellung oder inszenieren eine Beziehung oder Situation, die die Teilnehmer erleben und der Therapeut und die Beobachter (falls welche vorhanden sind) sehen können. Wenn die Teilnehmer diese Positionen einnehmen, können sie ein Gefühl für das Allgemeine einer jeden Position entwickeln. Wenn beispielsweise jemand gebeugt auf einem Schemel sitzt, bietet er nicht nur den Anblick eines deprimierten Menschen, sondern wird auch wirklich das intensive Gefühl der Isolation und Traurigkeit empfinden. Und wenn ein anderes Familienmitglied im Rahmen der Skulpturtechnik aufgefordert wird, den Versuch zu machen, dieser Person zu helfen, und dabei keinen

Erfolg hat, werden sich bei ihm Gefühle der Ohnmacht, der Enttäuschung und Verzweiflung einstellen. Man kann genau sehen und spüren, daß jeder ein Teil des Gesamtsystems ist, und man kann darüber reden.

Ich habe entdeckt, daß es nicht nur eine Möglichkeit gibt, die Skulpturtechnik anzuwenden, so wie es auch nicht nur eine Möglichkeit gibt, sich auszudrücken. Die Ideen können im Kopf des Therapeuten oder Gruppenleiters entstehen, oder der Therapeut kann ein Mitglied auffordern, seine Gedanken dazu zu äußern.

Bei der Skulpturtechnik hört sich der Therapeut/Gruppenleiter zuerst an, was die Teilnehmer zu sagen haben, und macht sich dann ein Bild von dem, was vorgeht. Möglicherweise ist der Therapeut aber auch unsicher und verwirrt, kann sich kein klares Bild machen und möchte weitere Informationen aus den Teilnehmern herauslocken. In beiden Fällen kann er aufstehen und sagen: „Ich stelle mir etwas bildhaft vor und möchte Ihnen das gern einmal zeigen". Er kann die Teilnehmer dann auffordern, einen Augenblick lang Theater zu spielen, indem sie die Rollen, die im Theater der Seele gespielt werden, übernehmen oder die entsprechenden Positionen einnehmen. Schon das Aufstehen ist eine einfache Aktion, die voller Kraft steckt, denn durch diese Aktion werden die Klienten auf das vorbereitet, was geschehen soll. Weder der Therapeut noch die Klienten können eine Skulptur im Sitzen beginnen. Die Klienten müssen angeleitet und aufgefordert werden, und das Aufstehen ist der erste Teil dieser Einladung.

Für den Therapeuten ist es wichtig, schon im voraus das herunterzuspielen, was er tun wird, indem er etwa beiläufig bemerkt: „Es mag Ihnen vielleicht etwas verrückt erscheinen, ich will Ihnen aber trotzdem einmal zeigen, wie ich mir das vorstelle, was sich hier abspielt." Diese einschränkende Bemerkung ist wichtig, denn die Vorstellung des Therapeuten kann ja tatsächlich etwas verrückt sein. Außerdem wird durch eine derartige Bemerkung das Gleichwertigkeitsprinzip betont, denn die Teilnehmer bekommen auf diese Weise eine Gelegenheit, die Vorstellung des Therapeuten auf einer gleichberechtigten Ebene kritisch zu überprüfen. Die Einschränkung gibt zudem den Teilnehmern Gelegenheit, gemeinsam mit dem Therapeuten Informationen zu sammeln und zu einem neuen Verständnis zu gelangen, so daß sie das Bild korrigieren und ihm ihre eigene Version gegenüberstellen können.

Nachdem der Therapeut die Teilnehmer aufgefordert hat, bestimmte Positionen und Haltungen einzunehmen oder Bewegungen und Gesten zu machen, kann er sie auffordern, ihm Feedback zu geben.

„Wie fühlen Sie sich, wenn Sie diese Stellung einnehmen und diese Rolle spielen?" oder: „Wie erleben Sie sich und die anderen?"

Vermeiden Sie eine Einengung des Feedbacks. Fragen Sie nicht: „Was fühlen Sie?", denn dadurch würden sowohl die Spielbreite des Erlebens als auch die Informationen für die Teilnehmer und den Therapeuten eingeschränkt. Es ist andererseits jedoch außerordentlich wichtig, daß man von jeder einzelnen Person Informationen über ihre Gefühle bekommt, bevor das Feedback zu Ende ist, denn Gefühle formen die Überzeugungen und Einstellungen uns selbst (Selbstwert) und anderen gegenüber.

Oft sagen die Mitspieler: „Das ist nicht ganz richtig". In gewisser Weise kommt mir das immer ein bißchen komisch vor, denn es gibt natürlich kein „richtig" oder „falsch". Es kann nur im symbolischen Sinn passen oder nicht passen, je nachdem ob die dargestellte „Skulptur" den Vorstellungen des Mitspielers nahekommt, ihr entspricht oder nicht. Wenn ein Teilnehmer sagt: „Das ist richtig", oder „Das ist nicht ganz richtig", bedeutet das, daß er sich die Vorstellung zu eigen gemacht hat oder nicht. Wenn er sagt: „Das ist nicht ganz richtig", fordere ich ihn auf, das Bild zu korrigieren und mir zu zeigen, wie es für ihn „richtig" wäre. Anschließend fordere ich die anderen Teilnehmer auf, in seine Vorstellung, seine Version des „Richtigen", einzusteigen. Dann erkläre ich ihnen, daß auch sie Gelegenheit haben, Kommentare abzugeben und mir ihre Vorstellungen mitzuteilen.

Wenn ich einen Teilnehmer bitte, mir zu zeigen, wie es denn für ihn richtig wäre, benütze ich kein Verb, das eine Sinnesfunktion ausdrückt. Ich sage nicht: „Zeigen Sie mir, wie Sie das *sehen* (oder *fühlen)*", denn ich möchte die Möglichkeiten des Teilnehmers nicht einengen.

Bei Sitzungen mit Ehepaaren korrigieren beide gemeinsam die Vorstellung, wenn einer von ihnen gesagt hat: „Das ist nicht ganz richtig", wobei sich beide über das Hauptmotiv einigen. Wenn das geschieht, bekommt der Therapeut wichtiges Feedback im Hinblick auf die Übertragbarkeit des Bildes, das er aus seiner eigenen Vorstellung von dem, was sich bei dem Ehepaar abspielt, angeboten hat.

Wenn die Klienten dann die Skulptur übernehmen, hat jeder Gelegenheit, durch sein Verhalten darzustellen, wie er das Ganze erlebt – die Beziehung und die Rollen, die die einzelnen spielen. Ähnlich wie das zirkuläre Fragen im systemischen Modell, fördert die Skulpturtechnik das zutage, was sich unter der Oberfläche einer jeden Interaktion verbirgt: die Ängste, die Schutzmechanismen, das Verhalten, mit dem die persönlichen Grenzen verteidigt werden, die Auswirkungen bestimmter Aktionen und die Verknüpfungen jedes einzelnen mit den anderen. Da jeder Gelegenheit bekommt, seine eigene Version darzustellen, und darüber hinaus auch seine Reaktion schildern und Feedback geben kann, ist die Skulpturtechnik eine demokratische, durch Gleichberechtigung gekennzeichnete Methode. Der Standpunkt eines jeden einzelnen wird gewürdigt und bestätigt. Das Selbstwertgefühl eines Menschen steigt, wenn er um seiner selbst willen angehört wird. Auf diese Weise bekommt nicht nur der Therapeut von jedem Teilnehmer neues Material, sondern auch die Familienmitglieder machen neue Erfahrungen und bekommen neue Informationen über einander, was ihnen verschiedene neue Perspektiven vermittelt.

Die üblichen Abwehrmechanismen, die bei einem verbalen Austausch durch bestimmte Wörter, durch einen bestimmten Tonfall oder durch stereotype Redensarten ausgelöst werden können, werden bei der Skulpturtechnik nicht aktiviert. Die Reaktionen sind spontan und echt, und die meisten bemühen sich redlich, mit eingefahrenen Verhaltensweisen, Einstellungen und Rollenklischees fertigzuwerden. Die Skulpturtechnik ist ein existenzieller Vorgang, denn es gibt keine abgesprochenen oder zu erwartenden Reaktionen. Sie hat eine diagnostische Funktion, fördert neue Informationen zutage und dient als Intervention, indem sie chronische Verhaltensmuster aufbricht.

Die Skulpturtechnik als Intervention

Bei einer anderen Version der Skulpturtechnik, kann der Therapeut die Familienmitglieder gleich zu Anfang auffordern, ihre Version einer Interaktion darzustellen. Ein Ehepaar, das mir von ständigen Streitereien berichtete, die fast schon einen rituellen Charakter angenommen hatten, forderte ich auf, mir einen solchen Streit einmal vorzuführen, damit ich ihn als Skulptur darstellen könnte.

„Wie fängt es an", fragte ich und bat sie, die gleichen Positionen im Zimmer einzunehmen wie zu Hause, wenn der Streit beginnt. Sie stellten alles in sehr lebendiger Weise nach und sagten mir gleichzeitig, wer gewöhnlich was sagte. Ich fragte sie: „Und was geschieht dann?" und forderte sie auf, weiterzumachen und die gleichen Stellungen einzunehmen und die gleichen Körperbewegungen zu machen wie zu Hause – sie sollten also ihren Streit darstellen und beschreiben, wer wann was sagt und wer sich wann wie verhält. Und dann ließen wir den ganzen Streit pantomimisch, ohne Worte, ablaufen, angefangen vom gegenseitigen „Anbrüllen" bis zum Sichzurückziehen in die äußerste Zimmerecke, was den äußersten Ecken ihres Hauses in der Wirklichkeit entsprach. Sie stellten das Ganze äußerst lebendig dar und entwickelten mit der Zeit einen gewissen Humor, weil ihnen bewußt wurde, wie vertraut ihnen der jeweils nächste Schritt war. Bei der anschließenden Besprechung drückte ich meine Begeisterung und mein Erstaunen darüber aus, wie schnell und genau sie diesen Prozeß dargestellt hatten.

Nachdem sie das Ganze in meiner Praxis erlebt hatten, waren beide nicht mehr in der Lage, sich auf diese Weise zu streiten. Jedesmal, wenn es wieder losging, mußten sie lachen. Ihnen war bewußt geworden, daß sie eine regelrechte Choreographie entwickelt und eine Art vertrauten Tanz aus ihrem Streit gemacht hatten. Sie konnten sich jetzt fragen, warum sie sich überhaupt stritten und warum jeder glaubte, seine Position verteidigen zu müssen. Sie aktivierten ihre Kreativität, um mit solchen explosiven Situationen besser umgehen zu können, und unsere Therapie lief auf einer völlig anderen Ebene ab.

Die Skulpturtechnik als Mittel der Entmythologisierung

In einer anderen Situation förderte die Skulpturtechnik Informationen zutage, die völlig anders waren, als die, die beide Ehepartner übereinstimmend von sich gegeben hatten. Durch die Skulpturtechnik wurde das Ganze entmythologisiert, es kam zu einer Differenzierung der Standpunkte der Frau und des Mannes, so daß anschließend beide ihre Probleme besser verstehen konnten.

Während eines öffentlichen Demonstrationsgesprächs mit einem tatsächlichen Ehepaar hatte ich Stammbäume (Genogramme) erstellt, nachdem ich mir vorher die Geschichte ihrer Ehe angehört und erfahren hatte, welche Schwierigkeiten sie mit ihrem ältesten Kind hatten und wie sehr sie unter einem Mangel an Freunden litten. Ich forderte beide Partner nacheinander auf, ihre jeweilige Herkunftsfamilie mit Hilfe der Skulpturtechnik darzustellen, wobei der Raum in der Horizontalen zur Darstellung der Nähe oder Distanz und die Vertikale zur Kennzeichnung der Autorität oder Unterordnung benützt werden sollte. Das Ehepaar suchte sich Leute aus dem Publikum, die die anderen Familienmitglieder darstellen sollten.

Während jeder Partner seine Herkunftsfamilie darstellte, fragte ich ihn, an welche Stelle ihr Ehepartner am besten in ihre Herkunftsfamilie passen würde. Auch die Art, in der der Betroffene auf diese offene Frage reagierte, enthielt wertvolle Informationen sowohl für meine Diagnose als auch für die beiden Eheleute selbst. Wenn man sagt, wo der Ehepartner in der eigenen Herkunftsfamilie seinen Platz hat, sagt man gleichzeitig auch etwas darüber, wie man seinen Partner sieht und welche Assoziationen man mit ihm verbindet. Die Frau wies ihrem Mann einen Platz direkt neben ihrem Vater zu, von dem sie behauptete, er beherrsche die ganze Familie. Der Ehemann plazierte seine Frau außerhalb seiner Familie und sagte, daß er sie nicht in dieser Familie haben wolle, da er das Gefühl habe, von seiner Mutter beherrscht zu werden.

Nachdem jeder auf diese Weise seine Herkunftsfamilie dargestellt hatte, fragte ich beide, welcher Familie ihre Kernfamilie mit drei Kindern am meisten ähnele. Beide sagten übereinstimmend, ihre eigene Familie ähnele am meisten der Herkunftsfamilie des Ehemanns, in der die Mutter eng mit dem Vater verbunden war und die inneren Aktivitäten der Familie kontrollierte.

Ich forderte das Ehepaar anschließend auf, mit Hilfe der Skulpturtechnik seine eigene Kernfamilie darzustellen. Der Mann stellte seine Frau bei dieser Übung dicht neben sich, was von ihr mit den Worten kommentiert wurde: „Mir ist klar, daß er das so sieht." Er machte sich außerdem zur Kontrollinstanz seines Sohnes, indem er ihn ständig hin und her schob und an ihm zog.

Die Frau distanzierte sich von ihrem Mann, was ihren Mann zu der Bemerkung veranlaßte: „Wir stehen uns aber doch viel näher." Darauf erwiderte sie: „Ich weiß, daß dir das lieber wäre, aber wenn ich ehrlich bin, muß ich sagen, daß es für mich nun einmal so ist."

Im Gegensatz zu ihren verbal geäußerten Überzeugungen sahen, erlebten und realisierten sie darüber hinaus bei der Darstellung ihrer Kernfamilie, daß die Art und Weise, wie sie sich verhielten und miteinander umgingen, der Familie der Mutter ähnlicher war als der des Vaters. In der Familie der Mutter hatte der Vater seine Frau und die Kinder autoritär behandelt, und genau so war es in der Kernfamilie, der Mann behandelte Frau und Kinder ziemlich autoritär, vor allem den ältesten Sohn. Die Entwicklung dieses neuen Bewußtseins wurde durch das klare und präzise Feedback gefördert, das die Leute aus dem Publikum ihnen zuteil werden ließen, die die Rollen der Kinder und der Mitglieder der Herkunftsfamilie übernommen hatten.

Die Verhaltensmuster der Kernfamilie ähnelten stark denen der Familie der Frau. Die „Angewohnheit" der Frau, ihrem Mann immer zuzustimmen, paßte zu dem, was sie als Kind in ihrer Familie gelernt hatte – Frauen widersprechen ihren Männern nicht, Kinder geben dem Vater keine Widerworte. Bei dieser Skulptursitzung konnte die Frau zum erstenmal das darstellen, was sie wirklich in dieser Familie empfand, die sie selbst mit ins Leben gerufen hatte. Die Sitzung gab dem Ehemann und seiner Frau Gelegenheit, ihre Differenzen zu erleben, ohne daß sie ihr Gesicht verloren oder daß ihr Selbstwertgefühl verletzt wurde. Die Frau machte dem Mann wegen der mangelnden Übereinstimmung keine Vorwürfe. Er wiederum erkannte, daß seine eigene Familie sich tatsächlich an der Familie der Frau orientierte. Und er verstand jetzt, daß er sich so von seiner Mutter beherrscht gefühlt hatte, daß er in seiner eigenen Familie ihre Rolle einnahm. Er hatte geglaubt, daß er jetzt als Erwachsener an der Reihe wäre, und hatte seinen Sohn so behandelt, wie seine Mutter ihn behandelt hatte.

Die Skulpturtechnik als Diagnoseinstrument

Während der ersten Sitzung mit einer offenbar sehr netten, sehr höflichen Familie, die vier heranwachsende Kinder hatte, versuchte ich, mir ein besseres Bild von der Situation zu verschaffen. Ich forderte die drittälteste Tochter auf, in einer Skulptur darzustellen, wie sie die Beziehungen innerhalb der Familie sah. Sie hatten sich in Therapie begeben, weil die zweitälteste Tochter depressiv war und schon im ersten Semester vom College abgegangen war.

Wenn ich mit einer Familie arbeite, bitte ich immer denjenigen anzufangen, der am wenigsten im Mittelpunkt des Problems steht. Dafür gibt es zwei Gründe: Erstens hat die Person dann nicht das Gefühl auf dem „heißen Stuhl" sitzen zu müssen und fühlt sich deshalb freier, ihren Standpunkt klarzumachen, zweitens nehmen die anderen Familienmitglieder von einer solchen Person leichter Informationen an als von jemandem, der selbst aktiv in die gegenwärtige Problematik verstrickt ist. Familienmitglieder, die Probleme haben, versuchen in der Regel, Außenstehende als Verbündete zu gewinnen, und sind neutralen Zeugen innerhalb der Familie gegenüber aufgeschlossener.

Ich stand auf und forderte die drittälteste Tochter auf, mir doch einmal vorzuführen, wie sie ihre Familie erlebe. Dabei solle sie den Raum benützen, um emotionale Nähe und Distanz auszudrücken. Sie plazierte daraufhin alle vier Teenager (drei Töchter und einen Sohn) locker zwischen Vater und Mutter, die etwa einen Meter entfernt auf den beiden äußeren Seiten der Geschwistergruppe standen und sich in die Augen blicken konnten.

Nach dem Feedback präsentierte das jüngste Kind, der Sohn, ein ähnliches Bild, wobei die Geschwister eine andere Reihenfolge einnahmen und die Mutter fast ein Teil der Geschwistergruppe war. Auch die älteste Tochter und das Problemkind, die zweitälteste, entwarfen ein ähnliches Bild. Als auch die Version der Mutter dieses Konzept bestätigte, sagte der Vater widerstrebend: „Nun ja, meine Vorstellung ist ähnlich, ich brauche das nicht mehr zu machen."

Die Diskussion der einzelnen Versionen förderte nicht nur die Distanz zwischen Vater und Mutter zutage, sondern auch die wenig erwachsene, kindliche Einstellung der Mutter, die sich als ein Geschwister unter ihre vier Kinder plaziert hatte. Der Vater blieb als einziger verantwortlicher Erwachsener übrig, obwohl er das verbal bestritt. Es war wichtig für ihn, nicht zugeben zu müssen, daß zwischen ihm und seiner Frau auf dem funktionalen Niveau riesige Differenzen bestanden.

Mit Hilfe dieser Skulpturen, die schnell dargestellt waren, konnten wir die Diskussion über die Beziehung zwischen der Depression der Tochter und der Kluft zwischen den Eltern und dem Versagen der Mutter im Hinblick auf ihre Rolle als Vorbild beginnen. Es stellte sich heraus, daß keiner in der Familie, weder der Vater noch die Mutter noch die älteste Schwester das College länger als ein Jahr besucht hatten. Und diese Tochter hatte das Gefühl, für ihre Mutter verantwortlich zu sein. Immer wenn sie in der Schule war, hatte sie Angst, daß die Mutter es allein nicht schaffen würde. Wenn diese Skulpturen nicht so schnell Informationen über den Gesamtzusammenhang geliefert hätten, wäre das Problem womöglich als ein individueller Fall behandelt worden, bei dem ein Mädchen im ersten Jahr auf dem College Schwierigkeiten hat.

Eine abgebrochene Skulptur

Ein letztes Beispiel soll klarmachen, daß es nie falsch ist, mit der Skulpturtechnik zu arbeiten, selbst wenn sie „nicht funktioniert". Ich habe das schon sehr früh während meiner Weiterbildung zur Familientherapeutin gelernt.

Meine Kotherapeutin und ich behandelten die Familie eines hospitalisierten „schizoaffektiven" 21jährigen Mannes. Die Mutter war vier Jahre zuvor gestorben, und der Vater und eine 20jährige

Schwester kamen mit dem jungen Patienten zu den Sitzungen. Bei allen drei Familienmitgliedern war der größte Teil der Trauerarbeit nach dem Tod der Mutter noch nicht geleistet worden.

Wir forderten die Schwester auf, einen Feiertag, und zwar Weihnachten, als die Mutter noch lebte, als Skulptur darzustellen. Sie zögerte, bewegte sich ganz langsam und fühlte sich offensichtlich dabei unwohl, als sie sagte: „Der Baum wäre da drüben." Der Sohn sagte: „Du kannst nicht einfach so hereinkommen. Wir lassen dich nicht herein." Meine Kotherapeutin und ich hatten das Gefühl, als hätten wir einen Schlag ins Gesicht bekommen. Wir brachen das Ganze ab und glaubten, einen schrecklichen Fehler gemacht zu haben.

Bei der nächsten Sitzung, die wir mit der Schwester allein angesetzt hatten (im Rahmen eines Plans, bei dem jeder einmal allein, dann zu zweit und schließlich alle zusammen erscheinen sollten) fanden wir heraus, daß die Mutter *niemanden* ins Haus gelassen hatte – keine Freunde, keine Nachbarn, keine Verwandten mit Ausnahme eines Bruders des Vaters. Diese Information, die nur durch die abgebrochene Skulptursitzung zutage gefördert worden war, veranlaßte uns dazu, uns bei unseren therapeutischen Bemühungen völlig neu zu orientieren. Danach stellten wir die Skulpturen selbst dar und ließen uns von der Familie dabei nur korrigieren. Wir hatten jedenfalls die wichtige Erfahrung gemacht, daß man *nie einen Fehler machen kann – man kann nur neue Informationen bekommen.* Anschließend kann man dann die eigenen Hypothesen und Methoden in Übereinstimmung mit diesen Informationen auf den letzten Stand bringen.

Der Anwendungsbereich der Skulpturtechnik

Viele Therapeuten haben mich gefragt: „Wann kann man die Skulpturtechnik anwenden?" Meine Antwort darauf lautet: immer dann, wenn sie neue Informationen und neues Feedback zutage fördert, wenn sie neue Möglichkeiten oder Sichtweisen eröffnet und unproduktive Strukturen aufbricht. Die Skulpturtechnik eignet sich für alle Ehe- und Familienprobleme, denn sie ist die nichtverbale Sprache der Beziehungen. Wenn Therapeuten und Assistenten sich erst einmal mit dieser Technik vertraut gemacht haben und innere Bilder bewußt machen und in Aktivität umsetzen können, können sie diese Technik, die wir Skulptur nennen, so leicht anwenden, wie sie eine Metapher aussprechen. Und das kann zu keiner Zeit falsch sein.

Die Skulpturtechnik ist das einzige „Werkzeug" in der Familientherapie, das ich kenne, das allen Beteiligten gleichzeitig so zahlreiche Informationen vermittelt. Es ist das einzige Werkzeug, das so strukturiert ist, daß es allen Parteien die Möglichkeit gibt, sich in gleicher Weise Gehör zu verschaffen. Dadurch wird der Familie etwas vermittelt, das ihr nach *Virginia Satirs* Auffassung vorher gefehlt hat – die Freiheit zu sehen, hören, sprechen, fragen und Risiken einzugehen – um so den eigenen Selbstwert zu steigern.

Die einzige Begrenzung liegt in der eigenen Vorstellungskraft im Zusammenhang mit der Arbeit, die man tut. Ich hoffe, daß es mir gelungen ist, Ihre Fantasie genauso anzuregen, wie es Virginia Satir bei mir immer getan hat: Wenn ich sie bei der Arbeit beobachtet habe, hat mir das immer Mut gemacht, meine eigene Kreativität im Dienste derer einzusetzen, mit denen ich arbeite. Ich hoffe, daß ich mit dieser Darstellung der Skulpturtechnik bei Ihnen das gleiche erreicht habe.

Literatur

Duhl, B.D. (1983): From the Inside Out and Other Metaphors: Creative and Integrative Approaches to Training in Systems Thinking. New York: Brunner/Mazel.

Duhl, F.J., Kantor, D., Duhl, D.S. (1973): Learning, Space and Action in Family Therapy: A Primer of Sculpture; in: *D. Bloch (Ed.)*: Techniques of Family Psychotherapy. New York: Grune and Stratton.

Nerin, W.F. (1986) Family Reconstruction: Long Day's Journey Into Light. New York: Norton; dt.: (1989) Familienrekonstruktion in Aktion. Paderborn: Junfermann.

Papp, P. (1976) Family Choreography; in: *P. Guerin (Ed.)*: Family Therapy, Theory and Practice. New York. Gardner.

Papp, P., Silverstein, O., Carter, E. (1973): Family Sculpting in Preventive Work with ‚Well Families'. *Family Process* 12:2, 197-212.
Satir, V. (1972): Peoplemaking. Palo Alto: Science and Behavior Books; dt.: (1975) Selbstwert und Kommunikation. München: Pfeiffer.
Satir, V. (1983): Conjoint Family Therapy. Revised edition. Palo Alto: Science and Behavior Books; dt.: (1973) Familienbehandlung. Freiburg: Lambertus.

Aus dem Amerikanischen von Dr. Bringfried Schröder.

Thema mit Variationen:
Struktur und Prozeß der Skulpturtechnik

Gerd F. Müller

Vorbemerkung

Ergänzend zum vorausgegangenen Artikel von Bunny S. Duhl, die gemeinsam mit David Kantor und Fred Duhl einen bedeutenden Beitrag zur Entwicklung und Verbreitung der Skulpturtechnik geleistet hat, berichte ich aus unserer Praxis mit Skulpturarbeit. Ich werde verschiedene Arten der Skulpturtechnik darstellen und Hinweise für den Einsatz unterschiedlicher Skulpturen in Therapie, Beratung, Supervision und Gruppenarbeit geben.

Einleitung

Virginia Satir war zwar nicht die alleinige Erfinderin der Skulpturarbeit, doch ihre kreativste, lebhafteste, humorvollste und machtvollste Propagandistin. Sie hat den Umgang mit Skulpturen zur hohen Kunst in der therapeutischen Prozeßarbeit ausgebildet und zur Blüte gebracht. Ohne *Virginia* würde es wohl die Technik geben, jedoch nicht in dieser Variationsbreite und nicht in diesen spielerischen Formen. Und nicht zu vergessen: Die Skulpturtechnik wäre ohne ihre Reisetätigkeiten nicht so rasch weltweit verbreitet worden. Jeder, der *Virginia* während ihrer Arbeit beobachtete oder selbst als Rollenspieler mitwirkte, konnte sich kaum dem Bann der Skulpturbilder entziehen. Die Leichtigkeit und Selbstverständlichkeit, mit der sie rasch prägnante Bilder stellte oder große Szenarien entwickelte, hat sich tief eingeprägt. Die Kraft dieser Standbilder, „leibhaftigen Fotos", psychodramatischen Bewegungsabläufe, Stummfilmszenen und Familien-„Tänze" war so stark, daß ich in Therapien und Seminaren noch heute davon zehre. Ihr Satz „I want to show you something" ist bei uns zu einem geflügelten Wort geworden, und ich selbst leite mit diesem Satz häufig Skulpturen ein.

In der entwicklungs- und wachstumsorientierten Familientherapie, in der Paartherapie und Eltern-Kind-Beratung hat sich in den letzten Jahren die Skulpturtechnik sowohl als Diagnose- als auch als Interventionsinstrument immer mehr durchgesetzt. Berater und Therapeuten* benutzen dieses Mittel, um wirkungsvoller, intensiver und rascher mit inneren Prozessen zu arbeiten. „Wir können die Skulptur als eine symbolische Repräsentation des Systems bezeichnen, die sich die Dimensionen von Raum, Zeit und Energie, wie sie allen Systemen eigen sind, zunutze macht. Sie gestattet es den Teilnehmern, Beziehungen, Gefühle und Veränderungen zugleich vorzuzeigen und an sich zu erfahren" (*Andolfi* 1982, S. 130).

Ein Vorteil der Skulpturen ist es, daß die körperliche Demonstration innerer Vorgänge sowohl dem Beobachter als auch dem Protagonisten viel genauere Informationen gibt als eine wörtliche Beschreibung. Dem Akteur erleichtern Skulpturen den Ausdruck von Gefühlen, Bedürfnissen, Gedanken, Erwartungen, Regeln, die auf der verbalen Ebene schwierig zu vermitteln sind. Was also von einer Person oder innerhalb der Familie unausgesprochen bleibt oder als unaussprechbar betrachtet, was ignoriert, verleugnet wird oder abgespalten ist, kann im Skulpturbild externalisiert werden. Der Therapeut gewinnt ein reichhaltiges Angebot der Variablen, die ein Familiensystem geformt haben und die zur Prägung von Bedeutungen für spezifische Ereignisse und Beziehungen beigetragen haben. Ein weiterer Vorteil ist, daß Ereignisse, die in der Vergangenheit liegen, im „Hier und Jetzt" lebendig werden können. Skulpturen erlauben uns auch, Ereignisse, die nicht synchron sind, in uns aufzunehmen und Verbindungen herzustellen. In dem Teil unseres Gehirns, der keine Zeit kennt, sind solche Ereignisse oft verbunden und mit Bedeutungen belegt, die „damals überlebensnotwendig" waren, um eine innere Realität und einen Zusammenhang zu schaffen. Die rechte Gehirnhälfte arbeitet auf einer intuitiven Ebene in

---

* Die im Text benutzte männliche Form bedeutet eine sprachliche Vereinfachung, keine geschlechtliche Diskriminierung. Mit Klient, Therapeut, Berater ist immer auch Klientin, Therapeutin, Beraterin etc. gemeint.

ganzheitlichen Bildern, in Metaphern, ohne daß die Elemente dieser Bilder in Einzelteile aufgeteilt werden. So bahnt eine Skulptur einen direkten Weg zu Bedürfnissen und Gefühlen, die in der realen Lebenswelt der Familie die Beziehungen bestimmen, ohne daß sie den Beteiligten bewußt sind: Haltungen, Regulierung von Nähe und Distanz, Autorität und Unterordnung, Macht, Ohnmacht im Kontext von Raum und Zeit. (Siehe hierzu die ausführlichen Ausführungen in *Duhl* 1983, S. 213 ff.)

Das attraktivste Merkmal von Skulpturen ist ihre Flexibilität: Ein Therapeut, der auch feinste Einzelheiten im Verhalten des/der Klienten wahrnimmt, mag sich davon zu einer Skulptur anregen lassen; ein anderes Mal kann er sehr genau auf verbale Informationen achten und diese spontan in eine Skulptur umsetzen. Er kann eine Skulptur jederzeit stoppen, in eine andere Richtung lenken und wieder zurückkommen, wenn es ihm notwendig erscheint. Und nicht zu vergessen: Der Umgang mit Skulpturen macht Spaß! Außer Bewegung kommt Leichtigkeit, Humor und (manchmal unfreiwillige) Komik in die Sitzungen.

Skulpturen mögen nicht sofort das ganze System offenlegen, aber ein Therapeut kann mit Hilfe von Skulpturen immer die nächsten Schritte finden. Wenn alles gut verläuft, werden Verhaltensmuster klar und Klienten werden sich ihrer eigenen Verantwortung zur Erhaltung dieser Muster bewußt, können Wahlmöglichkeiten erkennen und in Veränderungen umsetzen. Im „schlimmsten Fall" helfen Skulpturen dem Klienten dabei, über die Muster, die er zu vermeiden versucht, nachzudenken; dem Therapeuten bleibt die Möglichkeit, die Veränderung mit Hilfe anderer Techniken anzugehen. (Siehe u. a. *Duhl, Kantor, Duhl* 1973; *Constantine* 1978).

Obwohl die Bezeichnung „*Skulptur*" bereits allgemein verwendet wird, ist das Wort selbst kein adäquater Ausdruck, denn es impliziert eher einen statischen Wert und beschreibt nicht den Prozeß. Da emotionale Beziehungen sich immer in Bewegung befinden, sind Skulpturen ein Instrument der Bewegung: ein Sichtbarmachen der Koalitionen, Triaden-Konstellationen und der wechselhaften inneren Strömungen.

In unseren Kursen für Psychologen, Ärzte, Sozialpädagogen, Pädagogen, u. a. lehren wir diese Technik sowohl im Rahmen der Weiterbildung in Familientherapie und systemischem Arbeiten als auch in speziellen Seminaren. Desgleichen finden diese Techniken in unserer therapeutischen Tätigkeit und in der Supervision durchgängig Anwendung. Das Gestalten einer Familienskulptur ist ein prozeßhafter Vorgang und umgeht die an die Sprache gebundenen Abwehrphänomene. Personen, die sprachlich nicht gewandt sind (siehe hierzu *Müller* 1990, S. 545), finden mit Hilfe der Familienskulpturen leichter Zugang zu Gefühlen und Beziehungsprozessen innerhalb ihrer Familie. Was in der Beratung so bedeutsam ist – nämlich möglichst an konkret Faßbarem zu arbeiten – wird mit Hilfe der Skulpturarbeit sehr gefördert: Vorgänge in der Familie werden für alle sinnlich-konkret erlebbar. „Raum-zeitliche Metaphern stellen, weil archaischer, ein eher universelleres ‚Kommunikationsmedium' als die Sprache dar. Die Bedeutung solcher Metaphern kann von verschiedenen Familienmitgliedern leicht gemeinsam verstanden und akzeptiert werden ..." (*Schweitzer und Weber* 1982, S. 114). Ähnliches gilt für Personen, die im Sinne von *Satir*s dysfunktionaler Kommunikationsform „supervernünftig" agieren. Mit Hilfe der Skulpturarbeit können sie von der Ebene des Theoretisierens und langatmigen Redens gelöst werden, um leichter Zugang zu ihren Gefühlen, Körperempfindungen und Bedürfnissen zu finden. Die Technik der Skulptur öffnet hier einen eleganten Weg, die Angst des Klienten vor der Konfrontation mit sich selbst zu umgehen.

In der Regel hat *Satir* selbst ein Bild gestellt oder Anweisungen zur Gestaltung und zu bestimmten Bewegungen gegeben. Nur manchmal konnte der Akteur Korrekturen anbringen. Man muß wissen, daß *Satir* nahezu ununterbrochen, die Skulptur begleitend, zum Protagonisten, zu Familienmitgliedern oder zur Gruppe gesprochen hat: Kommentare, Bedeutungen, eingestreute Botschaften, Appelle, Anweisungen, Geschichten, Metaphern. Dabei suchte sie häufig Körperkontakt zum jeweiligen „Star", indem sie seine Hand hielt – meist locker, zwischendurch leicht drückend, immer jedoch wie selbstverständlich und vertraut. Dabei nahm sie regelmäßig Blickkontakt auf, wandte sich direkt zu, strich dem Star leicht übers Haar, blickte fordernd, aufmunternd, liebevoll, fragend, schelmisch, prüfend, herausfordernd, zwinkerte mit den Augen, zog die Augenbrauen hoch – je passend zum Kontext, doch nie aufgesetzt, sondern immer natürlich und spontan. Sie sprach mit fester, klarer, doch einfühlsamer Stimme, die sie ähnlich wie ihre Mimik modulieren konnte. Mit der freien Hand lenkte sie den Blick des „Stars" auf die gezeigten Bilder oder führte ihn unmerklich, doch sehr gezielt über die Augenbewegungen zur Wahrnehmung innerer Prozesse im Sinne des Neurolinguistischen Programmierens. „Wie hast du dich gefühlt, als du von deinem Vater erfahren hast, daß er ... ?" Und dabei führte sie mit einer großen Hand- und Armbewegung den Blick des „Stars" nach rechts unten, um ihm den Zugang zu seinen Emotionen zu erleichtern. *Virginia* nutzte alle Modalitäten ihres Verhaltensrepertoires, um mit großem physischen Einsatz, Charisma, seismografischer Sensibilität und unvergleichlich therapeutischer Eleganz den Prozeß voranzutreiben. Selbstverständlich ist ihre Art und Weise nicht zu kopieren, und niemand sei zu einem derartigen Versuch ermutigt. Doch es ist möglich, die Struktur ihres Vorgehens – die auf den ersten Blick oft geheimnisvoll war – nachzuvollziehen.

Allerdings stellt sich dabei die Frage, welche Techniken des Skulpturenbauens eingesetzt, welche Schritte beachtet, wie eine Skulptur eingeleitet, begleitet und ausgewertet werden sollte. Diese Technik kann von Praktikern, die unerfahren sind, nicht ohne Supervision angewendet werden; sie ist ein machtvolles Instrument, mit dem sorgfältig und verantwortungsbewußt umgegangen werden muß. Der Prozeß des Skulpturenbauens kommt am besten zum Fließen, wenn zwischen Therapeut und Klient/en guter Kontakt geschaffen wurde und ein Klima von Vertrauen, Sicherheit und gegenseitigem Respekt herrscht.

Satir hat die Anwendung von Skulpturen nie gelehrt; es blieb nur die Möglichkeit, genau zu beobachten und die einzelnen Schritte anschließend zu extrahieren. *Gaby Moskau* und ich haben die Vorgehensweisen für verschiedene Arten von Skulpturen zusammengefaßt und Ergänzungen aus unserer Praxis angefügt. Wir beziehen uns dabei vor allem auf die wertvollen Anregungen, die uns *Bill Nerin* und *Anne Robertson-Nerin* (1983) und *Bunny S. Duhl* (1985) gegeben haben. Alle drei sind langjährige Schüler von *Virginia Satir* und haben ihren persönlichen Erfahrungshintergrund in die Arbeit mit *Virginia*s Techniken eingebracht. Die in diesem Beitrag dargestellten Anleitungen sind das Ergebnis gemeinsamen Lernens bei *Virginia, Anne, Bill* und *Bunny* und unserer eigenen Therapie- und Lehrerfahrungen und gehen teilweise über die von *Satir* angewandte Skulpturarbeit hinaus.

Einzel-Skulptur

Es kommt in der Therapie immer wieder vor, daß ein Klient Schwierigkeiten hat, eigene Gefühle und Bedürfnisse wahrzunehmen und/oder zu verbalisieren. Dann kann es hilfreich sein, eine Einzel-Skulptur anzuregen; diese Technik kann sowohl in der Einzel- als auch im Rahmen einer Paar- und Familientherapie genutzt werden. Im folgenden wird angenommen, daß der Klient Schwierigkeiten hat, über bestimmte Gefühle in einer spezifischen Situation zu sprechen.

Erste Möglichkeit:

1. *Therapeut lädt zur Skulpturarbeit ein. Er erklärt kurz, was darunter zu verstehen ist und/oder gibt ein Beispiel.*
2. *Klient wird aufgefordert, sich bewußt zu machen, wie es ihm in der vorher herausgearbeiteten spezifischen Situation geht. Eine Zentrierung – mit geschlossenen oder gesenkten Augen – ist hier oft hilfreich. Therapeut fordert Klienten auf, „in die Situation zu gehen" und sich die Situation mit den jeweiligen Personen vorzustellen. Therapeut fragt nach, ob es Klienten gelingt. Wenn ja, leitet Therapeut weiter an: „Machen Sie sich bewußt, was Sie in dieser Situation sehen, hören, sagen, fühlen und spüren. ... Achten Sie darauf, daß Sie sich nicht wie auf einem Bild sehen, sondern daß Sie die Situation selbst erleben, daß Sie also selbst dort sind." Dabei ist es notwendig, langsam und behutsam vorzugehen.*

3. Klient benutzt Therapeuten für die Skulptur, d. h. er formt ihn (wie eine Gliederpuppe) möglichst wortlos, bis das Skulpturbild der inneren Gestalt seines spezifischen Gefühlszustands entspricht. Der Therapeut begleitet diesen kreativen Prozeß mit klaren Anleitungen, wie z.B.: „Nutzen Sie meinen gesamten Körper. – Wie stehe ich auf dem Boden? – Ist der Oberkörper geneigt? – Zeigen Sie mir, wie? – Nehmen Sie meine Arme, und modellieren Sie diese Ihrem Bild entsprechend. – Wohin ist mein Gesicht gerichtet? – Wohin schaue ich? – Wenden Sie meinen Kopf so, wie Sie sich dies vorstellen. – Gehen Sie um mich herum, und betrachten Sie mich/die Skulptur/das Bild von allen Seiten; wenn Sie etwas an der Haltung verändern wollen, tun Sie es."
4. Therapeut verharrt in der Skulptur, bis er Gefühle, Körperempfindungen, Gedanken klar identifiziert und speichert diese Informationen, um sie später im Auswertungsprozeß mitzuteilen.
5. Klient schaut sich seine „fertige" Skulptur an und nimmt dann genau dieselbe Haltung ein. Er bleibt in dieser Skulptur, bis er Gefühle, Körperempfindungen, Gedanken wahrnimmt. Therapeut gibt hierzu wiederum knappe und klare Anleitungen.
6. Danach teilt zuerst Therapeut seine Gefühle, Körperempfindungen, Gedanken mit. Klient hört zu und berichtet, mit welchen Aussagen (Gedanken, Gefühlen etc.) er sich „verbinden" kann.
7. Klient teilt seine Gefühle, Körperempfindungen, Gedanken mit.
8. Auswertung der Erfahrungen des Klienten und Verbindung mit therapeutischen Zielen.

Zweite Möglichkeit:

Diese Form ist angebracht, wenn Klient Schwierigkeiten hat, Therapeut zu modellieren.
1. Klient macht sich bewußt, wie es ihm in einer spezifischen Situation geht (am besten mit Hilfe einer Zentrierung).
2. Klient „skulptiert" sich selbst; Therapeut gibt Hilfestellungen, ohne direkt in die körperliche Ausformung einzugreifen.
3. Therapeut nimmt nun exakt dieselbe Haltung ein (er „geht in die Skulptur" des Klienten) und wartet, bis er bei sich gefühlsmäßige, körperliche und gedankliche Sensationen bemerkt.

4. *Therapeut teilt Gefühle, Gedanken etc. mit.*
5. *Klient teilt Gefühle, Gedanken etc. mit.*
6. *Auswertung der Erfahrungen des Klienten und Verbindung mit therapeutischen Zielen.*

Ähnlich wie bei der ersten Möglichkeit, leitet der Therapeut den Prozeß stetig, aber unaufdringlich, an und beobachtet dabei genau.

In der Einzeltherapie kann der Therapeut mit Hilfe der Einzel-Skulptur der Reihe nach jedes Familienmitglied darstellen (lassen). Wenn angezeigt, kann z.B. kurz eine dyadische Sequenz zwischen Klient und einem anderen Familienmitglied mit Therapeut als Doppel dargestellt werden. Ergänzend ist es möglich, daß anschließend der Klient selbst in die Skulptur des von ihm vorher gestellten Familienmitglieds mit Therapeut als Doppel „schlüpft", um nachzuspüren, wie es sozusagen „auf der anderen Seite" ist. So können möglicherweise neue, wichtige Informationen zugänglich gemacht werden. Wichtig ist hier, daß der Therapeut folgende Unterscheidung kennt: Es ist eine grundsätzlich andere Erfahrung, etwas von außen zu sehen („from the outside in"), als es von innen heraus zu erleben („from the inside out"), wie *Duhl* (1983) es benennt.

Paar-Skulptur (Ist-Zustand)

Diese Form der Skulptur läßt sich sowohl in Paar- und Familientherapien als auch in Arbeitsteams und Gruppen einsetzen, wenn zwischen zwei Personen streßbeladene Sequenzen ablaufen, welche immer wieder in der gleichen destruktiven Art und Weise geschehen, und wenn die beidseitige Bereitschaft zur Veränderung dieser Situation gegeben ist.

Der Therapeut begleitet den Prozeß mit klaren Anleitungen ähnlich wie dies vorher bei der Einzel-Skulptur skizziert wurde.

1. *Klient 1 nimmt Therapeut als sein Doppel und stellt die kritische Beziehung zwischen sich und seinem Partner (Klient 2) in der spezifischen Streßsituation als Skulpturbild dar.*
2. *Wenn die Skulptur gestellt ist, bleibt Therapeut in der modellierten Haltung, zentriert sich, macht sich Gefühle, Körperempfindungen, Gedanken bewußt und speichert diese.*

3. Dann fordert Therapeut Klient 1 auf, sich die Paar-Skulptur von allen Seiten aus anzusehen, eventuell Korrekturen anzubringen und danach „in die Skulptur zu gehen" und sich so hinzustellen, wie er – der Therapeut – von ihm vorher gestellt wurde.

   Es kann geschehen, daß Klient 2 mit der Darstellung von Klient 1 nicht einverstanden ist. Der Therapeut vermittelt in diesem Fall Klient 2, daß anschließend auch für „sein Bild" Platz sein wird. Ergänzend bittet der Therapeut Klient 2 darum, sich die Paar-Skulptur von Klient 1 „von außen" anzuschauen, so daß er das Beziehungsbild des Partners auch sehen kann. D. h. der Therapeut geht kurz an den Platz von Klient 2 und nimmt dessen Haltung ein; Klient 2 tritt aus der Skulptur, betrachtet das Bild und „schlüpft" wieder in die Paar-Skulptur.

4. Zentrierung von Klient 1 und 2: „Bleiben Sie nun beide in dieser Stellung, schließen Sie die Augen, und nehmen Sie sich Zeit, sich ihre Gefühle, Körperempfindungen und Gedanken in dieser Haltung bewußt zu machen. – Bitte merken Sie sich für die anschließende Besprechung, was Sie soeben entdeckt haben, und öffnen Sie wieder Ihre Augen."

5. Feedbackrunde: Zuerst Therapeut als Klient 1: Gefühle, Körperempfindungen, Gedanken; dann Rückmeldung von Klient 1 auf die Aussagen des Therapeuten; dann Bericht von Klient 1 und 2 über ihre Erfahrungen in der Skulptur.

   Grund für diese Reihenfolge ist: Der Therapeut soll Gelegenheit haben, zuerst für sich wieder Distanz zum System zu schaffen, um das weitere Vorgehen klar anleiten zu können. Wenn der Therapeut sich selbst modellieren läßt oder selbst in die Haltung des Klienten geht, kann er zum einen den stressigen Zustand des Klienten ansatzweise nachvollziehen, und zum anderen können seine Aussagen Anregung und Hilfe für den Klienten während der Besprechung darstellen. Wichtig dabei ist, daß er seine Erfahrungen in der Skulptur möglichst anschaulich berichtet, also Beschreibungen und keine Interpretationen bringt. Er muß darauf achten: Seine Wahrnehmungen in der Skulptur waren *seine* Wahrnehmungen; er darf sie dem Klienten nicht „überstülpen".

6. Eventuell Streßskulptur derselben Situation von Klient 2 gleich anfügen.

Alternative:

Wenn Klient 2 ein anderes Bild derselben Situation hat, stellt Klient 2 „seine" Skulptur (Schritte 1. – 3.). Beide Skulpturen werden verglichen, Ähnlichkeiten herausgearbeitet. Ziel ist dann zuerst die Einigung auf die Arbeit mit einer Skulptur.

Der Prozeß von der Ist- zur Wunsch-Skulptur für Paare

Es ist therapeutisch sinnvoll, nicht nur bei der Darstellung und Diskussion des Ist-Zustandes zu bleiben. Wenn Paare eine Vorstellung ihres erwünschten Beziehungszustands in einer spezifischen Streßsituation haben, bietet sich die Arbeit mit der Ist-Soll-Skulptur an.

1. *Klient 1 stellt – mit dem Therapeuten als Doppel – die Zweierbeziehung in einer Streßsituation dar (wie oben 1.).*
2. *Therapeut fordert Klient 1 auf, „in die Skulptur zu gehen" und sich so hinzustellen, wie vorher der Therapeut von ihm gestellt worden ist.*
3. *Dann „schlüpft" Therapeut in die Skulptur von Klient 2. Klient 2 sieht sich die Skulptur „von außen" an und verändert in Abstimmung mit Klient 1 die Paar-Skulptur, bis diese für beide Klienten stimmig ist.*
4. *Kurzer Austausch.*
5. *Zentrierung für Klient 1 und 2: „Wie sollte die „Wunsch"-Skulptur bezogen auf die spezifische Streßsituation aussehen?"*
6. *Therapeut nimmt den Platz von Klient 1 ein, der unter Anleitung des Therapeuten „seine" Wunsch-Skulptur formt.*
7. *Klient 1 geht in die Skulptur und Therapeut „schlüpft" nun in die Skulptur von Klient 2. Dieser verändert in Abstimmung mit Klient 1 die Paar-Skulptur so lange, bis sie für beide Partner passend ist, und geht dann wieder selbst in die Skulptur.*
8. *Therapeut läßt den Prozeß von der Ist- zur Wunsch-(Soll-) Skulptur zwei-, dreimal im Zeitlupentempo ohne Worte ablaufen.*
9. *Ausgehend von der Ist-Skulptur gehen nun Klient 1 und 2 alle Schritte zur Soll-Skulptur durch. Jeder Schritt wird mit Hilfe des Therapeuten in konkrete Verhaltensweisen für zuhause übersetzt und ausgehandelt.*

Eine zweite Möglichkeit:

Zuerst die Schritte 1. bis 4., dann:
5. *Beide Klienten gehen in die ursprüngliche Streß-Skulptur. – Zentrierung. – Therapeut: „Lassen Sie sich nun in dieser Haltung wissen, was Sie für sich brauchen, um einen anderen Gefühlszustand zu erreichen. ... Dann – ganz langsam, wie in Zeitlupe – verändern Sie Ihre Körperhaltung und Position im Raum und in Beziehung zu Ihrem Partner. Reagieren Sie auf Veränderungen bei Ihrem Partner, und achten Sie bei sich darauf, ob das von Ihnen erwünschte Ziel erreicht wird. Achten Sie auf Ihre Körperempfindungen und auf Ihre gefühlsmäßigen und gedanklichen Reaktionen."*
6. *Therapeut läßt den Prozeß im Zeitlupentempo von der Ist- zur Soll-Skulptur zwei- bis dreimal wortlos ablaufen. Klienten überprüfen, ob der Veränderungsprozeß für sie passend ist. Therapeut arbeitet stetig heraus, was die Klienten tatsächlich benötigen, um von der bisher dysfunktionalen Beziehung in dieser spezifischen Situation zu einer sich eher gegenseitig unterstützenden zu kommen. Selbstverständlich müssen beide Partner kompromißbereit sein; Aufgabe des Therapeuten ist es, eine Brücke zu bauen zwischen dem, was jede Person am liebsten haben möchte und was zum jetzigen Zeitpunkt für den Partner akzeptabel ist. Die auf S. 79 ff. beschriebenen Werkzeuge (Ja-Nein-Medaillon, Mutstab etc.) können hier genutzt werden.*

Am Ende dieses Prozesses gibt eine Schlußzentrierung eine gute Gelegenheit, die Erfahrung „zu zementieren" und zugleich die Übertragung ins Alltagsleben zu erleichtern. Diese Zentrierung wird im Sinne eines „Future Pacing" (NLP) angeleitet. Die Klienten schließen die Augen und stellen sich den nächsten Anlaß für eine Streßsituation vor. Sie werden angeleitet, die für die Soll-Skulptur notwendigen konkreten Handlungen mit in die zukünftige Situation zu nehmen und zu erleben, wie es sein wird. Nach dieser Zentrierung wird eine kurze Auswertung dieser Erfahrung angefügt.

Grenz-Skulptur

Satir hat in ihren Seminaren davon gesprochen, daß jeder Mensch eine Art Energiefeld um sich hat, das durch unsichtbare Grenzen konzentrisch gegliedert ist. Das Feld ist je nach persönlichem Befinden, Flexibilitätsgrad, Kontext, Lebensphase, Zeit und Ort unterschiedlich groß; die Grenzen sind dementsprechend ausgeprägt – einmal durchlässig, ein andermal undurchdringlich, ganz eng um das Selbst gezogen, oder weiträumig angelegt.

Duhl (1973, S. 57 ff.; 1983, S. 246 ff.) hat eine Form der Grenz-Skulpturen entwickelt, die besonders im Rahmen der Paartherapie von Bedeutung ist, jedoch auch in anderen dyadischen Konstellationen (Vater/Kind, Mutter/Kind, Geschwister, Gruppenmitglieder, Arbeitskollegen, Leiter/Gruppenmitglied, Vorgesetzter/Mitarbeiter etc.) angewendet werden kann. Da *Satir* diese Form der Skulptur selbst nicht benutzte, sei sie hier nur skizziert.

Duhls Annahme dabei ist: Die Anwendung der Grenz-Skulptur ist ein Weg, implizite Regeln aufzudecken, die hinter Verhaltensweisen liegen, die Anlaß zu Konflikten zwischen zwei Personen geben. Die Kontrolle des eigenen Raums ist für den eigenen Selbstwert von großer Bedeutung. Und es gilt auch: „Um eins mit einem geliebten Menschen werden zu können, muß jemand das Gefühl haben, vom anderen getrennt zu sein, um gleichzeitig sich mit ihm verbinden zu können" (*Cierpka* 1986, S. 317).

1. *Therapeut bittet den Protagonisten, im Zimmer umherzugehen und seinen „persönlichen Raum" abzuschreiten, den Raum also, in dem „sein Selbst lebt". Der Raum wird mit einem Seil auf dem Boden abgesteckt. Ebenso werden anschließend diverse Gliederungen des individuellen Innenraumes konzentrisch festgelegt und mit Seilen markiert.*

2. *Therapeut bittet Protagonisten/Klienten zu beschreiben, wer in seinen Raum eintreten darf und unter welchen Bedingungen dies geschehen kann. Der jeweilige Partner des Protagonisten oder ein Gruppenteilnehmer probiert aus, wie und wo er zuerst die äußerste Grenze und eventuell sukzessiv die weiteren Innengrenzen überschreiten und in welche Räume er eintreten kann. In einer Gruppe kann dieser Schritt variiert werden: Was ist der Unterschied, wenn eine Frau, ein Mann, eine fremde Person, ein Freund etc. oder mehrere Personen auf einmal versuchen einzutreten? Dieses Stadium des Grenz-Skulptur-Prozesses kann je nach aktueller Lage und Interventionsziel kreativ variiert werden.*

3. *Nun wird zwischen zwei Personen genau ausgehandelt (im Sinne einer partnerschaftlichen Abgrenzungs- und Versöhnungsarbeit), wie die Regeln für den Zugang in Zukunft sein sollen.* „Einerseits muß die Abgrenzung im Sinne von Bewahren der eigenen Autonomie und Identität gewahrt bleiben, andererseits muß man sich im Dialog auf den anderen einstellen können ..." *(Cierpka a.a.O.). Das Ergebnis wird abschließend „leibhaftig" ausprobiert. Genauere Angaben finden sich bei Duhl (a.a.O.).*

Familien-Skulptur

Virginia Satir hat selten mit einer Einzel-Skulptur allein gearbeitet, meist mit Paar-, Familien- oder Gruppen-Skulpturen. Die Auswertungsgespräche hat sie in der Regel während der Prozesse knapp gehalten; längere Berichte über Erfahrungen der Rollenspieler kamen erst nach Ende der Arbeit während des Briefings zur Sprache. Insofern unterscheidet sich das für die Einzel- und Paar-Skulpturen angegebene Vorgehen von dem *Satirs*. Ähnliches trifft auch für die verschiedenen Formen der Familien-Skulptur zu. Die Struktur des Vorgehens kann so gestaltet werden wie bei der Einzel- und Paar-Skulptur angegeben. Je nach Erfahrungsschatz des Therapeuten lassen sich Einzelheiten modifizieren. Leitlinie für den Therapeuten sollte sein: Skulpturen zeigen einerseits, was im personalen System oder Paar- und Familiensystem jetzt ist, doch sie helfen insbesondere dabei, Wahlmöglichkeiten und Ansatzpunkte für zukünftige Explorationen zu identifizieren. Besonders wichtig ist: Der Therapeut/Gruppenleiter ist für die Anleitung, das Timing und den Fluß des Prozesses verantwortlich. Wenn eine Person (Familien- oder Gruppenmitglied) „ihre" Skulptur entwickelt, muß der Anleiter diesen Prozeß schützen, also nicht zulassen, wenn andere dazwischen reden oder ihre Vorstellungen dazu geben, da sonst das Bild verfälscht würde. Der Therapeut/Gruppenleiter muß beachten, daß sich Klienten im Verlauf der Skulpturarbeit häufig in einem veränderten Bewußtseinszustand – einer leichten Trance – befinden. Er kann dies für das therapeutische Ziel nutzen, indem er Klienten anregt, eine Weile in diesem Zustand zu bleiben und darauf zu vertrauen, passende Informationen und/oder Änderungsmöglichkeiten „aus dem Inneren" zu bekommen.

Die Familien-Skulptur wird sowohl mit realen Familien als auch in Supervisions-, Lern- und vor allem in Familienrekonstruktionsgruppen angewendet. Im folgenden werden nun einige Vorgehensweisen mit Familien skizziert, anschließend dann in der Arbeit mit Gruppen.

Therapeut stellt eine Skulptur („Outside-in"-Skulptur)

Der Therapeut veranlaßt die Familienmitglieder aufzustehen, indem er beispielsweise sagt: *„Ich möchte Ihnen kurz etwas zeigen."* Oder: *„Ich habe folgendes Bild von Ihnen als Familie ... Bitte stehen Sie alle auf ..."* Der Therapeut nimmt jedes Familienmitglied und stellt die Personen in bezug auf Nähe und Distanz (repräsentiert durch die horizontale Ebene) und hinsichtlich Hierarchie, Power/Macht und Hilflosigkeit (repräsentiert durch die Nutzung des vertikalen Raums) im Zimmer auf. Zur Verdeutlichung stellt er z.B. eine Person, die die Macht in der Familie ausübt, auf einen Stuhl, eine hilflos wirkende Person plaziert er am Boden kauernd oder er bindet Familienmitglieder mit Stricken aneinander, um die unsichtbaren Bindungen explizit zu machen. Ergänzend kann der Therapeut jeder Person bestimmte Gesten vorgeben und so metaphorisch die jeweilige Bedeutung des Verhaltens zeigen. Eine weitere Möglichkeit besteht darin, die Personen analog der körperlichen Ausdrucksformen der vier Kommunikationsmuster (beschwichtigend, anklagend, supervernünftig, ablenkend; *Satir* 1990, S. 115 ff.) hinzustellen. Wenn er einem oder mehreren Familienmitglied/ern das Bild zeigen will, nimmt er kurz die Stelle und Haltung der jeweiligen Person ein und veranlaßt sie – am besten auf einem Stuhl stehend – sich einen Überblick zu verschaffen.

Ein Familienmitglied stellt eine Skulptur („Inside-out"-Skulptur)

Will der Therapeut das innere Bild eines Familienmitglieds bezüglich der Familie generell oder bezogen auf eine spezielle Situation oder einen spezifischen Zeitraum erfahren, so bittet er ein Familienmitglied, sein Bild zu zeigen. Vorteilhaft ist es, zu Beginn eine Person auszuwählen, die nicht der identifizierte Patient ist, sondern eine Person, von der der Therapeut z.B. den Eindruck gewonnen hat, daß sie eine gute Beobachterin ist. Oft erweisen sich gerade jüngere Kinder (im Alter ab sechs Jahren) als sehr kluge Skulpturbauer; sie scheinen besondere Seismographen für die Dynamik der Familie zu besitzen.

Wenn ein Familienmitglied oder mehrere mit dem gestellten Bild nicht übereinstimmen, bietet sich für den Therapeuten die glänzende Gelegenheit, die Familie zu lehren, daß es verschiedene Sichtweisen gibt, die die „Wirklichkeit" des Familiensystems repräsentieren und die auch unsere Unterschiedlichkeiten und Ähnlichkeiten widerspiegeln. Die Wahrnehmung von Unterschiedlichkeiten und Andersartigkeit mögen wir als Anlaß zur Abkehr, Verurteilung und zur Schaffung von Distanz nehmen; wir können uns jedoch im Sinne *Satirs* auch entscheiden, Unterschiedlichkeiten als Ressourcen für Entdeckungen, besseres Verstehen, Akzeptanz und Bereicherung zu nutzen. Eine dritte Wahlmöglichkeit ist die offene Auseinandersetzung mit dem Ziel eines fairen Kompromisses.

Simultan-Skulptur

Der Therapeut bittet alle Familienmitglieder, sich gleichzeitig im Raum so zu plazieren, wie sie im Moment ihre Beziehung (Nähe und Distanz, Macht und Hilflosigkeit) zueinander erleben. Es ist erstaunlich, wie meist nach kurzer Zeit und einiger Rangelei jede Person „ihren Platz" findet.

Ist-Soll-Familien-Skulptur

Ähnlich wie bei der Paar-Skulptur ist es auch hier möglich, nach der Ist- eine Wunsch-Skulptur darstellen zu lassen. Dabei ist es aber nicht notwendig, den ganzen Prozeß vom Ist- zum Sollzustand zu durchlaufen; meist genügt es, nur ein kurzes Bild des Sollzustands zu zeigen, um ein Therapieziel formulieren zu können und bei den Familienmitgliedern Hoffnung auf Veränderung „einzupflanzen".

Ereignis-Skulptur

Familiäre Ereignisse – wie Geburt eines Kindes, Hochzeit, Umzug, Trennung, Scheidung, Tod – können tiefe Furchen im Prozeß des Familienlebens hinterlassen. Als Einstieg zur Bearbeitung solch signifikanter Geschehnisse, kann die Ereignis-Skulptur dienen: Je nach Sachlage kann der Therapeut die Skulptur stellen oder ein Familienmitglied anleiten. Ziel ist es, die Unterschiede vor und nach Eintritt eines spezifischen Ereignisses deutlich zu machen. Für einen Jungen, der zwölf Jahre nach dem letzten Kind geboren wurde, kann es z.B. unerklärlich sein, was sich aufgrund seiner Geburt in der Familie – zwischen dem Ehepaar, zwischen den Geschwistern – verändert hat, wieso er von manchen Nähe, von anderen Distanz erfährt etc.

Der Therapeut modelliert die Familie in der Zeit vor der Geburt, in einem nächsten Bild zum Zeitpunkt der Geburt und falls indiziert, auch noch einige Monate/Jahre danach. Je nach therapeutischer Notwendigkeit, kann der Protagonist „im Bild sein" – also den Prozeß innerhalb der Familien-Skulptur miterleben – oder von außen zuschauen, indem der Therapeut jeweils als Doppel in die Skulptur geht.

Entwicklungsskulptur

Wenn man die Ereignis-Skulptur über einen längeren Zeitraum ausdehnt, entsteht die Entwicklungsskulptur. Sie eignet sich gut dazu, bestimmte Ereignisse nicht als losgelöst im Erleben von Familienmitgliedern stehen zu lassen, sondern sie nachträglich in einen Entwicklungsprozeß einzubetten. Eine typische Gelegenheit für diese Form der Skulptur bietet z.B. die Situation in einer Familie mit einer allein erziehenden Mutter. Der Therapeut stellt jeweils kurz Bilder von verschiedenen Stationen im Leben der Familie, angefangen vom Kennenlernen des Paares (und seien es nur einige Tage gewesen) bis hin zur heutigen Situation. Er erwähnt sowohl freudige Zeiten als auch schmerzliche Momente. Als Ersatz für den fehlenden Vater dient ein Stuhl oder ein großer Schaumgummiblock o. ä. Der Prozeß muß fließend, einfühlsam und klar angeleitet werden. Der Therapeut stellt die Bilder (Nähe, Distanz, typische Gesten, evtl. Kommunikationsformen) und führt die Personen von einer Szene zur nächsten. Er verharrt einige Momente, um Freude, Leichtigkeit, Enttäuschung, Schmerz, Trauer etc. wirken zu lassen, geht aber dann weiter zum nächsten Bild; denn vorrangiges Ziel ist es, die Entwicklung aufzuzeigen und nicht an kritischen Punkten stekkenzubleiben. Parallel dazu erzählt er aufgrund seines Wissens über die Familie eine Geschichte dieser Entwicklung. *Virginia Satir* hat manchmal in ihren vierwöchigen Seminaren mit etwa 90 Teilnehmern generationenübergreifende Szenarien entwickelt, die sowohl den Reichtum als auch die Tragik in Familien eindrucksvoll aufgezeigt haben.

Familien-Tanz

Wenn *Virginia* Bewegung in eine Skulptur brachte, sprach sie von „Streß-Ballett" oder „Tanz". Um zu demonstrieren, wieviel nutzlose Energien Menschen vergeuden, wenn sie dysfunktional kommunizieren, wählte sie das Streß-Ballett als kurze Intervention: Die Personen nehmen jeweils eine der Kommunikationsformen ein. In rascher Folge wechseln sie von einer Form in die andere und demonstrieren dies körperlich überdeutlich. Der Therapeut kann den Wechsel entweder anleiten oder es den einzelnen überlassen, wann sie kurzzeitig in welche Position wechseln.

So modellierte *Virginia* z.B. eine Familie, die ihre dysfunktionalen Muster auf der verbalen Ebene nicht erkannte, nach den Kommunikationsformen und bat anschließend die Familienmitglieder, sich zu zentrieren: *"Lassen Sie sich wissen, was Sie wo in Ihrem Körper spüren, welche Gedanken Ihnen kommen, was Sie jetzt am liebsten tun würden. ... Und jetzt öffnen Sie die Augen, bleiben Sie zunächst in der Körperhaltung und setzen Sie sich dann in Bewegung; erlauben Sie sich, zu übertreiben, erhöhen Sie ihr Tempo. ... Und nun bleiben Sie stehen, bewegen Sie sich nicht mehr, schließen Sie Ihre Augen ..."* Virginia schloß wieder eine Zentrierung an und arbeitete anschließend Wahlmöglichkeiten für die Realisierung kongruenter Kommunikationsformen heraus.

Jegliche Familien-Skulptur kann bei Bedarf in Bewegung gesetzt werden, so daß im Nu die systemischen Muster (der „Tanz") sichtbar werden. Oft drückt das vom Therapeuten oder von einem Klienten dargestellte Bild nur einen Teil der familiären Interaktionen aus und die brisante Dynamik wird erst sicht- und spürbar, nachdem die Skulptur in Gang gesetzt worden ist.

Papp (1976) entwickelte eine weitere Form der Familienskulptur – die Familien-"Choreographie" – die ihrer Ansicht nach den fließenden Charakter von Interaktionssequenzen genauer beschreibt.

„Schnelle Bilder"

Ziel von *Satirs* schnell inszenierten Skulpturen war es, nicht ausgedrückte Emotionen mit Hilfe affektiver (meist überraschender) Erfahrungen frei zu legen. Oft verkehrte sie typische Aussagen von Familienmitgliedern ins Gegenteil oder überzeichnete Bedeutungen, die Personen einem bestimmten Ereignis gaben. Einige Beispiele:

„Jeder zerrt an mir!" Virginia stellte die Mutter mit ausgebreiteten Armen in die Mitte des Raums; Vater und Kinder griffen die Mutter links und rechts an den Armen und Beinen und zogen dann langsam in ihre Richtung.

„Mich zerreißt es fast!" Diese Aussage setzte *Virginia* bevorzugt in ein Bild um, wenn es sich um ein Kind handelte, über das die Eltern miteinander in Streit geraten waren, wie z.B. anläßlich einer Scheidung. Das Kind stand mit ausgebreiteten Armen zwischen den Eltern. Mutter und Vater ergriffen je eine Hand und versuchten das Kind auf ihre Seite zu ziehen (wie in der Parabel des Kaukasischen Kreidekreises).

„Wir schauen der Zukunft gemeinsam ins Auge." Die Eltern wurden Rücken an Rücken mit ineinander verschränkten Armen gestellt und hielten sich gegenseitig fest.

„Meine Frau ist mir die größte Stütze." Der Ehemann wurde von *Virginia* leicht nach hinten gebeugt aufgestellt; die Ehefrau kauerte mit erhobenen Armen hinter ihm und stützte ihn mit den Händen ab.

„*Wir stützen uns gegenseitig.*" Mann und Frau standen sich in der Entfernung von etwa zwei Armlängen gegenüber; sie legten ihre Handflächen gegeneinander und lehnten sich zueinander, so daß die Position recht unsicher wurde. Wenn einer sich bewegte, kam der andere aus dem Gleichgewicht.

„*Unsere Mutter ist der Boß.*" Die Mutter wurde auf einen Stuhl gestellt, alle anderen Familienmitglieder standen um sie herum und blickten mit erhobenen Händen zu ihr auf.

„*Wir hängen wirklich aneinander.*" oder „*Er ist manchmal eine wahre Last!*" Eine Person (Mann, Kind) hing sich von hinten um den Hals der anderen; die erste Person setzte sich in Bewegung und zog die andere mit.

„*Die losgelöste Familie*" (im Sinne *Minuchins*). Die Familienmitglieder wurden mit großen Abständen so im Raum aufgestellt, daß keinerlei Blick- und Körperkontakt untereinander möglich war.

„*Die verstrickte Familie*" (im Sinne *Minuchins*). Die Familienmitglieder wurden alle (jeder mit jedem) mit Stricken aneinander gebunden.

Die hier beispielhaft vorgestellten „schnellen Bilder" können einen Weg für neue Wahrnehmungen, Fragen und Entdeckungen sowohl aufseiten des Therapeuten als auch des/der Klienten freisetzen. Der Kreativität des Therapeuten sind keine Grenzen gesetzt.

Wie bereits erwähnt, werden Skulpturen häufig in der Gruppenarbeit und Supervision eingesetzt. Einige Möglichkeiten seien hier erwähnt:

Ein Gruppenmitglied stellt eine Familien-Skulptur

Der Skulpteur wählt Personen aus der Gruppe, die ihn an die realen Familienmitglieder erinnern. Ergeben sich Schwierigkeiten während des Auswahlprozesses, kann der Therapeut/Leiter sagen: „*Nimm dir Zeit und laß dich von den Personen einfach ‚anziehen', die für dich die realen Personen repräsentieren können.*" Die ausgewählten Darsteller erhalten kurze Informationen über die Personen. Der Skulpteur gibt ihnen drei Eigenschaften, zeigt – wenn möglich – eine typische Geste und spricht direkt zum Darsteller in der Rolle der

Person. Dann beginnt der Skulpteur ohne Worte sein Bild der Familie zu stellen. Das weitere Vorgehen kann analog der anderen hier vorgestellten Familien-Skulpturen gestaltet werden.

Selbstverständlich muß sich der Therapeut oder Gruppenleiter nicht nur auf das System der Kernfamilie beschränken; wenn er sich das Mehrgenerationensystem anschauen oder es zeigen will, bittet er darum, auch die jeweiligen Großelternfamilien dazu zu stellen. In Gruppen kann dies leibhaftig mittels Rollenspielern geschehen, in der Familienarbeit mit Hilfe von Stühlen, Kissen oder in der Einzeltherapie mit Bauklötzen u. ä. Ein Instrument, die Idee der Skulpturarbeit auf eine Dimension zu reduzieren, stellt das „Familienbrett" dar (*Ludewig et al.* 1983).

Ein Gruppenmitglied stellt eine Gruppen-Skulptur

Ein Gruppenmitglied wird angeleitet, sein Bild der Gruppe darzustellen. Die Vorgehensweise geschieht analog der Familien-Skulptur. Der Gruppenleiter oder der Co-Leiter kann als Doppel für den Protagonisten fungieren; erst wenn das Gruppenbild fertiggestellt ist, begibt sich der Protagonist an die Stelle des Doppels und macht die Zentrierung an „seinem Platz" mit. Die Auswertung des Gruppenbildes kann je nach Gruppengröße etwas gestrafft geschehen und sich auf besonders auffällige Konstellationen beziehen.

Simultan-Gruppen-Skulptur

Die Gruppenmitglieder werden aufgefordert, sich gleichzeitig im Raum in bezug auf Nähe, Distanz, Hierarchie etc. zu stellen und ihre momentane Stimmung auch mimisch und gestisch zu zeigen.

Supervisions-Skulptur

Der Supervisand modelliert sein Bild der Familie und stellt sich dann selbst/sein Doppel dazu. Sehr schnell kann der kundige Supervisor ohne viel Worte aufzeigen, wenn der Supervisand z.B. „im System gefangen ist". Rollenspieler können aus ihrer Rolle heraus

Hinweise geben, was sie zur Veränderung brauchen. Leichter als mit konventionellen Mitteln läßt sich herausarbeiten, welche nächsten Schritte der Supervisand in den folgenden Therapiesitzungen gehen kann.

Symptom-Skulptur

Psychosomatische Störungen, Süchte und Krankheiten oder andere schwer faßbare Phänomene können mit Hilfe von Skulpturen externalisiert werden (in Anlehnung an White 1990) und auf diese Weise ihre Wirkung in einer Familie für den Supervisanden aufzeigen. In die Familienskulptur werden vom Supervisanden oder auch vom Supervisor die von Rollenspielern symbolisierten Krankheiten, Symptome etc. in bezug auf die einzelnen Familienmitglieder plaziert. Die auf diese Weise personifizierten Teile können vom Supervisor z.B. ins Gespräch miteinander und/oder mit einzelnen Familienmitgliedern gebracht werden. Ihr Wert oder ihre Funktion für den identifizierten Patienten oder die gesamte Familie kann auf diese Weise exploriert werden.

Beratersystem-Skulpturen

In Supervisionsgruppen ist es oft angezeigt, neben der vorgestellten Familie auch das größere System plus Berater/Supervisand (mit und/oder ohne Doppel) darzustellen. Was eindimensional in der Beratersystem-Karte (siehe S. 117 ff.) aufgezeichnet wird, kann in Gruppen weit effektiver leibhaftig dargestellt und besprochen werden. Konflikte und Interessenskollisionen zwischen einzelnen Beratern/Institutionen etc. werden auf diese Weise rasch erkennbar. Der Blick des Beraters/Supervisanden wird erweitert und auf das soziale Netz ausgerichtet; er gewinnt Informationen „... über die Struktur von Beziehungen und wie Strukturen, Einzelne und Beziehungen sich im Laufe der Zeit unter bestimmten sozialen Bedingungen verändert haben" (*Erickson* 1990, S. 18). Der mehrmalige Einsatz der Beratersystem-Skulptur im Verlauf der Therapie dient darüber hinaus zur Fortschreibung der Kontextanalyse: Die Wechselwirkungen zwischen Therapeut und Klienten sowie zwischen Therapeut und den beteiligten Institutionen/Beratern und dem Symptomträger können dadurch immer wieder neu ergründet werden (*Spengler* 1991).

Hinweise zum „Skulpturbauen"

Selbstverständlich ist die Technik des Skulpturenbauens nicht für jeden Klienten und ebenfalls nicht für jeden Therapeuten geeignet. Der Therapeut sollte sich prüfen, ob diese Technik zur eigenen Person, zum eigenen Stil und Repertoire paßt. Außerdem fällt es nicht jedem Klienten und Therapeuten leicht, Körperkontakt zuzulassen. Gerade in einer therapeutischen Situation zwischen Mann und Frau muß genau darauf geachtet werden, ob und inwieweit körperliche Berührung adäquat und zulässig ist. Die Technik darf nur angewendet werden, wenn beim Therapeuten die emotionale und professionelle Sicherheit, die Eindeutigkeit im Vorgehen und beim Klienten die Bereitschaft zur Mitarbeit gegeben und vor allem die gegenseitige Vertrauensbasis vorher geschaffen ist.

Die in diesem Beitrag dargestellten Skulpturarten sollen einen Überblick vermitteln und Anreize geben, als erfahrener Therapeut/Gruppenleiter selbst zu experimentieren. In Therapien und in unseren Weiterbildungsgruppen verwenden wir weitere Varianten und entdecken mit Hilfe der Klienten und Weiterbildungsteilnehmer von Zeit zu Zeit noch neue Formen. Wichtig erscheint mir: Therapie ist ein Lernfeld für Therapeuten und Klienten; Skulpturarbeit schafft Gelegenheiten zum lebendigen Lernen in einem System.

Wenn Therapeuten/Gruppenleiter sich entscheiden, Skulpturarbeit einzusetzen, sollten sie sich im Klaren sein, was der erwartete „outcome" einer Skulptur – also das therapeutische Teilziel – sein soll: Soll die Skulptur vornehmlich diagnostischen und explorativen Zwecken (bezogen auf Einzelpersonen, Paar, Familie, Gruppe) dienen? Soll sie das Erkennen und Verstehen spezieller sich wiederholender Muster fördern und den Ausgangspunkt für die Entwicklung von Änderungen bilden? Soll sie das Lernen in einer bestimmten Situation erleichtern? Soll sie Zugang zu bestimmten Gefühlen ermöglichen? Soll sie Zugang zu neuen Lösungsmöglichkeiten schaffen? Soll sie neue Bilder/Sichtweisen bezüglich des Gesamtsystems oder Systemteilen anbieten?

Zeitweise sind Therapeuten so intensiv damit beschäftigt, eine „richtige" Skulptur zu machen oder stellen zu lassen, daß sie vergessen, den *Prozeß* des Skulpturenbauens zu beobachten und auf diese Weise die Chance verpassen, therapeutische Veränderungen einzuleiten. Erfahrene Therapeuten realisieren jedoch, daß eine „verpaßte" Chance nicht unbedingt als „verpaßt" angesehen werden muß. Manchmal ist der Einsatz der Skulpturtechnik, der keine sofortige Veränderung zur Folge hat, ein wichtiger Teil des langsam „weicher" werdenden Prozesses.

Untersuchungen

Die Arbeit mit Skulpturen hat sich in den vergangenen 20 Jahren als ein nützliches Instrument in der Therapie bewährt. Viele Anwender können über die positiven Effekte und den ökonomischen Wert sowohl in der Therapie als auch in der Supervision und Gruppenarbeit berichten; ihre Wirksamkeit erscheint evident. Notwendig sind jedoch vergleichende Studien: Wie wirksam ist die Skulpturarbeit im Vergleich zu anderen Techniken? Auf welche Weise bewirken Skulpturen spezifische Änderungen im Familiensystem und beim einzelnen? Repräsentieren Skulpturen tatsächlich gültig die inneren psychischen Ereignisse? Ist die Arbeit mit Skulpturen tatsächlich ökonomischer und effizienter als verbale Techniken? Ist eine Skulptur eine gültige Repräsentation eines Systems?

Duhl sagt, daß man ein System nicht sehen, nicht anfassen und nicht küssen kann (*Duhl* 1983, S. 123). Zum Trost möchte ich ergänzen: Mit Hilfe der Kunst der Skulpturtechnik wird das Konstrukt System zumindest in Ansätzen sicht- und „begreifbar".

Literatur

Andolfi, M. (1982): Familientherapie. Das systemische Modell und seine Anwendung. Freiburg: Lambertus.

Cierpka M. (1986): Zur Funktion der Grenze in Familien. *Familiendynamik* 11,4, S. 307-324.

Duhl, B.S. (1983): From the Inside Out and Other Metaphors. Creative and Integrative Approaches to Training in Systems Thinking. New York: Brunner/Mazel.

Duhl, B.S. (1985): Metaphern in der Paartherapie. Workshop des Münchner Familienkollegs.

Duhl, F., Kantor, D., Duhl, B.S. (1973): Learning, Space and Action in Family Therapy: A primer of Sculpture. In: *Bloch, D.A. (Ed.)*: Techniques of Family Therapy. New York: Grune & Stratton, S.47-63.

Constantine, L.L. (1978): Family Sculpture and Relationship Mapping Techniques. *J. of Marriage and Family Counselling,* 4.

Erickson, G., D. (1990): Gegen den Strich: Die Familientherapie gehört nicht ins Zentrum. *Familiendynamik.* 15, 1, S. 2-21.

Ludewig, K., Pflieger, K., Wilken, U., Jacobskötter, G. (1983): Entwicklung eines Verfahrens zur Darstellung von Familienbeziehungen: Das Familienbrett. *Familiendynamik* 8, S. 122-127.

Müller, G.F. (1975) : Präventives Elterntraining. *Psychologie heute* 4, S.13-18.

Müller, G.F. (1990): Anregungen für die Arbeit mit sozial schwachen Familien. In: *Textor, M.R. (Hrsg.)*: Hilfen für Familien. Ein Handbuch für psychosoziale Berufe. Frankfurt/Main: Fischer, S. 523-548.

Münchner Familienkolleg (1979 – 1991): Materialien zur Weiterbildung in strukturell- und wachstumsorientierter Familientherapie. Unveröffentlichte Arbeitspapiere.

Nerin, A., Nerin, W. (1983): Die Arbeit mit Skulpturen. Workshop des Münchner Familienkollegs.

Papp, P. (1976): Family Choreography. In: *Guerin, P.J. (Ed.):* Family Therapy – Theory and Praxis. New York: Gardner Press, S. 465-477.

Papp, P., Silverstein, O., Carter, E. (1973): Family Sculpting in Preventive Work with „Well Families". *Family Process* 12, S.197-212.

Satir V. (1983, 1985, 1987): Familienrekonstruktion. Video-Aufzeichnungen: Seminare des Münchner Familienkollegs.

Satir, V. (1990): Kommunikation, Selbstwert, Kongruenz. Konzepte und Perspektiven familientherapeutischer Praxis. Paderborn: Junfermann.

Schweitzer, J., Weber, G. (1983): Beziehung als Metapher: Die Familienskulptur als diagnostische, therapeutische und Ausbildungstechnik. *Familiendynamik,* 7, S.113-128.

Spengler, C. (1991): Zur Methodik der Kontextanalyse. *Familiendynamik* 16, 3, S. 255-273.

Virginia Satirs Familienrekonstruktion:
Ein Spiegel ihrer Persönlichkeit

William F. Nerin

Familienrekonstruktion ist ein therapeutischer Prozeß, der im Zeitraum nur eines einzigen Tages eine Wirkung hat, wie ich sie bei keiner anderen Methode erlebt habe. Zwei kurze Beispiele sollen das veranschaulichen. Ein 35jähriger Mann, der sich seit zwei Jahren in Therapie befand, kam in eine meiner Familienrekonstruktionsgruppen, um Probleme, die er mit seiner Herkunftsfamilie hatte, zu bearbeiten. Nachdem er als Beobachter erlebt hatte, in welchem Maße eine solche Gruppenarbeit Gefühle in der Tiefe der Seele aufrührt, lehnte er es nicht nur ab, selbst an einer Familienrekonstruktion teilzunehmen, sondern weigerte sich sogar, die vorbereitenden Arbeiten für ein solches Projekt zu erledigen, wie zum Beispiel einen Stammbaum seiner Herkunftsfamilie und der väterlichen und mütterlichen Familien zu erstellen*. Ein Jahr später nahm er an einer anderen Gruppe teil und weigerte sich erneut, seine eigene Rekonstruktion durchzuführen. Ein derartiges Erlebnis hatte für ihn einen bedrohlichen Charakter.

Die andere Geschichte betrifft Andrea. Sie hatte seit dreißig Jahren eine derart schlechte Beziehung zu ihrer Mutter, daß sie sich vor jedem Muttertag fürchtete. Telefongespräche mit ihr waren eine enorme Belastung für sie. Andrea fühlte sich ständig von ihrer Mutter kritisiert, unterdrückt und abgelehnt und sie hatte jahrelang alles getan, um von ihrer Mutter anerkannt und akzeptiert zu werden. Dann führte ich Andrea durch ihre Familienrekonstruktion und seitem lebt sie mit ihrer Mutter in Frieden, weil sie an diesem Tag die Dynamik der Familie ihrer Mutter erkannt hat. Zum erstenmal wurde Andrea klar, wie unsicher sich ihre Mutter ihr ganzes Leben lang gefühlt hat und wie schnell sie sich bedroht fühlte.

---

* Die Beschreibung dieser Arbeit findet sich im dritten Kapitel des Buches *William Nerin*, 1989: Familienrekonstruktion in Aktion, Paderborn: Junfermann Verlag.

Andrea erkannte, daß ihre Mutter gelernt hatte, ihre Unsicherheit zu kompensieren, indem sie ständig alle Aspekte ihres Lebens und des Lebens ihrer Kinder unter Kontrolle hatte. Andrea erkannte das nicht nur, sondern spürte in sich, wie sehr ihre Mutter darunter litt, denn sie konnte sich jetzt mit ihr identifizieren. Dieses bewegende Erlebnis rührte Andrea während der Rekonstruktion zu Tränen. Sie umarmte zum Schluß die Frau, die die Rolle ihrer Mutter gespielt hatte und sie dazu gebracht hatte, ihre Mutter zu verstehen, sie zu akzeptieren und Mitgefühl mit ihr zu haben. Diese Einstellung verfestigte sich so sehr, daß Andrea bis zum heutigen Tag mit ihrer Mutter in Frieden lebt.

Virginia Satir entwickelte die Familienrekonstruktion Ende der 60er Jahre. Ich glaube, daß dieser Prozeß der Inbegriff ihrer Arbeit und der Ausdruck ihres schöpferischen Geistes ist. Je länger ich mit dieser Methode arbeite, um so klarer erkenne ich, daß sich *Satirs* gesamte Philosophie und ihre Methoden in diesem Entwicklungsprozeß ausdrücken. Familienrekonstruktion ist eine Mischung aus Psychodrama, Gestalttherapie, Skulpturtechnik, verändertem Bewußtheitszustand (Trance) und Fantasie – alles im Rahmen der Familien-Systemtheorie und eingebettet in liebevolle Hinwendung zu anderen Menschen. Da die Familienrekonstruktion *Virginia Satirs* Gedanken verkörpert, wird man an einem solchen Tag auch mit ihrem Geist und mit ihrer persönlichen Philosophie konfrontiert. In diesem Sinne ist die Familienrekonstruktion ein Spiegel ihrer Persönlichkeit.

Ich möchte zunächst eine kurze Beschreibung dieser Methode geben und dann ihre Ziele und die ihr zugrundeliegende Theorie definieren.

An einer Familienrekonstruktion nehmen 10 bis 20 Leute teil. Die Person, die ihre Familie rekonstruiert, nenne ich „Entdecker/in" (*Virginia* nannte diese Person „Star"). Er/sie sucht sich Gruppenmitglieder aus, die die Rollen der Mitglieder seiner oder ihrer Familie spielen, der Herkunftsfamilie, der mütterlichen und väterlichen Familie. Die Familie des Entdeckers selbst wird dabei nur indirekt behandelt. Die Theorie geht davon aus, daß die gegenwärtigen Probleme des Entdeckers sowie sein Entwicklungspotential häufig in einem engen Zusammenhang mit seiner Kindheit und seiner Erziehung stehen. Man ist daher oft besonders erfolgreich, wenn man ihm dabei hilft, sich mit dem Frühgelernten und den Erlebnissen seiner Kindheit auseinanderzusetzen, und ihm die Gelegenheit bietet, sich in die Zeit zurückzuversetzen, in der er das alles erlebt hat. Dabei geht es nicht darum, alles noch einmal zu erleben, sondern diese Erlebnisse in einem neuen Licht betrachten zu können.

Familientherapie kann unter zwei Aspekten betrachtet werden. Erstens geht es um die Dynamik der gegenwärtigen Familie, das heißt der Therapeut führt Gespräche mit der Mutter, dem Vater und den Kindern der Familie. Der zweite Aspekt bezieht sich auf die Herkunftsfamilie des Klienten. Bei der Familienrekonstruktion, die unter der Leitung eines speziell ausgebildeten Therapeuten durchgeführt wird, wird der zweite Aspekt bearbeitet. In diesem Kapitel möchte ich den Entdecker Joe nennen. Der Leiter fordert Joe auf, sich eine Person auszusuchen, die an diesem Tag seine Rolle spielen soll. Dieses Double ist sozusagen sein Alter ego. Dann sucht er sich seine Mutter und seinen Vater aus; diese drei wichtigsten Personen, Mutter, Vater und Alter ego behalten während der gesamten Rekonstruktion ihre Rollen. Der Leiter entscheidet dann, welche Familie zuerst bearbeitet werden soll, die der Mutter oder die des Vaters. Gehen wir einmal davon aus, daß es in unserem Beispiel die Familie der Mutter ist. Der Leiter fordert Joe auf, sich Leute aus der Gruppe auszusuchen, die die Rollen der Mitglieder der Familie spielen sollen, in der die Mutter aufgewachsen ist.

Es gibt grundsätzlich drei Möglichkeiten, wie man die Rollenspieler mit ihrer Rolle vertraut machen kann. Der Entdecker kann direkt mit einem der Rollenspieler sprechen, er kann zum Beispiel sagen: „Helen (die Großmutter mütterlicherseits), du bist 1860 in Rome im Staate New York geboren, das älteste von 11 Kindern, dein Vater ist ein erfolgreicher Rechtsanwalt und deine Familie war gut versorgt. Mit 18 Jahren hast du Jonathan Breenly kennengelernt und ihn mit 19 geheiratet. Du bist künstlerisch begabt und hast mit deinen Bildern Preise gewonnen. Dein erstes Kind bringst du 1882 im Alter von 22 Jahren auf die Welt. Mit 25 ziehst du mit Mann und

Kind nach New York und bleibst den Rest deines Lebens dort. Du wirst sechs Kinder haben und wegen deiner Bilder sehr bekannt sein."

Sehr gut wirkt auch die zweite Möglichkeit, bei der der Entdecker den Rollenspieler in eine bestimmte Körperhaltung bringt, so als wolle er eine Skulptur von der Person machen, die den Vorstellungen des Entdeckers von dieser Person am nächsten kommt (s. S. 121 ff.; und S. 139 ff.). Häufig fordere ich als Leiter den Entdecker auf: „Joe, ich möchte, daß du Pete (den Rollenspieler) in eine bestimmte Körperhaltung bringst. Stell dir vor, Pete wäre ein Marmorblock und du wärst ein berühmter Bildhauer, der eine Skulptur von ihm machen würde, die ins Museum gestellt werden soll, damit jeder, der sie betrachtet, sagen kann: ‚Aha, das ist also Joes Vater'." Manchmal lasse ich den Entdecker die Skulptur allein machen, manchmal gemeinsam mit seiner Frau oder sogar mit der ganzen Familie.

Während dieses Vorgangs bitte ich den Entdecker, sich jedes Detail, die Neigung des Kopfes, die Stellung der Hand und der Finger, der Beine und die gesamte Körperhaltung, solange zu korrigieren, bis er mit seiner Skulptur zufrieden ist. Dann fordere ich den Rollenspieler auf, diese Haltung beizubehalten und die Gefühle und Gedanken auf sich einwirken zu lassen, die ihm dabei kommen. Ich lasse ihn eine Zeitlang in dieser Haltung stehen, was den übrigen Gruppenmitgliedern meist sehr lange vorkommt, aber er braucht diese Zeit, um alle Gefühle erleben zu können, die diese Haltung in ihm erzeugt.

Für den Entdecker ist es erstaunlich, feststellen zu müssen, wie sehr die Gefühle und Gedanken, über die der Rollenspieler dann berichtet, der Realität entsprechen. Oft sagt ein Entdecker: „Donnerwetter, das trifft genau den Punkt", oder „Ja, genauso war mein Vater", oder „Genau das hat meine Mutter gesagt."

Die Methode hat eine so erstaunliche Wirkung, daß der Entdecker die neuen Bilder und Einsichten, die im weiteren Verlauf des Psychodramas auftauchen, bestätigt und als authentisch ansieht.

Man kann die Rollenspieler auch durch die Aufführung eines Psychodramas mit ihrer Rolle vertraut machen. Ich kann Joe zum Beispiel bitten, die Eltern seines Vater als Skulptur darzustellen und zwar so, wie sie bei ihrer Heirat im Jahre 1885 gewesen sind. Wenn die Rollenspieler diese Position eingenommen haben, lasse ich das erste Kind, das auf die Welt gekommen ist, zwischen den Beinen der Mutter umherkriechen. Ich gebe dem Baby, der Mutter und dem Vater die Anweisung, sich ohne Worte so zu bewegen, wie es ihre Gefühle und Gedanken ihnen eingeben. Wenn sie sich nach der Geburt ihres ersten Kindes in neue Positionen gebracht haben, lasse ich sie wieder etwa eine Minute lang in dieser Haltung bleiben, damit sie die Gefühle und Gedanken, die sie dabei haben, auf sich einwirken lassen können. Anschließend sollen sie einander diese Gefühle und Gedanken mitteilen.

Als nächstes bringe ich das zweite und alle weiteren Kinder in die Familie und wiederhole die Anweisungen. Nach der Geburt jedes einzelnen Kindes werden neue Positionen eingenommen, und bei den Rollenspielern tauchen neue Gefühle und Gedanken auf. Ich wiederhole diesen Prozeß für alle wichtigen Lebensereignisse dieser Familie, wie zum Beispiel Umzüge, Krankheiten, Todesfälle, die Wirtschaftskrise 1930, ein Schulrausschmiß oder Fälle von Alkoholismus. Wenn Joe das alles sieht und hört, bekommt er ein Gefühl dafür, unter welchen Umständen sein Vater auf die Welt gekommen ist, und in welcher Weise diese Umstände seinen Werdegang und sein Selbstwertgefühl beeinflußt haben.

Es gibt verschiedene Varianten des Psychodramas. Man kann zum Beispiel die Geburt des Entdeckers sehr detailliert darstellen – mit Arzt, Schwestern, Wartezimmer und Kreißsaal; die Mutter kann sich mit Worten und/oder Grimassen in die Situation versetzen.

Das sind die Möglichkeiten, mit deren Hilfe die Rollenspieler die Rollen der Familienmitglieder übernehmen können. Die ersten beiden, die direkten Anweisungen an den Rollenspieler und die Skulpturtechnik, haben eine so intensive Wirkung, daß sich die Person in der Regel so gut einleben kann, daß das anschließende Psychodrama dem Entdecker völlig echt und realistisch vorkommt.

Die Arbeit mit den Familien der Mutter und des Vaters dient zwei verschiedenen Zielen. Erstens sollen Mutter und Vater des Entdeckers sich mit ihrer Rolle so vertraut machen können, daß sie die Familie des Entdeckers echt und wirklichkeitsgetreu spielen können.

Zweitens soll der Entdeckers in der Tiefe seiner Seele erleben können, warum seine Mutter und sein Vater so geworden sind, wie sie sind. Ich habe bewußt die Formulierung „in der Tiefe der Seele" gewählt. Der Entdecker gewinnt dabei mehr als nur intellektuelle Einsichten – das ist jedenfalls zu hoffen. Joe wird mit Hilfe der Skulpturtechnik von dem Geschehen auf allen Ebenen – intellektuell, emotional und körperlich – berührt. Die Erkenntnisse dieses Tages versetzen Joe in die Lage, seine Eltern als menschliche Wesen zu sehen und nicht mehr nur als Elternfiguren. Wenn das Ziel erreicht ist, kann Joe sich voll zu diesen beiden Personen bekennen; sie sind dann ein Teil von ihm, und er ist dann mit samt seinen Wurzeln lebendig. Das ist ungemein wichtig, denn wir errichten oft zwischen uns und dem Verhalten unserer *Eltern* eine Mauer, die uns schützen soll. Diese Mauer kann aus Zorn bestehen, aus Verleugnung oder einem Sichzurückziehen, oder es kann eine Mauer der Unterwerfung sein. Es ist das Verhalten, das Leute in ihrer Rolle als Eltern an den Tag legen, das uns Kummer bereiten kann. Wir müssen dieses „Elternverhalten" transzendieren, um hinter der Elternrolle den eigentlichen Menschen entdecken zu können.

Man darf dabei jedoch nicht vergessen, daß es zwar eins der wichtigsten Ziele der Familienrekonstruktion ist, uns so weit zu bringen, daß wir unsere Wurzeln bedingungslos akzeptieren, daß man aber manchmal auch Zwischenziele erreichen kann. Ein solches Zwischenziel besteht zum Beispiel darin, daß der Entdecker seinen Zorn und die Mauern, seinen Kummer und seine Traurigkeit entdeckt, die jahrelang vergraben gewesen sind. Wenn diese Mauern sichtbar werden, braucht der Entdecker Zeit, um mit dem neuentdeckten Zorn und anderen Barrieren fertigzuwerden, die zusätzlich auftauchen können. Es kann also sein, daß sich der Entdecker am Endes des Tages der Rekonstruktion von seiner Mutter und seinem Vater distanzieren muß. Aber nachdem die Barriere des Zorns aufgedeckt worden ist, kann der Entdecker in Zukunft daran arbeiten. Dieses Zwischenziel, das aus der Aufdeckung des bis dahin Verborgenen besteht, wird es dem Entdecker nach einer gewissen Zeit möglich machen, seine oder ihre Wurzeln zu akzeptieren.

Bei der Skulpturtechnik und den Szenen des Psychodramas erkennt der Entdecker Dinge, zu denen er vorher keinen Zugang gehabt hat. Weiße Flecke werden ausgefüllt, und er versteht nun, warum seine Eltern so sind, wie sie sind. Joe erlebt, wie stark oder schwach das Selbstwertgefühl seiner Eltern gewesen ist und wovor sie Angst haben. Entweder kann er seine Eltern jetzt besser verstehen und hat Mitgefühl mit ihnen oder er muß sich – wie erwähnt – eine Zeitlang von ihnen distanzieren.

Nach der Familie der Mutter und der Familie des Vaters kommt Joes eigene Herkunftsfamilie an die Reihe. Ich möchte an dieser Stelle auf zwei sehr wichtige Erkenntnisse hinweisen, mit denen ich im Laufe der Jahre bei Familienrekonstruktionen konfrontiert worden bin.

Erstens: Es ist *wichtiger*, die Familie der Mutter und des Vaters zu rekonstruieren als die Herkunftsfamilie. Viele Entdecker wollen die Familie der Mutter und des Vaters überschlagen und sich gleich an ihre Herkunftsfamilie begeben, weil sie das Gefühl haben, daß dort das Problem liegt. In gewisser Weise haben sie damit recht, denn in dieser Familie haben sie die dysfunktionalen Verhaltensmuster erworben, unter denen sie in ihrem gegenwärtigen Leben immer noch leiden. Paradoxerweise kommt es aber eher zu einer Befreiung von diesen dysfunktionalen Mustern, wenn man die Familien der Mutter und des Vaters analysiert als durch eine Bearbeitung der eigenen Herkunftsfamilie.

Die Gründe dafür liegen sehr tief. Eindrücke und Lerninhalte, mit denen man in der frühen Kindheit konfrontiert wird, haben eine so intensive Wirkung, weil das Kind sehr verletzlich ist und seine Eltern als Götter betrachtet. Wenn der Entdecker sehen kann, wie die eigene Mutter und der eigene Vater in ihren Familien großgeworden sind, wird ihm klar, daß diese beiden „Götter" tatsächlich auch nur Menschen sind. Wenn der Entdecker sieht, daß sein Vater auch einmal ein kleines Kind war, das die gleiche Reise hinter sich hat wie jedes andere Kind, dann bekommt er tief in seiner Seele und in seinem Unbewußten die Bestätigung: Ja, er ist genau so ein Mensch wie ich. Dann ist der Bann gebrochen, der Vater ist dann kein „Gott" mehr. Ich werde später noch einmal auf dieses Problem zurückkommen.

Es gibt aber noch einen zweiten Grund, warum die Bearbeitung der Familien der Mutter und des Vaters wichtiger ist als die der Herkunftsfamilie: Der Entdecker verfügt im Hinblick auf seine Herkunftsfamilie bereits über gewisse Informationen, auch wenn er sie bisher noch nicht richtig verstanden und in unreifer Weise interpretiert hat. Er hat in dieser Familie gelebt und Mutter und Vater *nur* als die Erwachsenen erlebt, die sie nach seiner Geburt und später waren. Er hat seine Eltern nie als kleine Kinder, als Heranwachsende und junge Erwachsene gekannt, das heißt, er hat nie die Entwicklung der Sexualität seiner Eltern erlebt und sie nie als verletzliche Kinder gekannt. Wenn man dem Entdecker Gelegenheit gibt, diesen Teil seiner Eltern kennenzulernen, gewinnt er neue Informationen.

Wenn Zeit und Kraft ausreichen, wird anschließend Joes Herkunftsfamilie bearbeitet. Er erlebt, wie sich seine Mutter und sein Vater kennenlernen. Er sieht die Ereignisse, die zu ihrer Verlobung und zu ihrer Heirat führen. Er erlebt ihre Schüchternheit, ihr Draufgängertum, ihr Selbstvertrauen, ihre Sexualität, ihre Ängste, ihren Spaß, und er erlebt, wie sie miteinander geflirtet haben. Joe wird Zeuge ihrer Ehe, der Geburt seiner Geschwister und seiner eigenen Geburt. Er erlebt die Gefühle eines jeden Familienmitglieds. Er erlebt sie stark und schwach, und erkennt, in welchem Zusammenhang ihre Stärken und Schwächen zu sehen sind.

Während der ganzen Zeit, in der diese drei Familien dargestellt werden, kommt es immer wieder vor, daß Joe tief bewegt ist. Man kann ihn in solchen Augenblicken auffordern, engeren Kontakt mit dem betroffenen Familienmitglied aufzunehmen. Wenn Joe zum Beispiel Tränen in den Augen hat, als seine Schwester stirbt, wird er aufgefordert, zu ihr zu gehen und ihr seine Gefühle und Gedanken mitzuteilen. Unter Umständen wird bei solchen Anlässen eine bis zu diesem Zeitpunkt nicht verarbeitete Trauer aufgearbeitet.

In einer bestimmten Szene wird Joe nach und nach von Zorn auf seine Mutter übermannt und aufgefordert, diesem Gefühl ihr gegenüber Ausdruck zu verleihen, was er dann womöglich zum erstenmal tut. Wenn Joe Schwierigkeiten hat, Spaß zu haben, obwohl er sieht, wie sein Bruder in einer bestimmten Szene herumalbert, wird er aufgefordert, mit seinem Bruder die Rollen zu tauschen und die Szene fortzusetzen. Wenn Joe dabei Spaß hat, verletzt er womöglich eine Familienregel, die besagt, daß „man immer verantwortungsbewußt sein muß". Wenn er also eine solche Szene spielt, beginnt er, sich zu befreien.

Wenn Joe durch eine Szene nicht ergriffen wird, in der normalerweise Gefühle ausgelöst werden, kann man ihn bitten, an dieser bestimmten Szene teilzunehmen, um so seine Gefühle zu stimulieren. Wenn ihm das zu bedrohlich erscheint, kann man sein Alter ego einsetzen, so daß Joe dessen Reaktionen beobachten und auf diese Weise die Barriere durchbrechen kann, die in ihm schon seit Jahren bestanden hat.

So wird während der gesamten Familienrekonstruktion jede Gelegenheit wahrgenommen, die dem Entdecker die Chance bietet, neue Erfahrungen zu machen, neue Erkenntnisse zu gewinnen und neue Gefühle und Verhaltensweisen zu erleben. Auf diese Weise können dysfunktionale Regeln gebrochen, falsche Bedeutungen erkannt, unterdrückte Gefühle freigesetzt, Ängste überwunden und bestimmte Verhaltensweisen besser verstanden werden, so daß verhärtete Gefühle aufgeweicht und unerledigte Dinge erledigt werden können. Zorn, Haß, Bitterkeit kann sich in Verständnis, Mitgefühl und Vergebung verwandeln; trennende Mauern können eingerissen werden und Zärtlichkeit und Nähe Platz machen.

Dieses tiefgreifende Erlebnis ist möglich, weil lebendige Menschen, die ihre Rolle glaubhaft spielen und Szenen darstellen, die sich in der Familie zugetragen haben, die Augen, Ohren, die Haut, das Gedächtnis, die Gefühle, den Geist und die Fantasie des Entdeckers in einer Weise anregen, wie es mit Hilfe des gesprochenen Wortes allein niemals möglich wäre. Deshalb kann der Entdecker bei der Familienrekonstruktion tief in seiner Seele aufgerührt werden und dadurch strukturelle Veränderungen auf der emotionalen Ebene erleben.

Zu einer wirksamen Rekonstruktion gehören verschiedene Elemente: Der Entdecker muß erstens reif sein für diesen Prozeß; das heißt, er muß eine starke Motivation haben, sich zu öffnen und zu verändern, und er muß an einem bestimmten Punkt in seinem Leben angelangt sein, um den nächsten Entwicklungsschritt tun zu können. Zweitens besteht die Gruppe aus Leuten, die dem Entdecker aufrichtig zugetan sind, so daß der Raum mit positiver Energie erfüllt ist, denn Entwicklung kann nur in einem liebevollen Klima stattfinden. Und drittens ist der Leiter nicht nur liebevoll, sondern auch kompetent: Er begleitet den Rekonstruktionsprozeß, steht in enger, kommunikativer Verbindung mit dem Entdecker und fordert ihn ständig dazu auf, Entscheidungen für sein neues Leben zu treffen. All das spürt der Entdecker und hat deshalb das Gefühl, sich dem Leiter und der Gruppe vorbehaltlos anvertrauen zu können.

Wenn alle diese Bedingungen erfüllt sind, kann alles, was im Bereich des Möglichen liegt, an diesem Tag erreicht werden. Eine totale Entwicklung ist unmöglich, aber der Entdecker wird den Schritt tun, der seiner Entwicklungsstufe entspricht.

Welche Ziele hat die Familienrekonstruktion? Eine detaillierte Darstellung dieser Ziele würde den Rahmen dieses Aufsatzes sprengen*. Die oben geschilderte Familienrekonstruktion und die dahinterliegende Theorie liefern einige Hinweise darauf, wie sich diese Ziele bei einer erfolgreichen Familienrekonstruktion erreichen lassen. Ich möchte mich hier darauf beschränken, zwei Gruppen von Zielen aufzulisten. Die erste bezieht sich auf die eigentliche Familienrekonstruktion, die zweite definiert die operativen Ziele des Leiters.

Ziele der Familienrekonstruktion

1. Es sollen neue Einsichten und Vorstellungen im Hinblick auf die Familie der Mutter und des Vaters gewonnen werden, so daß der Entdecker den Mitgliedern der Familie *und folglich auch sich selbst* andere Gefühle entgegenbringen kann.
2. Der Entdecker soll in die Lage versetzt werden zu erkennen, daß Mutter und Vater auch nur Menschen sind wie er selbst, und sie nicht mehr als Rollenträger, als Eltern, Großeltern usw. sehen. Dadurch, daß man seinen Eltern von Mensch zu Mensch und auf

---

* Siehe *Nerin, W.F.* (1989): *Familienrekonstruktion in Aktion*. Paderborn: Junfermann Verlag.

der gleichen Ebene gegenübertritt, kann man die starken Bindungen an bestimmte Regeln durchbrechen, die von ihnen in gottgleicher Weise aufgestellt wurden. Bedeutungen, die Art, wie man miteinander umgeht und mit dem Leben fertig wird – all das, was man von diesen allmächtigen Eltern als Kind gelernt hat, verblaßt dann.

3. Unerledigtes soll abgeschlossen werden: Verdrängte Gefühle und Bedeutungen, zum Beispiel die Trauer über einen Verlust, die Entdeckung einer verborgenen Wut, die Konfrontation mit den Schmerzen der Kindheit, all das kann akzeptiert werden und muß nicht verleugnet werden.

4. Der Entdecker soll erkennen können, ob er das tiefverwurzelte, alles durchdringende, verborgene Bedürfnis hat, die Eltern zu verändern (sie zum Beispiel dahin zu bringen, daß sie ihn akzeptieren.) Wenn das der Fall ist, kann man ihm helfen, indem man ihm klarmacht, daß er sich selbst ändern muß, nicht die Eltern. Dadurch gelangt er zu der Erkenntnis, daß er eigentlich das Bedürfnis hat, von sich selbst akzeptiert zu werden, statt von anderen Menschen. Es ist zwar normal, wenn man von seinen Eltern akzeptiert werden möchte. Es ist aber andererseits nicht günstig für die Entwicklung des Selbstwertgefühls, wenn man selbst als Erwachsener immer noch in existenzieller Weise davon abhängig ist.

5. Der Entdecker soll in die Lage versetzt werden, seine Bindung an die Wurzeln seiner Familie auf eine *neue, erwachsene und humane* Weise zu finden. Er begegnet seinen Familienmitgliedern jetzt mit Verständnis, Empathie und Mitgefühl und betrachtet sie als individuelle menschliche Wesen. Wenn eine solche „Wiedervereinigung" stattgefunden hat, kann der Entdecker sich freudig zu seiner Herkunft bekennen, denn dann vervollständigt er sich selbst. Wenn man sich zu den eigenen Wurzeln bekennt und sie nicht mehr verleugnet, wächst das *Selbstwertgefühl* und das ist das *wichtigste und übergreifende Ziel einer Familienrekonstruktion* und setzt eine dramatische Veränderung der eigenen Identität voraus.

Ziele des Leiters

Ich möchte Ihnen jetzt einige der Ziele des Leiters einer Familienrekonstruktion nennen. Manche von ihnen sind mit denen der Rekonstruktion selbst identisch.

1. Der Leiter sollte seine ganze Fantasie und seine schöpferische Kraft einsetzen, um den Entdecker in die Lage zu versetzen, eine wirklich *menschliche* Beziehung zu seinen anderen Familienmitgliedern aufzunehmen. Abgesehen von der Skulpturtechnik und dem Psychodrama werden zu diesem Zweck noch weitere Methoden eingesetzt. Der Leiter kann den Entdecker zum Beispiel direkt mit einem Familienmitglied sprechen lassen; er kann ihn die Skulptur eines Familienmitglieds selbst darstellen lassen; er kann die Fantasie und Vorstellungskraft des Entdecker dadurch anregen, daß er wie ein Familienmitglied, zum Beispiel wie die Mutter oder wie der Großvater spricht, er kann dem Entdecker die Möglichkeit geben, Familienmitglieder direkt zu berühren; er kann ihn an bestimmten dramatischen Szenen teilnehmen lassen, damit er diese Situationen auf eine neue Weise erlebt; er kann ihn zum Beispiel gegen das Alter ego austauschen, damit er die Feinheiten einer solchen Transaktion und der damit verbundenen Dynamik erkennen kann, was ihm als junger Mensch nicht möglich gewesen war. Dieses neue Verständnis hilft dem Entdecker, seine Familienmitglieder auf eine neue Weise wahrzunehmen und zu erleben, was für ihn einen großen Gewinn darstellt.
2. Der Leiter muß fehlende Teile ergänzen, er muß zum Beispiel Szenen konstruieren, bei denen alle Beteiligten lachen und Spaß haben, auch wenn der Entdecker sich selbst nicht vorstellen kann, daß so etwas in seiner Familie jemals vorgekommen ist. Er kann ihm dabei helfen, gewisse Beschränkungen eines Elternteils zu erkennen, den er für einen Engel hält, und einige Stärken eines Elternteils, der für ihn der Teufel ist. Und er kann für einen Entdecker, der ein Adoptivkind ist, die biologischen Eltern rekonstruieren.
3. Er soll Gefühle des Entdeckers fördern und würdigen.

4. Er soll dem Entdecker Kraft geben. Das kann auf viele verschiedene Arten geschehen, von der Würdigung dessen, was der Entdecker an diesem Tag erreichen möchte, bis zu der Tatsache, daß er dem Entdecker Gelegenheit gibt, seine Gefühle im Verlauf der Rekonstruktion auszudrücken. Der Entdecker bezieht seine Kraft natürlich aus dem gesamten Prozeß, in dessen Verlauf er mit einem neuen Verständnis und neuen Gefühlen konfrontiert wird, und sich auf eine neue Weise auf seine Wurzeln besinnen kann.

Nach diesem kurzen Abriß der Familienrekonstruktion und ihrer Regeln möchte ich mich jetzt den ihr zugrundeliegenden Prinzipien zuwenden, indem ich Ihnen eine wahre Geschichte erzähle, in der nur die Namen geändert sind, um die Identität der Beteiligten zu schützen.

In einer Familie wurde ein kleines Mädchen geboren. Es entdeckte sehr bald, daß es einen Vater, eine Mutter und einen Bruder hatte. Alles lief gut für das kleine Mädchen, alle seine Bedürfnisse wurden befriedigt. Wenn es Hunger hatte, wurde es gefüttert, wenn es schmutzig war, wurde es sauber gemacht. Vor allem aber lag es die meiste Zeit an der Brust der Mutter und spürte die Wärme und ihre Liebe. Bald entdeckte das kleine Mädchen, daß es auch einen Namen hatte. Es hieß Elisabeth. Schon von seinen ersten Tagen an hörte Elisabeth die Menschen in ihrer Umgebung lachen und auch sonst noch viele andere angenehme Geräusche. Sie spürte tief in ihrer Seele, daß alles in Ordnung war. Später lernte sie die Sprache, mit der sie ihr Befinden ausdrücken konnte – sie fühlte sich geliebt und erwünscht. Auf eine geheimnisvolle Weise wußte sie, daß sie etwas Besonderes war.

Zu diesen ersten Eindrücken gesellten sich später andere. Als Elisabeth etwa anderthalb Jahre alt war, wurde ihr Vater infolge der Weltwirtschaftskrise Anfang der 30er Jahre arbeitslos. Er war erst verzweifelt, verlor dann jede Lebenslust und wurde schließlich von seiner Frau Diane als Faulenzer beschimpft. Frank und Diane stritten sich unablässig. Die angenehmen Geräusche aus Elisabeths früher Kindheit hatten sich verwandelt und waren laut, häßlich und furchterregend geworden. Es hörte sich an, als sei Elisabeths Welt aus den Fugen geraten und das kleine Mädchen bekam Angst.

Diane fand einen Job als Näherin, während Frank von einer Stelle zur nächsten wechselte und seine Familie nicht so versorgen konnte, „wie es sich gehört hätte" – so etwas hörte Elisabeth ihre Mutter ständig sagen. Dem dreijährigen Kind war klar, daß die Mutter recht und der Vater unrecht hatte. Mutter mußte leiden, und Vater war schuld daran. Abgesehen davon war der Vater meistens weg und spielte nie mit Elisabeth.

Inzwischen begann Elisabeths älterer Bruder Dennis, Schwierigkeiten zu machen. Zwei Jahre nach ihrer Geburt wurde er eifersüchtig, weil sie im Vergleich zu ihm ein so angenehmes Kind war. Dennis kam zu der Überzeugung, daß mit ihm etwas nicht stimmte. Da er ein außerordentlich sensibles Kind war, fühlte er sich durch die ständigen Streitereien und Schuldzuweisungen der Eltern sehr verletzt. Er versuchte, das Ganze zu verstehen, und kam zu dem Schluß, daß er schuld sei, daß alles in der Familie schief lief. Da er der Erstgeborene war, fühlte er sich für alles verantwortlich. Als Dennis dann eines Tages seine Mutter sagen hörte: „Wovon sollen wir denn dann die Kinder ernähren?" kam er zu dem Schluß, daß es der Familie besser ginge und sie nicht mehr so arm wäre, wenn es ihn nicht gäbe. Als das Leid der Familie immer größer wurde, begann Dennis' Seele gequält aufzuschreien – das Leid und der Streit sollten endlich aufhören. Sein Protest sah so aus, daß er sich mit der Zeit immer schlechter benahm. Er bekam Schwierigkeiten in der Schule, fing schon als Teenager an zu trinken, prügelte sich und landete im Gefängnis.

Aus all dem schloß Elisabeth, daß sie ihre Mutter glücklich machen müsse, da Frank und Dennis dazu offensichtlich nicht in der Lage waren. Also mußte sie absolut brav und gehorsam sein. Und je gehorsamer Elisabeth wurde, um so eifersüchtiger und verletzter wurde Dennis und drückte das durch sein schlechtes Benehmen aus. Diane schlug die Hände über dem Kopf zusammen und rückte näher an ihre brave Tochter Elisabeth heran, um bei ihr Glück und Frieden zu finden. Diane erlangte außerdem durch ihre Arbeit eine größere Selbständigkeit.

Da Elisabeth ihrer Mutter so nah war, spürte sie auch, daß sie Angst hatte, es nicht mehr schaffen zu können, da es „mit Frank bergab ging". Elisabeth wurde wie ihre Mutter. Sie hatte Angst, mit dem Leben nicht fertigzuwerden, und bekämpfte diese Angst, indem sie sich von anderen genauso unabhängig machte wie Diane. Die kleine Elisabeth lernte so eine ziemlich komplizierte Art des Lebens. Sie muß anderen zu Gefallen sein, um sie glücklich zu machen, andererseits aber unabhängig sein, um überleben zu können. Sie lernte außerdem, andere zu benutzen, um glücklich zu sein, da sie selbst von Diane in unangemessener Weise zu diesem Zweck mißbraucht wurde. All das machte Elisabeths Leben immer komplizierter und qualvoller.

Nach ihrem Examen auf der High School fanden sowohl Elisabeth als auch Dennis Gründe, das Elternhaus möglichst bald zu verlassen.

Elisabeth war inzwischen 39, nicht verheiratet, eine angesehene, feministisch orientierte Anwältin in Chicago, intelligent, attraktiv und sehr selbständig. Da sie ausgesprochen charmant, enorm tüchtig und unabhängig und gleichzeitig unnahbar war, wurde sie von vielen entsprechend attraktiven, intelligenten Männern umworben. Sie hatte mit allen ihren Spaß, fand aber nie die große Liebe ihres Lebens.

Mit vierzig Jahren begegnete sie einer liebevollen Therapeutin, die sie sehr beeindruckte und ihr den Vorschlag machte, an einer Familienrekonstruktion teilzunehmen. Sie willigte ein und rekonstruierte ihre eigene Familie. Vierzehn Monate später heiratete sie einen ganz fantastischen Mann.

Und nun ein paar Worte zu den Prinzipien und zur Dynamik dieser Familienrekonstruktion:

Im Hinblick auf ihr körperliches und seelisches Überleben war Elisabeth nach ihrer Geburt vollständig von ihren Eltern abhängig. Ihre Erbanlagen enthielten keinerlei Informationen, wie man mit anderen Menschen umgeht, welche Bedeutung bestimmte Ereignisse im Leben haben, was man für eine Person ist, nach welchen Regeln man leben muß und wie man mit Bedrohungen fertig wird – sie war in diesem Sinne ein unbeschriebenes Blatt, eine Tabula rasa.

Die Geschichte beweist, daß Elisabeth gelernt hat, mit anderen Menschen zurechtzukommen, indem sie sich nach ihren Wünschen richtete. Sie lernte außerdem, daß man überleben kann, wenn man selbständig und erfolgreich ist. Sie hat darüber hinaus in ihrer Kindheit gelernt, daß man sich auf Männer nicht verlassen kann – die Angst der Mutter hat ihr gezeigt, daß man Männern nicht trauen kann. Aus der Art, wie man sich ihr gegenüber verhielt, schloß Elisabeth, was für eine Person sie war. In unserer Geschichte hatte sie zunächst gelernt, daß sie etwas ganz Besonderes war und von ihren Eltern sehr geliebt wurde. Sie war ein wertvoller Mensch. Später lernte sie dann, daß sie dazu da war, andere Menschen glücklich zu machen, deshalb bemühte sie sich um ihre Mutter. Zuerst hatte Elisabeth ihre Eltern als Götter betrachtet, die allmächtig, allwissend und vollkommen waren. Später blieb als einziger „Gott" nur noch ihre Mutter übrig. Alles, was Elisabeth von ihren Eltern, vor allem aber von ihrer Mutter lernte, hatte das Gewicht göttlicher Autorität, diese Lehren waren mit Blut auf Elisabeths Tabula rasa geschrieben. Sie hatte vor allem eins gelernt: Sie durfte auf keinen Fall das Mißfallen ihrer Eltern erregen, denn dadurch würde ihr Überleben in Frage gestellt werden. Wenn beide Eltern wütend auf sie wären, könnten sie sie aussetzen (ein weiterer Schluß einer unreifen, kindlichen Seele).

Man darf dabei nicht vergessen, daß Elisabeth noch ein kleines Mädchen ist, dessen Verstand sich noch nicht voll entwickelt hat. Sie hat daher die Neigung, alles in simplen Schwarz-weiß-Kategorien zu sehen und kommt aus diesem Grund zu seltsam unrealistischen Schlüssen. So glaubte sie zum Beispiel, daß es ihre Aufgabe sei, ihre Mutter glücklich zu machen, und daß ihr Vater ein schlechter Mensch sei. Dennis dagegen gelangte zu der Überzeugung, daß er kein so guter Mensch sei wie seine Schwester. Er glaubt, an allen Familienproblemen schuld zu sein. Obwohl Elisabeth in Wirklichkeit in großer Geborgenheit und Sicherheit lebte, hatte sie doch Angst um ihr Überleben.

Dazu kommt noch ein dritter Faktor: Menschliche Wahrnehmungen sind immer mit starken Gefühlen behaftet. Elisabeth spürte die Wärme und Nähe der Liebe, die Lebensangst, die Schuldgefühle, wenn sie ungehorsam war, den Schmerz und die Angst, wenn sie den eigenen Vater verteufelte, die Verwirrung bei dem Versuch, anderen immer Freude zu machen und gleichzeitig autonom zu sein, die Scham, wenn sie andere Menschen ausnützte.

So ist das mit allen Menschen. Jedes heranwachsende Kind lernt, die Dinge in einer bestimmten Weise zu sehen und ihnen bestimmte Bedeutungen beizumessen. Bei jedem Menschen bilden sich um die Wahrnehmungen herum bestimmte Gefühle. Man muß vor allem lernen, (1) wie man sich anderen Menschen gegenüber verhält und wie diese Menschen sich einem selbst gegenüber verhalten, (2) wozu man auf der Welt ist und was das Leben für einen Sinn hat, (3) nach welchen Regeln man sich richten soll und (4) wie man mit Bedrohungen fertig wird. Diese mit Gefühlen behafteten Erkenntnisse prägen sich tief in die Persönlichkeit des heranwachsenden Kindes ein.

Der größte Teil dieser Lerninhalte hat funktionalen Charakter, das heißt, er dient der Entwicklung, andere dagegen nicht. Viele sind in einer bestimmten Lebensphase angemessen, in einer anderen wiederum nicht.

Diese riesige Menge an Lebenserfahrungen wird von Elisabeth aufgenommen und in ihre Persönlichkeit integriert. Sie können sich auf vielerlei Weisen miteinander kombinieren, die jedoch immer wieder auf zwei fundamentale Prägungen hinauslaufen: Was bin ich für eine Person und was bin ich wert. Selbstwertgefühl und eigene Identität setzen sich aus diesen beiden Prägungen zusammen.

Da solche problematischen Wahrnehmungen und Schlußfolgerungen von einem unreifen Verstand gemacht werden, können sie häufig verzerrt und daher ungenau sein. Da das früh Gelernte oft dysfunktional ist und sich tief in die Persönlichkeit einprägt, bedarf es einer intensiven Erfahrung, um es in funktionale Lerninhalte umzuwandeln. Hier leistet die Familienrekonstruktion gute Dienste.

Der Entdecker ist ein Erwachsener und daher in der Lage, die verschiedenen Sachverhalte anders einzuordnen: die fehlenden Fakten, die komplizierten, subtilen psychischen Eigenschaften der Eltern und Geschwister und die Wirklichkeit, in der sie leben, die dynamischen Zusammenhänge und die verschiedenen bedeutsamen Ereignisse aus der Kindheit des Betroffenen. Wenn sich dem Erwachsenen eine Gelegenheit bietet, diese frühen Augenblicke seines Lebens in der Geborgenheit einer Familienrekonstruktion wiederzuerleben, kann er sich auf eine neue Weise mit ihnen auseinandersetzen. Der *Erwachsene* kann diese frühen Lebenserfahrungen besser verstehen. Und wenn Mutter, Vater, Brüder, Schwestern und die eigene Person anders wahrgenommen werden, ändern sich gleichzeitig auch die damit verbundenen Gefühle. Und mit den Wahrnehmungen und Gefühlen verändern sich dann auch die Prägungen, die sich auf den Umgang mit anderen Menschen, auf Bedeutungen, Regeln und Überlebensmechanismen beziehen, und gleichzeitig auch die Identität der Person und ihr Selbstwertgefühl.

Nehmen Sie zum Beispiel Elisabeths Geschichte. Sie nahm im Alter von vierzig Jahren an einer Familienrekonstruktion teil, um zu erfahren, daß ihr Vater Frank Diane geheiratet hatte und sich darüber im klaren war, daß er für den Unterhalt der Familie verantwortlich war. Seine Identität und sein ganzes Selbstwertgefühl hingen davon ab, daß er ein Mann war, der für seine Familie sorgen konnte. Im Laufe der Familienrekonstruktion erkannte Elisabeth zum erstenmal, welche enorme Wirkung der frühe Tod von Franks Vater auf ihn gehabt hatte. Frank hatte schon als Teenager gearbeitet und die Familie versorgt und war dafür mit Liebe und Anerkennung belohnt worden – so wie sein Vater, als er noch lebte.

Elisabeth konnte zum erstenmal ermessen, was für ein vernichtender Schlag es für Franks Selbstwertgefühl gewesen sein mußte, als er in der Weltwirtschaftskrise der 30er Jahre nicht mehr in der Lage war, seine Familie zu ernähren. Viele waren durch diese Krise in den Selbstmord getrieben worden, und auch Frank war völlig verzweifelt und niedergeschlagen gewesen.

Im Verlauf der Familienrekonstruktion erkannte Elisabeth, daß ihre Mutter aus einer völlig verarmten Familie kam, in der jeder ständig unter Existenzängsten gelitten hatte. Als Frank dann seinen Job verlor, geriet Diane in Panik. Sie gab Frank die Schuld, was ihn noch niedergeschlagener werden ließ. Elisabeth begriff zum erstenmal, daß die enorme Unsicherheit ihrer Mutter der Grund dafür war, daß sie ihrem Mann derartig zugesetzt hatte. Elisabeth hatte plötzlich Verständnis und Mitleid mit Frank und Diane. Ihre Verletztheit und ihr Zorn verwandelten sich in Traurigkeit und Mitgefühl mit Frank, sie konnte ihm jetzt verzeihen. Da alles lebendig vor ihren Augen und Ohren dargestellt wurde, wurde ihr zutiefst bewußt, wie schrecklich die Wirtschaftskrise gewesen war, und daß der familiäre Hintergrund ihre Eltern dazu gezwungen hatte, sich so zu verhalten, wie sie sich verhalten hatten. Unter den gegebenen Umständen hatten sie es so gut gemacht, wie sie konnten. Sie hatten sich Mühe gegeben, hatten den Wunsch gehabt zu überleben und mit sich im Reinen zu sein.

Im Laufe der Familienrekonstruktion wurde Elisabeth aufgefordert, die Rolle ihres kindlichen Alter ego zu übernehmen. Sie sollte sich in einer bestimmten Situation mit ihrer Mutter auseinandersetzen, in der sie in den Konflikt geriet, ihr einerseits gehorchen zu wollen, ohne andererseits ihre Unabhängigkeit aufgeben zu müssen. Zum erstenmal setzte Elisabeth ihren Zorn und ihre Frustration ein und konfrontierte Diane mit diesem Widerspruch. Diane zog sich zurück, erkannte, was sie da tat und übermittelte ihr statt dessen eine eindeutige Botschaft. Die Konfrontation führte zu einem guten Ergebnis. Es hört sich einfach an, aber Elisabeth erlebte zum erstenmal, daß es einen Ausweg aus einem solchen Dilemma gab. Sie konnte ihren Zorn als Kraft im Dienste ihres Überlebens einsetzen.

Wenn wir das erkennen, können wir auch verstehen, warum Elisabeth unbewußt Angst vor der Ehe gehabt hatte. Sie hatte gelernt, daß sie wichtige Bezugspersonen glücklich machen und gleichzeitig unabhängig sein konnte. Außerdem hatte sie gelernt, einem Mann nicht zuzutrauen, daß er eine Familie ernähren kann. Das Ganze konnte nur zu Streßsituationen und in eine Sackgasse führen.

Nach der Familienrekonstruktion, in deren Verlauf sie einen Ausweg aus dem Dilemma gefunden hatte, fühlte sie sich sicher genug, um eine intensive Bindung eingehen zu können. Die alten Mechanismen waren überflüssig geworden. Es ging nicht mehr um ihr nacktes Überleben, wenn ihrem neuen Liebhaber einmal etwas an ihr nicht paßte.

Die enorme Wirkung dieser Familienrekonstruktion versetzte Elisabeth in die Lage, die alte Dynamik so zu verwandeln, daß sie sie jetzt als Erwachsene nutzen konnte.

Die Kraft der Familienrekonstruktion beruht auf der Tatsache, daß der Entdecker in die Lage versetzt wird, seine Kindheitserlebnisse auf eine neue Weise noch einmal zu erleben, so als wäre er tatsächlich mit seinen richtigen Eltern und den anderen Familienmitgliedern konfrontiert. Wenn alle Bedingungen, die ich erwähnt habe, erfüllt werden, kommt es zu einer Bewußtseinsveränderung.

Ich bin mit der Zeit allerdings zur Überzeugung gelangt, daß an diesem Prozeß noch eine stärkere Dynamik beteiligt ist. Der Prozeß beschert dem Entdecker entweder noch am gleichen Tag oder später die Erkenntnis, daß auch seine Eltern nur Menschen sind, die er dann akzeptieren kann. Wenn sich diese Wandlung in der Person des Entdeckers vollzogen hat, kann er sich aus vollem Herzen zu seinen Wurzeln bekennen und wird so zu einem vollständigen Menschen, der über neue Kräfte, ein neues Selbstbewußtsein und Selbstwertgefühl verfügt.

Das ist jedenfalls meine Erfahrung und ich glaube, daß das auch der Grund ist, warum ich bedeutend lieber Familienrekonstruktionen mache, als mich mit jemanden in ein Zimmer zu setzen und mit ihm *über* sein Leben zu reden. Familienrekonstruktion betrifft die Person in ihrer seelischen Gesamtheit.

Ich möchte dem Leser zum Schluß gestehen, daß es mir – so wie auch in diesem Aufsatz – nie gelungen ist, in Worten zu beschreiben, was ich wirklich bei der Familienrekonstruktion erlebe. Wenn man nicht selbst dabei war, kann man kaum glauben, daß der Entdecker die Rollenspieler wirklich als Mutter, Vater oder als ein anderes Mitglied der Familie erlebt. Ich hoffe, daß dieser Aufsatz Ihnen genügend Anregungen gegeben hat und ihre Neugier weckt, daß sie selbst einmal eine solche Familienrekonstruktion erleben möchten.

Aus dem Amerikanischen von Dr. Bringfried Schröder.

Reframing

Thies Stahl

Einem Buch über die Arbeit von *Virginia Satir* würde ohne einen ausführlichen Verweis auf den enormen Einfluß, den ihre Arbeit auf die Entwicklung des Neurolinguistischen Programmierens (NLP) hatte, sicher etwas fehlen. Dieser Einfluß ist in der NLP-Literatur schon oft benannt worden, aber meist in bezug auf einzelne Techniken (*Stahl* 1983) oder mit Hinweis auf generelle Charakteristika, wie etwa die sinnesspezifische Sprache von Klient und Therapeut (*Bandler und Grinder* 1981; *Bandler, Grinder, Satir* 1978).

Im vorliegenden Beitrag dagegen geht es um den Einfluß *Virginia Satir*s in den NLP-Reframing-Modellen. Dieser Einfluß ist tiefgehender, als es den NLP-Begründern *Richard Bandler* und *John Grinder*, und auch als er *Virginia* selbst bewußt war.

Der Text ist nicht leicht verdaulich, denn die Gedankengänge mußten damals aus Platzgründen sehr verdichtet werden. Heute hätte ich ihn vielleicht etwas weniger akademisch geschrieben, oder, besser noch, ich hätte mich von vornherein dagegen entschieden, ihn überhaupt so zu komprimieren. Hinzu kommt, daß der Text sowohl die *Satir*sche Familienrekonstruktion (vergl. den vorangegangenen Beitrag von *Bill Nerin*) als auch die NLP-Reframing-Modelle als bekannt voraussetzt (*Bandler und Grinder* 1988; *Stahl* 1990, 1992).

Inhaltlich finde ich diese Gedanken heute genauso relevant wie 1985, zeigen sie doch, in welchem Ausmaß der Geist der *Satir*schen Vorgehensweisen heute in den weitverbreiteten Reframing-Modellen weiterlebt. *Virginia Satir* (1986 im Brief) sagte zu ihnen: „Mir hat ausgesprochen gut gefallen, was Du gemacht hast. Deine sorgfältige und präzise Weise, organisch zu denken, hat mir geholfen, Implikationen meiner Arbeit zu sehen, die ich bis dahin nicht gesehen habe."*

---

* Der folgende Text ist das Vorwort zu *Bandler, R. und Grinder, J.* (1988): Reframing. Ein ökologischer Ansatz in der Psychotherapie (NLP). Paderborn: Junfermann.

Aus vielen Gesprächen mit Fachkollegen und aus meiner vier(heute elf-)jährigen Erfahrung in der Vermittlung der Interventionsmuster des von den Autoren entwickelten Neurolinguistischen Programmierens (NLP) – insbesondere der individuumsbezogenen Reframingmodelle – ist mir eine interessierte Haltung interessierter Fachkollegen sehr bekannt: Sie sind eingelesen in die Arbeiten von *Bandler* und *Grinder*, sind skeptisch-neugierig, haben sich erfrischen lassen von deren unorthodoxen bis provokanten Stil – und haben große Schwierigkeiten mit dem ausgewiesenermaßen atheoretischen, pragmatischen Charakter der NLP-Handlungsmodelle. Anders als ihre amerikanischen Kollegen brauchen sie, wie mir scheint (ich schließe mich selbst dabei ein), in aller Regel für eine *kongruente* Aneignung und Anwendung der *dann* äußert effektiven Interventionsformen so etwas wie eine geistige Heimat – einen theoretischen Bezugsrahmen für das eigene Tun und Denken, oder zumindest doch die Gewißheit, einzelne Bezüge in ein kohärentes theoretisches „Glaubenssystem" einordnen zu können.

Ein für eine kongruente Arbeit mit den NLP-Reframingmodellen nützlicher Rahmen ergibt sich aus einem expliziten Rückbezug der Struktur der den therapeutischen Kontext der Reframingmodelle konstituierenden metaphorischen Realität auf die entsprechenden Realitäten im gruppentherapeutischen Vorgehen *Virginia Satirs* und in der Trancearbeit *Milton Ericksons*.

Ein solcher Strukturvergleich soll im folgenden vor allem die *Satir*sche „Familienrekonstruktion" betreffen. Ebenso grundlegend für ein Verständnis der Reframingmodelle wäre ein entsprechender Strukturvergleich mit der *Erickson*schen Trancearbeit, der hier aus Platzgründen jedoch nur in einem, dem wohl wesentlichsten Punkt vorgenommen werden soll: Im Reframingprozeß ebenso wie in der *Erickson*schen Trancearbeit findet die Veränderungsarbeit mit Individuen hauptsächlich innerhalb einer „metaphorischen Realität" statt, die den therapeutischen Kontext konstituiert und vom Therapeuten entsprechend seinem Glaubenssystem verbal und nonverbal kongruent etabliert wird. Mit dieser metaphorischen Realität wird die therapeutische Situation als triadische definiert: Das Bewußtsein der Klienten, sein Unbewußtes (ingesamt bzw. in seinen jeweils relevanten Teilen) und die Person des Therapeuten bilden ein veränderungswirksames triadisches System, im dem jedes Element als Entität die Interaktionen der beiden anderen initiiert, schützt und fördert.

Bei aller Verschiedenheit der Veränderungsarbeit *Satirs* und *Ericksons* sind sie doch in dieser triadischen Grundstruktur identisch, denn auch die wesentlichen Veränderungen in *Satirs* Vorgehen finden in Interaktionen zweier Personen statt, die sie als dritte initiiert, schützt und fördert.

Dieses grundlegende Strukturmerkmal des innovativen Vorgehens *Satirs* und *Ericksons* findet sich dialektisch aufgehoben in den NLP-Reframingmodellen wieder: Die Interventionen des Therapeuten sind beschreibbar als in einem doppelten, systemischen Feedbackbezug generiert, korrigiert und validiert. Sie schützen damit maximal die Integrität der beteiligten Personen und wahren so die Ökologie der Systeme – sowohl des Systems, das der Therapeut „behandelt", als auch desjenigen, das er im Akt der „Behandlung" selbst mit konstituiert.

Die den therapeutischen Kontext des Reframingprozesses konstituierende Realität ist in ihrer Struktur zusätzlich definiert durch die „psychotische Wahnwelt", die der Therapeut dem Klienten als neue Wirklichkeitsauffassung zur adäquateren Erfassung seiner gegenwärtigen Person vermittelt und im Verlaufe des Prozesses durch die Einbeziehung (optimalerweise) aller verbalen und nonverbalen Äußerungen des Klienten verfeinert, stabilisiert und für die Veränderungsarbeit utilisiert. Sie bietet dem Klienten einen neuen Wahrnehmungsrahmen für das dissoziierte Erleben, das ihn in die Therapie führte (Symptome, Problemverhaltensweisen und Inkongruenzerlebnisse in Handlungsabläufen und Zukunftsentwürfen). Als Metapher, die der Klient in den Trancephasen des Reframingprozesses mit bedeutsamem, szenischem Material eigener Beziehungserfahrungen auffüllt und gleichzeitig zur Restrukturierung desselben benutzt, enthält diese „Wahnwelt" im wesentlichen folgende Strukturelemente:

Der Klient als Person-Ganzheit ist systemisch organisiert. Die Elemente des Systems sind sein Bewußtsein und die Teile seines

Unbewußten. (Das „Bewußtsein" des Klienten als sich selbst erkennendes und transzendierendes ist in strukturell isomorpher Weise als doppeltes konzipiert, ebenso wie in der Familienrekonstruktion der Protagonist, der sich im rollenspielenden Stellvertreter wiedererkennt und über sich selbst hinauswächst.) Die Teile seiner Person auf der unbewußten Ebene sind definiert durch den jeweiligen Entwicklungsstand ihres kontextabhängigen Fähigkeitenrepertoires (die unbewußt initiierten und sequentierten Verhaltensanteile der Person in bestimmten wiederkehrenden Situationen ihres Lebens) und *vor allem* durch ihre positiven Funktionen im systemischen Ganzen der Person. Das Bewußtsein kennt in aller Regel die unbewußten Teile nur vermittelt über das abgelehnte „Wie" (wie sie etwas Bestimmtes tun) und nicht in ihren positiven Absichten und Zielen, also nicht in ihrem systemischen Eingebundensein. Letzteres ist um so mehr der Fall, je unversöhnlicher der Klient mit sich selbst in bezug auf sein Problemverhalten umgeht. Die unbewußten Teile, gerade auch die, die für das Problemverhalten zuständig sind, „tun das Beste, was sie können", um ihre positiven Absichten umzusetzen und die Funktionen zu erfüllen, für die sie im Leben des Klienten die Verantwortung übernommen haben. Die mit dem nicht akzeptierten „Problemverhalten" für das Wohl des Klienten arbeitenden Teile seines Unbewußten stehen in einem Hierarchieverhältnis zu seinem Bewußtsein: Sie sind mächtiger und verfügen über ein Mehr an Information – sowohl als Grundlage für die Entscheidung, wann genau es an der Zeit ist für das Problemverhalten, als auch bezüglich seiner positiven Schutz- und Ermöglichungsfunktionen (d. h. seiner „sekundären Gewinne") im systemischen Ganzen der Person (d. h. im Gesamt der gegenwärtigen situativen Kontexte, in denen die Person sich internal und external verhält).

Die metaphorische Realität, die den therapeutischen Kontext der *Satir*schen Familienrekonstruktion (als intensive „Tranceeinzelarbeit" in der Gruppe) bildet, ist von isomorpher Struktur. Dem Protagonisten wird die Wirklichkeitsauffassung vermittelt, daß er durch eine intensive und extensive Auseinandersetzung mit seiner Herkunftsfamilie und den Herkunftsfamilien seiner Eltern ein neues und veränderungswirksames Verständnis seiner gegenwärtigen Person in ihrer ganzen Komplexheit erreichen wird. Die dann im Prozeß der Familienrekonstruktion aufgebaute, durch Einbeziehung (fast) aller verbalen und nonverbalen Äußerungen des Protagonisten verfeinerte, stabilisierte und zur Veränderungsarbeit genutzte metaphorische Realität ist durch folgende Strukturmerkmale charakterisiert: Die aus- und vorgelebte „Ursprungsfamilie" bildet eine systemische Ganzheit. Ihre Elemente sind der rollenspielende Stellvertreter des Protagonisten, der letzteren zumeist im kindlichen Alter darstellt, und die ebenfalls durch Rollenspieler dargestellten signifikanten Bezugspersonen der Ursprungsfamilie(n).

Bei aller oft verblüffenden, manchmal bis ins Detail somatischer Symptome reichenden systemischen Ähnlichkeit mit der „echten" Ursprungsfamilie ist die gespielte Ursprungsfamilie doch immer nur eine metaphorische Abbildung derselben – und gleichzeitig (vermittelt durch die Projektions- und Übertragungsdynamik in den Entscheidungsprozessen des Protagonisten zur Auswahl der einzelnen Rollenspieler) auch eine Metapher für die gegenwärtige Beziehungssituation des Protagonisten. Weitere Strukturmerkmale dieser „dramatisierten" Metapher, die der Protagonist in den Trancenphasen des beobachtenden, identifikatorischen Mitvollzuges des Rollenspiels mit weiterem, vorher nicht externalisierten szenischem Material der eigenen Beziehungserfahrungen auffüllt und zur Restrukturierung desselben benutzt, sind folgende: Die beteiligten Personen tun vor dem Hintergrund ihrer Möglichkeiten (d. h. ihrer systemischen Eingebundenheit) und ihrer vorhandenen Fähigkeiten das Beste, um bestimmte positive Funktionen im systemischen Gesamt der „Ursprungfamilie" entsprechend der von ihnen akzeptierten Verantwortlichkeit zu erfüllen. Das gilt insbesondere für die Personen, deren konkretes Verhalten der Protagonist – zumindest zu Beginn des Prozesses – problematisch und/oder nicht akzeptabel findet. Letztere sind in der Regel die Personen, die mächtiger sind (Generationsgefälle) und über mehr bzw. explizitere Information verfügen als er, sowohl was ihr Eingebundensein in den systemischen Gesamtzusammenhang als auch was ihre positiven Absichten betrifft.

Im Verlaufe des Prozesses lernt der Protagonist, das Verhalten der betreffenden Bezugsperson innerhalb eines Rahmens wahrzunehmen, der durch die neu wahrgenommene positive Absicht und durch das explizite Wissen um die durch das funktionell-systemische Eingebundensein bedingten Verhaltensnotwendigkeiten und -einschränkungen gegeben sind. Die Neuorganisierung intrapsychischer Repräsentationen, die in den Trancephasen des Mitvollzuges und vor allem auch in den direkten Begegnungen mit den Rollenspielern „Vater", „Mutter" etc. zustandekommt (die Rollenspieler bleiben in der Rolle, während sie den Protagonisten seine an die Originalperson gerichteten Fragen beantworten, und tragen dadurch dazu bei, dessen Trance aufrechtzuerhalten, zu reinduzieren bzw. zu vertiefen), führt zu intensiven Versöhnungserlebnissen des Protagonisten mit seinen realen Bezugspersonen, die er in der metaphorischen Realität halluziniert.

Ebenso wie die therapeutischen Kontexte des Reframing (besonders des 6-Schritt-Modells) und der Familienrekonstruktion in ihren metaphorischen Realitäten isomorph sind, sind auch die Prozesse, die der Klient bzw. der Protagonist durchläuft, in ihren Phasen sehr ähnlich: Wachbewußte, „linkshemisphärische" Zustände (in den Phasen des Informationsaustausches während der Etablierung und Verfeinerung der mit dem Therapeuten geteilten „Realität") wechseln sich ab mit den Trancephasen der individuellen, intim-biographischen Sinnverarbeitung und Bedeutungstransformation sowie einem intensiven Wechsel im physiologischen Zustand, den *Bandler* und *Grinder* (bezogen auf das inhaltliche Reframing) den Wechsel von sympathikusaktivierter zu parasympathikusaktivierter Physiologie nennen. Da dieser Wechsel im Reframingprozeß genau in dem Moment auftritt, in dem der Klient die positive Funktion eines vormals abgelehnten, entwerteten und bekämpften Teiles von sich selbst annimmt oder sich explizit bewußt macht, nenne ich diesen Wechsel (um damit den grundlegenden Einfluß *Virginia Satir*s auf die Entstehung der enorm veränderungswirksamen NLP-Reframingmodelle zu würdigen) die „Versöhnungsphysiologie". Sie ist, genau wie im Veränderungsprozeß der Familienrekonstruktion und der „Parts Party" *Satir*s, sowohl das Ziel, als auch die Vorbedingung eines effektiven Reframingprozesses: Sie ist die physiologische Grundlage für ein effektives Neulernen in beiden therapeutischen Kontexten, sowohl auf der bewußten Ebene (wenn im 6-Schritt-Modell die Absichten des für das Problemverhalten zuständigen Teiles bewußt werden oder wenn *Virginia Satir* den Protagonisten nach dem Versöhnungserlebnis auffordert: „How would you teach them to do better?") als auch auf der unbewußten Ebene (in den Tieftrancephasen des 6-Schritt-Reframing, wenn nicht alle Absichten bewußt werden, und ebenso in den nicht bewußten, d. h. explizit-verbal ausgewerteten Tieftrancephasen des Protagonisten in der Familienrekonstruktion).

Der durch diesen Strukturvergleich näher gerückte Bezugsrahmen soll hier nur in Form einer Annahme und einiger Fragen angedeutet werden: Veränderungsprozesse vollziehen sich in den Tranceperioden, die die von Therapeut und Klient geteilte metaphorische Realität ermöglichen. Bedeutet das, daß sich der Protagonist innerhalb der „Realität" der Rollenspielfamilie mit den tatsächlichen Bezugspersonen seiner Vergangenheit versöhnt? Oder bedeutet letzteres als Metapher innerhalb einer Metapher, daß er sich mit den „Übertragungs- und Projektionspersonen" seiner Beziehungsgegenwart versöhnt? Oder bedeutet es auf einer zusätzlichen, parallelen Ebene im metaphverarbeitenden Sinngebungsprozeß des Protagonisten, daß er sich mit Teilen seiner eigenen Person versöhnt? Legt die Isomorphie der Metapherstruktur der Familienrekonstruktion und der des Reframing nahe, daß der Klient in den Trancephasen des Reframing nicht nur Teile von sich selbst neu zu akzeptieren lernt und alternative Verhaltensstrukturen entwickelt, sondern sich auch (i. S. einer „intrapsychischen Familientherapie") mit Personen seines vergangenen und gegenwärtigen Beziehungssystems versöhnt und dadurch in der Lage ist, neue Verhaltensweisen hervorzubringen, die dann in den entsprechenden Interaktionen den gegenwärtigen Bezugspersonen ebenfalls neue Verhaltensweisen zur Umsetzung ihrer positiven Absichten ermöglichen?

Ein expliziter, die Grundstrukturen und nicht bloße Einzeltechniken befreffender Rückbezug der NLP-Reframingmodelle auf die in sich schon innovativen und umwälzenden Vorgehensweisen

Satirs und *Ericksons* bietet zusätzlich einen Wahrnehmungsrahmen, der die genial-kreative Leistung von *Bandler* und *Grinder* in der Verdichtung der grundlegenden Strukturmerkmale des Vorgehens von *Satir* und *Erickson* zu den NLP-Reframingmodellen erst deutlich werden läßt: Die NLP-Reframingmodelle ermöglichen eine präzise, explizit ökologische und systemische Trancearbeit in der Einzeltherapie und ebnen damit den Weg zu einer handlungsrelevanten Konzeptualisierung der „Dialektik von Individuum und System".

Literatur

Bandler, R. und Grinder, J. (1981): Neue Wege der Kurzzeit-Therapie. Paderborn: Junfermann.

Bandler, R. und Grinder, J. (1988): Reframing. Ein ökologischer Ansatz in der Psychotherapie (NLP). Paderborn: Junfermann.

Bandler, R., Grinder, J., Satir, V. (1978): Mit Familien reden. Gesprächsmuster und therapeutische Veränderung. München: Pfeiffer.

Stahl, T. (1983): Interventionstechniken des NLP in der Familientherapie, in: *K. Schneider (Hrsg.)*: Familientherapie aus der Sicht therapeutischer Schulen. Paderborn: Junfermann.

Stahl, T. (1990): Triffst du 'nen Frosch unterwegs... Paderborn: Junfermann.

Stahl, T. (1992): Neurolinguistisches Programmieren. In der Reihe: *Therapieformen unserer Zeit*. Mannheim: pal-Verlag.

Virginia Satirs Parts Party

Margret Klockmann

Vorbemerkung

Ein komplexes „Integrations-Rollenspiel" für eine Einzelperson in einer Gruppe wird dargestellt, die das „Fest der Persönlichkeitsanteile" eines „Gastgebers" von namhaften Personen der Geschichte oder Gegenwart des öffentlichen Lebens sowie Dichtung und Märchen „feiert". Die Personen verkörpern Eigenschaften der Hauptperson als Wurzeln des positiven oder negativen Wunschbildes ihres Selbst. Die polare Zuordnung einer Eigenschaft zu diesen Rollen ist subjektiv und birgt in sich auch den Gegenaspekt, wie im Taoismus verankert. Jeder von uns ist einzigartig und hat doch auch Seiten gemeinsam mit besonders bewunderten oder verachteten Persönlichkeiten. Durch das kompakte Geschehen auf einer Parts Party wird ein Protagonist in seiner Gesamtheit, in einer Krise und in hilfreichen Potentialen deutlich sichtbar. Der aktuelle Umgang eines Protagonisten mit seinen verschiedenen „Teilen" oder „Gesichtern" wird metaphorisch verstanden und physisch erlebbar. Wir erhalten durch die gegenseitige Beeinflussung der „Gäste" zum einen im Streß, zum anderen in der Zusammenarbeit, ein individuelles Modell, wie sich alle Persönlichkeitsanteile bekämpfen, doch auch wie sie sich weiterentwickeln können, um zu einem harmonischen Ganzen zu werden. Eine Erweiterung dieser Methode zur Parts Party für Paare wird skizziert.

Der folgende Text soll als Wegbereiter und -begleitung verstanden werden. Das praktische Beispiel gibt Hinweise für mögliche Verwandlungen von verschiedenen „Gästen" einer Parts Party, d. h. auf die Vielseitigkeit und Entwicklungsfähigkeit von Persönlichkeitsanteilen.

Theoretische Anmerkungen

Die Parts Party von *Virginia Satir* ähnelt ein wenig der ebenfalls von ihr entwickelten Familienrekonstruktion. Allerdings gehören die

„Ahnen" hier weniger zum Stammbaum der Familie als zu anderen Wurzeln des Selbst: zum positiven und negativen Wunschbild. Sie stammen aus Märchen, Mythen, Schauspiel, Geschichte und Gegenwart des öffentlichen Lebens und sind in einer besonderen Eigenschaft mit einer Hauptperson „verwandt", werden von ihr hierfür bewundert oder verachtet. „Eine Parts Party ist ein ‚Festspiel' zur Integration der verschiedenen Seiten einer Persönlichkeit, das dem Protagonisten mit Hilfe von Rollenspielern in einer partyähnlichen Interaktion die Entwicklungsmöglichkeit seiner verschiedenen Persönlichkeitsanteile aufzeigt" (*Jürgens, Salm* 1985, S. 437). Erzähle ich jemandem von einer Parts Party oder etwa von einer Parts Party für Paare, so wird mir häufig entgegnet: „Party? Du warst doch bei einem Therapie-Wochenende!" So ungewöhnlich für eine therapeutische Technik der Name „Party" ist, so selbstverständlich oder sogar bezeichnend ist für *Satir*s Vorgehen die intensive Verflechtung von Ernsthaftem und Humorvollem oder auch einfach Komischem. Sie gestaltet einen dramatischen Kontext so, daß alle Beteiligten Spaß am Lernen haben können. Durch die Choreographie erlebt der Protagonist gleichzeitig die Distanz des Zuschauers wie die eigene Betroffenheit durch das Wiedererkennen innerer Prozesse in dem äußeren Geschehen des „Festspiels". Bei einer Parts Party wird jedenfalls mindestens so viel gelacht wie geweint, häufig auch beides zusammen vom Protagonisten wie von den Zuschauern und Darstellern, die so manche menschliche Seite von sich selbst entdecken. Die einzelnen Seiten werden „extrem" repräsentiert von Rollenspielern, die in der Rolle bestimmter Personen des öffentlichen Lebens besonders positiv oder negativ bewertete Eigenschaften des Protagonisten verkörpern. All die verschiedenen Gesichter, Seiten, Anteile, Eigenschaften – oder wie immer wir es nennen wollen –, die wir bei anderen bewundern oder ablehnen, gehören auch zu uns (*Satir* 1978). Bedeutsam ist, wie wir mit ihnen umgehen: ob wir sie pflegen und gerne zeigen oder sie unterdrücken und nur in der Not hervortreten lassen. *Satir*s Ausgangsüberlegung ist hierbei, daß jeder von uns anderen Menschen in einigen grundlegenden Eigenheiten ähnelt. Daher können wir uns in einem Rollenspiel auch leicht wiedererkennen. Diese Eigenheiten sind in unendlichen

Variationen ausgebildet, wie z.B. auf der körperlichen Ebene unser Fingerabdruck (*Satir* 1978, S. 96). Zum anderen gilt jedoch auch: „I am the only one exactly like me" (*Satir* 1975, S. 96). „Ich bin einzigartig" schreibt *Satir* u. a. in ihrem Buch „Your many faces" und geht dabei der Frage nach: „Wer bin ich wirklich, wenn ich doch in verschiedenen Situationen so unterschiedlich erscheine?" (*Satir* 1978, S. 95).

„Ich" als Name ist hier identisch mit der Person, die sich gerade fragt, wer sie ist; die liest, die spricht und sich bewegt, handelt, die eitel ist und manchmal großzügig, die Fehler macht oder Probleme einfach löst, die sich ab und zu ganz klein fühlt oder besonders anziehend.... „Ich" ist auch die Person, die sich jeweils bewertet: z. B. stolz auf sich ist, so flink rechnen zu können, oder sich schämt für die eigene Hilflosigkeit bei praktischen Aufgaben.... Unabhängig von unserer Einstellung zu diesen „Teilen" gehören sie alle zu uns. Außerdem enthält jeder negative Teil im Keim auch Nützliches, ebenso wie in jedem Positiven auch potentiell Negatives steckt; polare Gegensätze bilden eine Einheit, ein Gedanke aus dem Taoismus (*Wing* 1987, S. 5). Die Weiterentwicklung eines Anteils ist für uns nur dann möglich, wenn alle anderen Anteile „mitmachen", d. h. sich auch verändern oder umstellen. *Satir* gebraucht für diese wechselseitige Abhängigkeit wieder eine Parallele auf der physischen Ebene: wir können nur dann lernen, auf nur einem Bein zu stehen, wenn die anderen Muskeln des Körpers lernen, die Balance auszugleichen und dafür ihre Spannung verändern, ihre Funktion erweitern (*Satir* 1978, S. 102). Mit anderen Worten: wir sind mit unseren Teilen ein homöostatisches System, das lernen und sich selbst verändern kann. Um diesen Prozeß geht es metaphorisch bei der Parts Party. Sie gibt uns eine äußere Möglichkeit, mit unseren Persönlichkeitsanteilen in Berührung zu kommen. Wenn wir aktiv wählen, wie wir uns einer Situation angemessen verhalten, dann tun wir es „vor unserem Gesicht", anstatt auf Zwänge von hinten zu reagieren (*Satir* 1978, S. 90 ff.). Das ist das Ziel des „Festspiels". Jeder unserer Anteile repräsentiert Wahlmöglichkeiten: jeder birgt in sich die Chance weiterer Lebendigkeit und persönlicher Kraft in einer neuen Version. Die Verantwortung, ob wir sie pflegen und wachsen lassen oder bewachen und an Entwicklung hindern, liegt bei uns: das können wir deutlich auf einer Parts Party erkennen. Diese Entdeckung unterstützt unser Selbst (*Satir* 1975, Prologue) darin, mit sich geduldig zu sein, sich selbst zu würdigen und anzunehmen, d. h. eine ausgewogene Balance aller Persönlichkeitsanteile anzustreben.

Vorgehensweise

Ausgangssituation ist eine Gruppe von mindestens 12 Personen, ein/e Prozeßbegleiter/in und ein Protagonist in einem möglichst großen Raum. Kleidungs- und Dekorationsstücke, evtl. Schminke zum Ausschmücken der Rollen sowie etwas festliche Musik im Hintergrund machen die Parts Party zu einem einprägsamen Ereignis. Zwei bis drei Stunden vergehen meist wie im Flug, wobei Kürzungen oder Ausweitungen jederzeit möglich sind. Video-Aufzeichnungen sind empfehlenswert, um dem Protagonisten die Aufarbeitung in mehreren Schritten zu ermöglichen und den Eindruck nachträglich weiter vertiefen zu können.

Zur Vorbereitung der Parts Party gehören:

1. *Auswahl der Rollen;*
2. *Zuordnung von Eigenschaften, positiv oder negativ;*
3. *Auswahl der Rollenspieler (Requisiten, Pause);*
4. *Rolleneinweisung;*
5. *„Merry-go-round" (Karussell).*

Die Schritte im einzelnen:

1. Der Protagonist benennt die bekannten Persönlichkeiten, die eine positive Anziehung auf ihn/sie ausgeübt und die Vorbildcharakter auf ihn/sie haben. Es mögen Namen aus Politik, Geschichte, Film, Sport, Geschäftswelt, Religion oder einem anderen Lebensbereich sein, einschließlich Märchen, Literatur und Comics. Als nächstes wird der Protagonist nach vergleichbaren Personen ge-

fragt, die so sind, wie er/sie niemals sein möchte. Es sollen insgesamt 6 bis 10 Rollen ausgewählt werden.
2. Die erste Eigenschaft, die dem Protagonisten zu der Rolle einfällt, d. h. die sie für ihn verkörpert, wird aufgeschrieben und mit einem deutlichen „+" oder „-" markiert (z.B. „Heinrich VIII.", egoistisch: – „Carmen", leidenschaftlich: +).
3. Für alle Rollen sucht sich der Protagonist aus der Gruppe Darsteller aus, die anschließend Zeit bekommen, sich für das Festspiel mit passenden Accessoires auszustatten oder sich zu schminken (in einer großen Pause). Damit werden sie besser in ihrer Rolle erkennbar und vom alltäglichen Aussehen etwas entfremdet. Es läßt sich auch leichter in eine Rolle hineinschlüpfen, wenn man etwas in der Hand hält und verkleidet ist, sei es ein Schirm für „Picasso" oder ein Gewand für „Ghandi".
4. Um die Aufmerksamkeit wirklich auf das für den Protagonisten Typische zu lenken, zeigt dieser jedem Rollenspieler eine kennzeichnende Geste und sagt dazu einen charakteristischen Satz: z. B. spricht „Gandhi": „Wir werden es ohne Gewalt schaffen" und legt sanft die Handflächen aneinander. Beides soll zu Beginn des Festspiels möglichst häufig und übertrieben dargeboten werden, damit die Rollenträger selbst in guten Kontakt zu ihrer jeweiligen Verkörperung kommen und sich den anderen deutlich präsentieren. Der Protagonist bestimmt außerdem die Anrede jedes Rollenspielers.
5. Die nun folgende Szene* erinnert an ein altes Karussell mit mechanischer Musik, bei dem bemalte Holzpferde sich rhythmisch auf und ab um die Mitte bewegen. Genauso stellen sich jetzt die Rollenspieler/innen um den Protagonisten und drehen sich im Kreis, Schritt für Schritt. Dabei präsentieren sie sich jeweils – wenn sie vor dem Protagonisten sind – mit ihrer typischen Geste und dem vorgegebenen Satz. Im zweiten Durchgang soll der Ausdruck stärker werden: diesmal steht eine Ersatzperson in der

---

* Diesen 5. Teil benutzte *Satir* nur selten. Wir denken, daß dadurch der Überraschungseffekt verloren geht, der ausgelöst wird, wenn die verkleideten „Teile" einzeln nacheinander zur Party kommen und sich der/dem Gastgeber/in vorstellen. (Anm. d. Hrsg.)

Mitte und der Protagonist selbst draußen, so daß sich ihm/ihr alle vorstellen. Die Zuschauer sehen nun an verschiedenen Plätzen unterschiedliche Gesichter des Protagonisten. Im ersten Durchgang überwiegt das Hören und Spüren für den Protagonisten, im zweiten das Sehen und Hören in seiner Wahrnehmung. Der/die Prozeßbegleiter/in fragt nun nach, wie es ihm/ihr jetzt gehe und ob diese Facetten ihm/ihr im Leben bekannt vorkämen, welche Bilder dabei auftauchen.

Die Vorbereitung der Parts Party ist damit abgeschlossen, das Fest kann beginnen.

Verlauf der Parts Party und Transformation:

6. Begegnung der Persönlichkeitsanteile in ihrer „Urform".
7. „Einfrieren" und Befragen aller Rollenspieler und des Protagonisten; zwei- bis dreimal; verwandeltes Weiterspiel.
8. Anweisung an alle „Gäste", die Party zu dominieren.
9. Wie 7., dann Ideensammlung für Zusammenarbeit.
10. Ggf. Einladung eines – als fehlend erkannten – weiteren Gastes.
11. Anweisung an alle „Gäste" zu kooperieren; Transformation der Anteile.
12. Neue Gefühle und Eigenschaften; Rückkopplung des Protagonisten.

Während dieser Phase der Parts Party schaut der Protagonist die ganze Zeit zu, wird nur gelegentlich zu seinen/ihren Gefühlen, Einsichten oder Erinnerungen befragt.

6. Die geladenen Gäste kennen sich noch nicht untereinander. Sie betreten den Raum von verschiedenen Seiten und stellen sich selbst einander vor mit ihrem vorgegebenen Satz und der Geste, bewegen sich „wie auf einer Party" und gehen miteinander um, wie es zu ihren Rollen paßt.
7. Der/die Prozeßbegleiter/in unterbricht („Einfrieren") und geht zu jedem Rollenträger, um nach dessen Gefühlen, Wahrnehmungen, Gedanken und Wünschen zu fragen. Jeder soll danach so weiterspielen, wie es der jetzigen Empfindung entspricht, bis erneut der Prozeß für einen Moment angehalten wird. Für die Zuschauer erscheint es wie Zeitlupe und Zeitraf-

fer im Wechsel, wobei ihnen die Begegnungen von Zweier- oder Dreier-Gruppen jeweils an verschiedenen Plätzen oder von einzelnen, für sich agierend, auffallen. Der Kreativität der Darsteller sind alle Türen geöffnet, wie sie ihr inneres Erleben in der Rolle sichtbar machen möchten. Sie erfahren Willkommen-sein, Ängste, Gefühle der Einsamkeit oder Freude, Gemeinsamkeiten oder Abweisungen u.v.m. ... In dem Maße, wie sich die Rollen gegenseitig beeinflussen, provozieren und selbst verwandeln, entstehen Konflikte oder auch Bündnisse zwischen den Gästen. Zum Beispiel wird plötzlich aus einer mutigen, herausfordernden „Johanna von Orléans" eine isolierte, ängstliche Frau, die sich über das freundliche Angebot von Nähe durch eine „Gänsemagd" freut und ihr aufmerksam folgt. Diese wiederum verliert ihre Schüchternheit, wird ermutigt durch „Johannas" Unterstützung und zeigt neue dominante Fähigkeiten. ...

8. Zur Einleitung der ersten Intervention fordert der/die Prozeßbegleiter/in alle Gäste auf, die Party zu „dominieren". Jeder Rollenspieler verwirklicht seine eigenen Ideen von der Beherrschung der Party und es wird kräftig ausgespielt bis zum nächsten „Einfrieren". Möchte z. B. der „weise Salomon" für Ruhe auf der Party sorgen, wird er versuchen, Ruhe zu predigen, sich dabei anstrengen und lauter werden, seine Ruhe verlieren und damit scheitern, denn die anderen wollen ganz verschiedene Ziele durchsetzen. Einzelkämpfer werden offensiver, Allianzen deutlicher und das Spiel erhält einen grotesken Charakter. Dem Protagonisten werden die Extreme seines/ihres inneren Dialogs in Hochspannungssituationen lebensgroß widergespiegelt.

9. Nach erneuter Befragung der Akteure, wie sie den Machtkampf erlebt haben, folgt die Vorbereitung der zweiten Intervention: „Was braucht jeder Einzelne, damit es eine gemeinsame Party werden kann?"

10. Hierbei wird eventuell deutlich, daß eine für friedliche Kooperation notwendige Eigenschaft (Weisheit, Liebe, Geduld...) unter den Gästen bisher fehlte. Nun wird ein Akteur mit dieser

Rollenaufgabe eingeladen und zur Unterstützung des Einigungsprozesses in die Party eingeführt.*

11. Die Gäste sollen sich jetzt um ein ergänzendes Zusammenspiel bemühen (wie vorbereitet) und aufeinander zugehen, so daß nach „innen und außen" die Balance für sie stimmt. Die ursprünglich verordnete Eigenschaft wird dabei immer weiter verwandelt, wenn auch der Charakter der Rolle erhalten bleibt (*Satir* 1988).
12. Der Protagonist erlebt häufig für ihn/sie ganz neue Facetten der einzelnen Anteile, die in den eigenen Vorstellungen noch nicht aktiv repräsentiert waren. Damit gibt die Parts Party Entwicklungsanstöße in kleinen Schritten und zeigt zugleich in einem ausbalancierten Gesamtbild, wie der Protagonist „mit sich und der Umgebung einig" sein kann.

Integration der Persönlichkeitsanteile:

13. *Übermittlung des Wandlungsprozesses an den Protagonisten und Annahme aller Teile.*
14. *Entrollen.*
15. *Sharing, Mitteilen von Eigenerfahrungen der Darsteller- und Zuschauer/innen.*
16. *Besinnung.*
13. Den Abschluß der Parts Party bildet – wie beim Mandala – ein Ritual, bei dem jeder Gast sich einzeln vor den/die Gastgeber/in stellt und seine Erfahrungen aus dem ganzen Prozeß übergibt, eingebettet in die Formel: „Ich bin dein/e z.B. Gänsemagd, deine Fähigkeit ... zu sein (z.B. anklagend zu sein, ängstlich zu werden und Ohnmacht zu fühlen ...). Kannst du mich annehmen, so wie ich bin?"

So findet für den Protagonisten noch einmal ein zusammenfassendes Nacherleben der Umwandlung jeder Rolle statt. Durch

---

* Ein oder zwei Personen können auch schon zu Beginn als „Überraschungsgäste" vom/von der Prozeßbegleiter/in eingeladen werden, um „fehlende Teile" zu ergänzen, wie z.B. Sexualität. (Anm. d. Hrsg.)

die direkte Gegenüberstellung mit jedem Anteil und Augenkontakt wird das tiefe Erleben in ihm/ihr weiter verankert. Wenn nach der Gegenüberstellung jede/r Rollenspieler/in eine Hand auf die Schulter der Hauptperson legt, erfährt diese auch körperlich ein „umfassendes", konzentriertes Gefühl von Ganzheit.
Eine Versöhnung mit vorher an sich selbst abgelehnten Anteilen kommt so selbstverständlich vor wie das Annehmen von „schwachen" Seiten einer Eigenschaft, auf die man vorher so stolz gewesen war. Außer dem Protagonisten hat auch jeder Darsteller Wertschätzung und Unterstützung für eine Veränderung erhalten.

14. Die Rollenspieler/innen verabschieden sich von ihren Rollen, legen Requisiten u.ä. ab und kommen wieder mit ihrem „Alltags-Ich" in Berührung, sprechen sich mit dem eigenen Namen an.
15. Sie tauschen sich aus über ihre Erlebnisse, wie es ihnen damit gegangen ist, für diese Rolle gewählt worden zu sein und wie sie sich durch dieses Setting verwandelt haben. Die Zuschauer haben danach ebenfalls Gelegenheit zum Sharing.
16. Für die Zentrierung der Gruppe, wieder in der „Jetzt-Zeit" zu landen, bot *Satir* meist eine kurze Besinnung an, auf den eigenen Atem, den Energiefluß, auf unsere Fähigkeiten, uns selbst wahr- und anzunehmen sowie uns zu bewegen und verändern zu können.

Alternativen in der Ausführung

Virginia Satir war kreativ und flexibel bei der Parts Party – wie immer in ihrer Arbeit – in Zusammenarbeit mit dem Protagonisten durch neue Eingaben andere Strukturen einzusetzen. Einige davon seien hier erwähnt. Zum Beispiel fragte sie bereits bei der Vorbereitung (Punkt 2) im Zusammenhang mit der Bewertung der Eigenschaften nach Erfahrungen des Protagonisten mit denselben unter umgekehrten Vorzeichen, vor allem wenn viele Negativ-Bilder gewählt wurden. „In welcher Situation hat Dir Deine positive Eigenschaft (z. B. Leidenschaftlichkeit von „Carmen") einmal geschadet?" oder „Wann hat Dir Deine negative Eigenschaft (z. B. Schüchtern-Sein von der ‚Gänsemagd') einmal genützt?" Damit integrierte *Satir* bereits den taoistischen, komplementären Aspekt jedes Persönlichkeitsanteils im Vorfeld (siehe hierzu auch *Bandler, Grinder* 1985; *Stahl* 1988). Oder sie übernahm Ideen des Protagonisten zum Start der Party (Punkt 6) und fragte: „Wie magst Du gern eine Party beginnen?" Eine andere Form, die systemische Zusammengehörigkeit der verschiedenen Anteile zu zeigen und sie vorzustellen (Punkt 5), ähnelt dem Vorgehen beim Mandala: alle Rollenspieler werden mit einem langen Seil am Protagonisten festgebunden mit etwas Spielraum dazwischen; die negativ bewerteten knien sich auf den Boden, die positiv geschätzten bleiben stehen und der Protagonist setzt sich auf die Knienden.* So „dürfen" sich alle Teile frei bewegen und demonstrieren zusammen, wieviel Energie gebunden wird, wenn eine Person versucht, sich selbst in sogenannten negativen Aspekten zu verbergen, welche Verrenkungen dafür notwendig sind und welche Teile blockiert werden. Die Auflösung erfolgt dann ebenso wie im Mandala mit mehreren Unterbrechungen und Verdeutlichungen des Prozesses.

Andere alternative Vorgehensweisen sind vor allem Interventionen der Familienrekonstruktion: „Für wen stehen die Rollen in der Ursprungsfamilie des Protagonisten?" Dies kann durch Gegenüberstellung mit Eltern- oder Geschwister-Rollenspielern bearbeitet werden, oder die Frage zu Beginn dient nur als Hinweis für die Beobachtungen.

Parts Party für Paare

Eine weitere, wenn auch noch komplexere, Anwendungsmöglichkeit ist eine „doppelte" Parts Party für ein Paar, das seine Kommunikation miteinander klären möchte. Die Fragen lauten dann etwa: „Welche Teile von mir konkurrieren/idealisieren/blockieren/mißverstehen .... welche Teile von dir, und wie können alle unsere

---

* Diese Vorgehen wählte *Satir* nur dann, wenn sie erkannte, daß ein Teil – z. B. Hitler – die Party frühzeitig dominieren könnte. (Persönliche Mitteilung von *V. Satir* am 14. April 1983 an die Hrsg.)

„Gesichter" insgesamt besser zusammenspielen?" Dieses Verfahren setzt für die Prozeßbegleitung differenzierte Erfahrungen in der Arbeit mit großen Gruppen, in der Paartherapie und Familienrekonstruktion (*Nerin* 1989; siehe auch S. 163 ff.) voraus. Benötigt werden etwa doppelt so viele Rollenspieler/innen und gut eine Stunde mehr für die Durchführung. Zwei große Leinentücher dienen im Verlauf als Vorhänge. Die Aspekte der Beziehung, in denen sich jetzt die Partner zeigen und begegnen, sind: eine Metapher, ein Bild für die Rolle, konkretisiert durch die gegebene Geste und mit einem intellektuellen Konzept, d. h. die Bedeutung dessen, was der Rollenträger als charakteristischen Satz sagt, und der Prozeß ihrer Begegnungen, der durch die Bewegung aufeinander zu entsteht. Die Rollenspieler/innen beider Partner stellen sich jeweils hinter einem von zwei Zuschauern gehaltenen Leinentuch in zwei Riegen auf, so daß die beiden Reihen der Gäste sich nicht sehen können. Ihre Reihenfolge untereinander ist beliebig, soll nach einem Durchgang zweimal gewechselt werden. Die Partner sind Zuschauer, werden zwischendurch gefragt, ob sie Situationen wiedererkennen, die ihnen jetzt grotesk vorgespielt werden. Die Struktur der Vorbereitung (Punkt 1 bis 5) ist identisch mit der Einzel-Parts-Party, nur eben doppelt. Im Folgenden begegnen sich sodann jeweils nur zwei Persönlichkeitsanteile (von jedem Partner einer) zwischen den Vorhängen und stellen sich einander mit ihrer Geste und dem Satz vor, den sie in der Vorbereitung von den Gastgebern erhalten haben. Zum Beispiel trifft „Liza Minelli, Kabarett-Sängerin", die bezaubernde Lebendigkeit der Partnerin mit dem Satz „Ich finde alles wunderbar!", wobei sie die Arme dabei munter im Kreis schwenkt, auf „Caspar Weinberger, Sicherheitsbeauftragter", den ängstlichen Anteil des Partners, der mit verschränkten Armen und gesenktem Kopf vor sich hin spricht: „Wir brauchen mehr Waffen!" – Bei den drei Durchgängen ergeben sich immer neue Kombinationen von unterschiedlicher Diskrepanz oder Harmonie. Der/die Prozeßbegleiter/in fragt jeden Partner für sich, welches „Paar" von Rollenträgern er oder sie gern für sich verändern möchte. Der eigentliche Ursprung des Rollenmusters und auch der positiven bzw. negativen Bewertung wird aufgedeckt und durch Einbeziehen der jeweiligen Elternfigur in seiner Festschreibung aufgelöst. Alle Teile sind veränderungsfähig. Eine neue Geste, eine neue Regel wird gesucht, die jetzt stimmt und zur Kommunikation mit sich selbst wie zum Partner paßt. Für die alte Regel werden Entgegnungen gesucht, die sie entkräften (siehe *Bandler, Grinder, Satir* 1978). Ist es z. B. das Rollenpaar, in dem der Mann seinen ängstlichen Anteil gern verändern möchte, wird an seinen Möglichkeiten, mit eigener „Power" in Berührung zu kommen, gearbeitet. Seine Alternativen mögen dann vielleicht sein: anzugreifen, sich zu verteidigen, Mut zum Durchhalten oder Kraft zu Neuem zu zeigen und „andere Türen zu öffnen".

Die Paar-Parts-Party selbst findet mit allen Rollenspielern ähnlich statt wie oben beschrieben (Punkt 6 bis 12), jeder der beiden mag eventuell noch einen Gast wie die „Liebe", „Geduld" o. ä. einladen, damit die Kooperation auf dem Fest schließlich gelingt.

Die Integration (Punkt 13) erhält jeder Partner für sich. Das allgemeine Rollenablegen, Austauschen der Erfahrungen und die Meditation bilden den Abschluß. Diese schöpferische Paar-Arbeit von *Virginia Satir* (1987) unter Einbeziehung der Energie einer großen Gruppe demonstriert die „hohe Schule" ihrer Kunst, ganzheitlich zu arbeiten, nicht nur mit einzelnen, sondern und gerade auch mit Beziehungsmustern. Um die Paar-Parts-Party nachzuahmen, ist außer der therapeutischen Kompetenz empfehlenswert, mehrmals „live" dabeigewesen zu sein, z.B. bei den Familientherapeut/innen, die direkt von *Satir* gelernt haben. Deutlicher als hier im Text wird dann die Dynamik des großen Spannungsbogens bei jedem einzelnen Protagonisten sowie der Filterprozeß bis zur konkreten Transformation für die Paar-Beziehung.

Einige theoretische Anmerkungen zur *Parts Party für Paare* finden sich im Beitrag von *Joan Winter*, S. 209.

Konkretes Beispiel aus einer Gruppenarbeit am Münchner Familienkolleg mit Virginia Satir

Um sich den Verlauf einer Parts Party anschaulich vorstellen zu können, eignet sich am besten eine Video-Aufzeichnung, die allerdings das komplexe Geschehen auch nur auf je eine Kameraeinstellung reduziert zeigen kann. Dem auf vielen Ebenen zwischen vielen Personen gleichzeitig stattfindenden Prozeß schriftlich gerecht zu werden, ist eine große Herausforderung. Ich möchte mich hier auf die Schilderung von gewählten Rollen und ihren Verwandlungen im Laufe einer von *Virginia Satir* selbst strukturierten Parts Party (*Satir* 1987) beschränken. Der Phantasie der Leser bleibt es überlassen, anhand der o. g. Darstellungen das Festspiel gedanklich nachzuvollziehen oder sich eigene Rollen auszudenken und diese in der Imagination miteinander agieren zu lassen.

Die zehn Rollen und die Eigenschaften, die sie für einen Protagonisten verkörperten, waren:

„Dietrich Bonhoeffer"	– ernsthaft
„Gänsemagd" (Märchen)	– schüchtern
„Motorradfahrer"	– lebendig und flexibel
„katholische Oberin"	– richtend und anklagend
„Eva"	– sexy
Quellen-‚Peri' (Fee aus persischer Sage)	– intuitiv, spirituell
„Heilige Johanna von Orleáns"	– mutig
„Picasso"	– kreativ
„Salomon"	– weise
„Minnesänger"	– freudig und leicht

Nach der ersten Phase der Begegnungen mit ihren vorgegebenen Sätzen und Gesten hatte sich die ursprüngliche Stimmung der meisten schon verändert:

– *der weise „Salomon" wurde hoffnungslos auf dem Fest,*
– *die schüchterne „Peri" wollte sich ganz zurückziehen,*
– *die „Heilige Johanna" wurde ängstlich,*
– *die „Gänsemagd" dagegen mutiger, beide wollten ab jetzt zusammenbleiben;*
– *die strenge „Oberin" war unglücklich,*
– *der ernste Theologe „Bonhoeffer" wurde steifer,*
– *während „Picasso" recht viel Inspiration erhielt,*

- der „Motorradfahrer" Spaß beim Treffen anderer Gäste hatte,
- „Eva" alles wunderbar fand und
- der „Minnesänger" dazu noch „Prima!" singen konnte.

Nach dem zweiten Einfrieren wurde „Picasso" allmählich ärgerlich, da er nicht genügend Aufmerksamkeit für sich und seine Kunst bekam. Dagegen fing „Herr Bonhoeffer" an, sich für andere Menschen zu interessieren und wirklich hinzuschauen, mit wem er dort auf dem Fest zusammentraf. Später fanden die „Oberin" und „Picasso" zueinander und bannten durch leidenschaftliche Umarmungen die Aufmerksamkeit der anderen Gäste. Viele bemerkenswerte Einzelbegegnungen ließen sich noch darstellen, würden aber den Rahmen dieses Aufsatzes sprengen.

Die Entwicklungen und Wandlungen aller Teile wurden im Integrationsritual (Punkt 13) zusammengefaßt und mögen hier exemplarisch den Prozeß belegen: Die „Oberin" stellte sich der Gastgeberin vor als deren Fähigkeit, „gerecht zu sein, Angst zu spüren, Ohnmacht, doch auch Leidenschaft sowie Freude und Kraft." Die „Gänsemagd" bot als Facetten ihrer Verkörperung an, „schüchtern zu sein, sich zu verbünden, wütend zu werden, sich zu verschließen und Dinge für sich zu behalten, klug etwas einzusetzen, um ein Ziel zu erreichen." Die „Heilige Johanna" präsentierte ihren Wandlungsprozeß als: „mutig zu sein und nicht loszulassen beim Anstreben eines Zieles, standfest durchzuhalten, viel Schmerz zu ertragen, doch sich auch zu fürchten und froh zu werden über unverhofften Beistand." „Dietrich Bonhoeffer" hatte an sich selbst entdeckt, „aufrichtig zu sein, dabei hartnäckig und starr in seinen gut gemeinten Gedanken über die Menschen an sich zu werden, allmählich jedoch auch neugierig auf andere, einzelne, und sie konkret zu lieben, nicht nur im Geiste die ganze Menschheit." „Picasso" spiegelte der Hauptperson ihre „Kreativität in leichten und schwierigen Zeiten, ihre Fähigkeit zum Ärger und Zorn und trotz Angst, mutig zu eigenen unkonventionellen Teilen zu stehen; dieser Teil konnte auch plötzlich ganz anders werden und mit offenen Händen auf andere zugehen, ganz gleich, was jene vorher taten." Der „Motorradfahrer" verkörperte ihre „Beweglichkeit und Aktivität, anderen etwas mitzuteilen und nahezubringen, gleichzeitig auch die Fähigkeit, Kontakte zu beenden, für sich allein zu sein, ziellos zu werden und schließlich resigniert aus allem – sogar dem Leben – aussteigen zu wollen, bis er wieder Bedürfnisse entwickelt, mit anderen zusammenzukommen." Der weise Anteil „Salomon" hatte seine Aspekte, „hilflos zu werden und Ärger nicht zeigen zu wollen", angenommen. „Eva" bestätigte der Gastgeberin ihre „Sexualität, ihre körperliche Liebe, Lust, Lachen, Spaß zu haben, zu tanzen und sich zu amüsieren, es sich ganz gut gehen zu lassen." Der „Minnesänger" übergab ihr das Talent, „Unangenehmes eher leicht und nicht ganz so ernst zu nehmen, sich mit kreativen Menschen zu verbinden und zu vertrauen auf einen guten Ausgang." Zuletzt stellte sich die Quellen-'Peri' als die Spiritualität der Gastgeberin vor, „als ihre Weisheit von den Zusammenhängen des Himmels und der Erde sowie des Lebensflusses, als ihre Fähigkeit, durch Liebe zu heilen".

Aus den eben genannten Erfahrungen der von Männern und Frauen für eine Frau verkörperten Anteile geht sehr deutlich hervor, daß letztlich das Zusammenspiel aller gut harmonierte. Der Weg dorthin, vor allem in der Phase der Machtkämpfe, war schmerzvoll und angstbesetzt: in der persönlichen Krise der inneren Zerrissenheit tauchte die Angst auf, verrückt zu werden, im Chaos völlig die Kontrolle und den Zusammenhalt zu verlieren. Der „Motorradfahrer" verkörperte durch seine Fluchttendenzen zusätzlich noch das Lebensbedrohliche dieser Krise. Daß in der Kooperationsphase schließlich alle wieder aufeinander zugingen, sich gegenseitig beistanden und klug handeln konnten, ist u. a. auch der Leichtigkeit des „Minnesängers" zu verdanken: eine reiche, festigende Parts Party für die Hauptperson und aufregende Erfahrungen für die Rollenspieler wie Zuschauer.

Anwendungsmöglichkeiten

Eine Parts Party eignet sich besonders für die Arbeit mit einer einzelnen Person in einem längerfristigen Gruppenprozeß. Sie ergänzt die Bearbeitung biographischer Einzelthemen. Die spielerische Form des „Festspiels" verbindet die unterschiedlichen Details des therapeutischen Prozesses und rundet ihn auf einer metaphorischen Ebene integrierend ab. Da alle Beteiligten durch das dramatische Geschehen persönlich meist tief berührt wurden, sind außer der therapeutischen Kompetenz des/der Prozeßbegleiters/in folgende drei Voraussetzungen in der Gruppe für das Gelingen wichtig:

1. Klare und vertrauensvolle Beziehung des Protagonisten zum/zur Prozeßbegleiter/in.

2. Sicherheit in der Gruppe, um sich zeigen und eventuell neu aufkommende Themen in einer stützenden Kleingruppe aufarbeiten zu können.

3. Erfahrungen mit Rollenspielen und De-Roling-Ritualen, um sich nach Abschluß des „Festspiels" wieder losgelöst von der Rolle begegnen zu können.

Die Gemeinschaft wächst zusätzlich durch die Beteiligung mehrerer Gruppenmitglieder, die meist nicht ganz zufällig für eine bestimmte Eigenschaft bzw. Rolle gewählt werden. Ein Thema ist ihnen somit genauso „verwandt" wie dem Protagonisten, und ein Integrationserlebnis teilen sie im Verlauf der Parts Party durch mehrere Umwandlungen mit ihm. Für alle Zuschauer wird das Kommunikationssystem zwischen „innen und außen" durchlässig durch die mehrfachen Unterbrechungen des Spiels, wenn nämlich der/die Prozeßbegleiter/in die Rollenspieler nach ihren erlebten Gefühlen, Gedanken, Körperreaktionen und Absichten fragt. Sackgassen während der Handlung spiegeln Abspaltungen und Idealisierungen des Protagonisten wider. Sie/er erhält als Zuschauer/in Distanz und gewinnt durch stützende Begleitung Einsichten, erinnert Parallelen ihrer/seiner Biographie und bekommt die Chance, durch neue Impulse Blockierungen aufzulösen. Im spielerischen Prozeß verwandeln sich die ursprünglichen Eigenschaften. Negative und positive Bewertungen – wie bei der Auswahl der repräsentativen Persönlichkeiten durch den Protagonisten – werden aufgehoben bzw. in ihrer eindeutigen Festlegung fragwürdig. Durch das extreme Ausspielen der gewählten Eigenschaften zeigt sich deren vorübergehender Glanz und innerpsychische Verflochtenheit, d. h.

wie sich die Teile/Rollen auch gegenseitig beeinflussen. Alle beteiligten Personen werden angeregt zu reflektieren, loszulassen und Neues auszuprobieren. Eine Person ist nicht festgelegt in nur einer genetischen Struktur; sie ist vielmehr ein offenes System vielfältiger Fähigkeiten und Potentiale. So werden alte fesselnde Botschaften aus der Kindheit „überholt": z. B. „Du bist so eigensinnig wie dein Großvater!" oder „Du darfst niemals so viel riskieren wie ...!" Sie werden flexibel verwandelt in neue Handlungsspielräume. Allgemein wird in der Parts Party deutlich, wie sehr starre, unbewegliche Menschenbilder zu Verwundungen führen: Zwischen einzelnen Menschen in einer Familie genauso wie in einer Nation bei unterschiedlicher religiöser oder ethnischer Zugehörigkeit (Juden, Zigeuner ...) und zwischen verschiedenen Nationalitäten („Die Russen sind ...", „Die Türken sind ...").

Dadurch, daß Bewertungen und Festlegungen der Menschenbilder in Bewegung kommen und die Eigenschaftsträger sich in der Parts Party miteinander weiterentwickeln, werden Umwandlungs- und Heilungsprozesse eingeleitet. Somit erhält dieses therapeutische Verfahren eine über die persönliche Fragestellung der Gruppenteilnehmer hinausgehende Anwendungsmöglichkeit: wenn u. a. deutlich wird, daß in einer Gruppe Menschen anderer Herkunft als sie selbst abgewertet werden, z. B. die Ost-Deutschen von den West-Deutschen. Die offene Benennung einer negativen Meinung ist dann schon der erste Schritt, die Übernahme einer abgelehnten Rolle vielleicht ein zweiter, zur eigenen Integration und Ganzheit zu gelangen.

Im Vergleich zur Familienrekonstruktion kann in der Parts Party ohne große Vorbereitung der persönlichen Biographie und des geschichtlichen Hintergrundes zentriert an den „anderen" Wurzeln des Selbst gearbeitet werden. Das Gelingen ist wohl außer von o. g. Voraussetzungen auch von der persönlichen Bereitschaft des Protagonisten abhängig, hinzuschauen, (an)zu-erkennen und weiterhin die neuen „Wahrheiten" in sich selbst zu berücksichtigen. Durch ihren festlichen Charakter und die Beteiligung vieler Mitspieler läßt sich die Parts Party gut ans Ende eines Seminars setzen. Der intensive Kontakt in den einzelnen Phasen und das Integrations-Ritual sind ein guter Abschluß für die ganze Gruppe und geben anschließend dem individuellen und gemeinsamen Abschied Raum.

Literatur

Bandler, R., Grinder, J. (1983): Neue Wege der Kurzzeit-Therapie. Neurolinguistisches Programmieren. Paderborn: Junfermann.
Bandler, R., Grinder, J. (1985): Reframing: Ein ökologischer Ansatz in der Psychotherapie (NLP). Paderborn: Junfermann.
Bandler, R., Grinder, J., Satir, V. (1978): Mit Familien reden. München: Pfeiffer.
Jürgens, G., Salm, H. (1985): Fünf Freiheiten. Familientherapie. In: *Petzold H. (Hrsg.)*: Wege zum Menschen. Ein Handbuch I. Paderborn: Junfermann.
Nerin, W.F. (1989): Familienrekonstruktion in Aktion. Virginia Satirs Methode in der Praxis. Paderborn: Junfermann.
Satir, V. (1975): Self Esteem. Berkeley, Ca.: Celestial Arts; dt.: (1988): Grund zum Feiern. Wessobrunn: Integral Verlag.
Satir, V. (1975): Selbstwert und Kommunikation, München: Pfeiffer.
Satir, V. (1978): Your many Faces. Self-Perception. Berkeley, Ca.: Celestial Arts; dt.: (1988): Meine vielen Gesichter. Wer bin ich wirklich? München: Kösel.
Satir, V. (1987): Familienrekonstruktion. Video-Aufzeichnungen: Seminar des Münchner Familienkollegs.
Satir, V., Baldwin, M. (1983): Satir Step by Step; dt.: (1988): Familientherapie in Aktion. Paderborn: Junfermann.
Wing, R.L. (1987): Der Weg und die Kraft. Laotses Tao Te King.

Anmerkungen zur Parts Party für Paare*

Joan E. Winter, Leanne R. E. Parker

Vorbemerkungen

Virginia Satir betrachtete Einzelpersonen, Ehepaare und Familien als isomorphe, jedoch miteinander in Beziehung stehende Systeme. Ihrer Arbeit verdanken wir es, daß wir uns auf eine Komponente konzentrieren und dabei gleichzeitig auf andere Systeme einwirken können. Sie hat die Parts Party für Paare entwickelt, weil sie die Selbständigkeit und das Selbstwertgefühl des Individuums stärken und gleichzeitig die eheliche Beziehung verbessern wollte. Sie versuchte, sowohl die geschätzten als auch die entfremdeten, verdrängten und unbekannten Aspekte eines jeden Partners sichtbar werden zu lassen, um so beiden Partnern zu helfen, diese verschiedenen Teile ihrer Persönlichkeit wieder zurückzugewinnen und einsetzen zu können. Eine derartige therapeutische Intervention ist ein wirksamer Katalysator, der eine Veränderung einleitet. Die Parts Party gibt so dem Therapeuten eine Methode an die Hand, mit deren Hilfe er die eheliche Beziehung verbessern kann.

Bei der Entwicklung dieser Methode ließ sich *Satir* von dem Gedanken leiten, daß Kompetenz und Selbständigkeit des Individuums elementare Komponenten seiner Entwicklung und Reifung sind. Ihr Prozeßmodell dient der Steigerung des Wohlbefindens und des Selbstwertgefühls einer jeden Person innerhalb des Systems. Die Fähigkeit, auf eigenen Füßen stehen zu können, war nicht nur ein charakteristisches Merkmal ihrer eigenen Persönlichkeit, sondern auch das Ziel ihrer therapeutischen Bemühungen.

---

* Dieses Kapitel ist eine gekürzte Fassung von *Winter, J.E.* und *Parker, L.R.E.* (1991): Enhancing the Marital Relationship: Virginia Satir's Parts Party; in: *Brothers, J.B. (Ed.): Virginia Satir: Foundational Ideas.* Binghamton, NY: The Haworth Press, S. 59-82. Die Autoren danken der Forschungsassistentin Susan S. Tolson, M.Ed., für ihre redaktionelle Unterstützung.

Bei der Therapie von Ehepaaren konzentrierte sie sich deshalb auf die Entwicklung der Selbständigkeit beider Partner. Über diese Stärkung und Erweiterung der Unabhängigkeit beider Partner hinaus versuchte sie, zwischen beiden eine bedeutsame Beziehung aufzubauen. Das Prozeßmodell trägt der Wechselwirkung zwischen Selbständigkeit und Gemeinsamkeit bzw. zwischen dem Getrenntsein und dem Aufeinanderbezogensein Rechnung. *Virginia* mußte jedoch feststellen, daß sich die Ehepaare vergeblich darum bemühten, von ihrem Partner ein Gefühl für ihr Selbst zu bekommen, wenn ihnen das lebensnotwendige Element der Autonomie fehlte. Sie ging außerdem davon aus, daß die Ehe „die Hoffnung auf eine zweite Chance" in sich birgt (*Satir*, persönliche Mitteilung vom 6. Februar 1986). Das heißt, daß die Verluste und Enttäuschungen der Kindheit eines Menschen, vor allem wenn ihre Ursache in der Familie liegen, zu einer unbewußten Beeinflussung der Partnerwahl führen. Wenn jemand zum Beispiel eine Mutter oder einen Vater hatte, die Alkoholiker waren, sucht er sich womöglich einen Partner, der unter einer ähnlichen Störung leidet. Unbewußt hofft der Betroffene dann, daß er seinen Partner ändern und damit gleichzeitig die Wunden heilen kann, die ihm in seiner Herkunftsfamilie zugefügt worden sind. Der Versuch, die Leiden der Kindheit durch eine Ehe zu heilen, wird bei vielen Ehepaaren zur treibenden Kraft. Auch wenn dieser Wunsch den Betroffenen nicht bewußt wird, hat er doch einen tiefgreifenden Einfluß auf die Qualität der ehelichen Beziehung. Diese Kräfte haben sich, ohne daß die betroffene Person etwas davon merkt, zu einem unbewußten Verhaltensmuster entwickelt.

Abgesehen von der dynamischen Wirkung, die die jeweilige Herkunftsfamilie auf die Ehe hat, wird das Ehepaar vom jeweiligen Selbstbild des Partners beeinflußt. Die Wechselwirkung zwischen dem Selbstbild des Partners und seinen persönlichen Grenzen können die Qualität einer Ehe beeinträchtigen.

Satir hatte erkannt, daß es einer primären Kraft bedarf, damit ein Mensch voll funktionsfähig ist. Sie ging davon aus, daß diese Fähigkeit im wesentlichen von der Qualität der Integration des Selbst abhängt, die ein Mensch erreicht hat. Kongruenz oder Übereinstimmung zwischen dem, was die Person meint, und dem, was sie mitteilt, ist ein wesentliches Ziel ihrer Methode. Sie paßte ihre Methode an die Beziehung eines Paares an, damit sowohl die beiden Individuen als auch die Paarbeziehung einen Nutzen davon hatten.

Man kann einen „Teil" als einen charakteristischen Aspekt oder eine Eigenschaft des Selbst betrachten. Da solche Teile integrative Komponenten des Selbst sind, „können sie uns wie Stricke einschnüren, wenn wir sie verleugnen" (*Carlock*, 1986, S. 2). *Satir* schreibt daher:

> Ziel einer Parts Party ist es, einem Menschen bewußt zu machen, daß er aus vielen verschiedenen Teilen besteht. Er muß sich mit ihnen vertraut machen, sie verstehen und lernen, wie er sie auf harmonische und integrative Weise einsetzen kann (*Satir* und *Baldwin* 1983, S. 258).

Eine Darstellung der Teile des Selbst führt zu einem besserem Verständnis und einem entspannteren Umgang mit persönlichen Problemen und darüber hinaus zu einer Akzeptanz der verborgenen inneren Kämpfe. Ziel der Parts Party ist die Förderung des Selbstwertgefühls und eine Verbesserung der Qualität der Beziehung bei Ehepaaren. Je selbständiger der einzelne Partner wird, um so mehr verbessert sich die Beziehung. Außerdem baut der Prozeß negative Sichtweisen ab, mit denen die beiden Partner einander begegnen.

Satir konzentrierte sich sowohl auf das systemische Wesen der Familien als auch auf das System im Inneren des Selbst: Die Parts Party gibt Aufschluß über das eigene individuelle System und konzentriert sich in therapeutischer Weise auf die Beziehung, in der die einzelnen Teile des Selbst zueinander stehen.

Dadurch, daß *Satir* die Methode der Parts Party speziell auf jedes bestimmte Ehepaar zuschnitt, schuf sie eine lebendige Darstellung dessen, was jede Person für sich selbst und in Beziehung zu der Partnerschaft beiträgt. Die Parts Party ermöglicht es dem Ehepaar, das zu *erkennen*, was im Inneren des Selbst existiert, zu *lernen*, in welcher Wechselwirkung diese Elemente mit denen des Ehepartners stehen, zu *erkennen*, wie sich die verschiedenen Aspekte eines jeden Partners gleichzeitig auf beide auswirken, und wie eine zuvor dysfunktionale Wechselwirkung zwischen beiden Partnern in ein verständnisvolleres und die Umstände besser würdigendes Verhaltensmuster *umgewandelt* werden kann.

Theoretische Überlegungen

Die zugrundeliegenden Prinzipien

Virginia Satir erkannte, daß das Leben von der Geburt bis zum Tod aus Erlebnissen besteht, die mit Gefühlen verbunden sind und vom Betroffenen in einer bestimmten Weise interpretiert werden. Aus solchen Erlebnissen und den damit verbundenen Gefühlen und Interpretationen entwickeln sich mit der Zeit die Teile einer Person. Nach und nach prägen diese Erlebnisse und deren Interpretationen die habituellen Reaktionen und führen zur Ausbildung des für das Individuum charakteristischen Verhaltensmusters. *Carlock* stellte fest, daß „diese habituellen Verhaltensmuster einen Cluster bilden, der die Eigenschaften der Persönlichkeit formt und schließlich zu einer speziellen Verhaltensstruktur oder einem persönlichen Stil führt" (*Carlock* 1989, S. 4).

Je nachdem, wie ein Erlebnis interpretiert wird – und eine solche Interpretation ist eine notwendige Bedingung für die Entstehung der Teile – wird einem bestimmten Teil vom Individuum entweder eine positive oder negative Konnotation zugeordnet. So wird nach *Satir* und *Baldwin* (1983) zum Beispiel Wut häufig als ein negativer Teil des Selbst betrachtet. Das Kind hat möglicherweise schon ganz früh in seinem Leben erlebt, daß Wut nicht akzeptiert wird und daher gefährlich ist. Ein Entwicklungsprozeß läuft gewöhnlich in den folgenden vier Stufen ab:

1. Das Kind macht seinem Ärger Luft und wird deshalb ausgeschimpft (*Erfahrung*).
2. Das Kind übersetzt dieses Erfahrung in die Wahrnehmung, daß Wut etwas „Böses" ist (*Interpretation*).

3. Wenn sich solche Erlebnisse wiederholen, entsteht ein Lernmodell, bei dem Wut als nicht akzeptabel interpretiert wird (*Verhaltensmuster*).
4. Wenn Wut immer wieder als problematisch erlebt wird, kommt es zur Ausbildung einer charakteristischen Reaktion und zu einer Verinnerlichung dieser Erfahrung (*Teil*).

Die Teile entstehen also nach und nach: *Erfahrung* → *Interpretation* → *Verhaltensmuster* → *Teil*. Eine Parts Party beginnt damit, daß man sich mit dem letzten Aspekt dieser Sequenz befaßt, mit dem Teil selbst. Außerdem hat sie das Ziel, auf jeden einzelnen Aspekt des Entwicklungsprozesses eines Teils einzuwirken: auf das Verhaltensmuster, die Interpretation und die Erfahrung. Bei einer Parts Party für Paare richtet sich das Augenmerk sowohl auf die Teile beider Partner als auch auf die Wechselwirkung zwischen ihnen.

Wenn ein Mensch einen Teil negativ bewertet, verleugnet er mit der Zeit die Gefühle, die zu einer Äußerung der verleugneten Emotion führen würden. Auf der anderen Seite wird ein Teil, der vom Individuum geschätzt wird, im Verhaltensrepertoire dieser Person immer deutlicher sichtbar. Eine übermäßige Abhängigkeit von dem sogenannten positiven Teil kann zu einer Einschränkung der Flexiblität und einer versteckten Verletzbarkeit führen. Dieser Prozeß wird durch die Paarbeziehung noch intensiviert. Es kann sein, daß ein Partner einen besonderen Aspekt an seinem Ehepartner besonders schätzt und einen anderen ablehnt. Wenn solche Präferenzen direkt oder indirekt bekannt werden, entsteht eine neue Kraft, die das Verhalten des Partners formt und die Aspekte beider Partner und das Wesen der ehelichen Beziehung beeinflußt. Beide sind im Hinblick auf ihre Ausdrucksmöglichkeiten in doppelter Weise eingeengt. Wenn der eine Partner einen Aspekt des anderen besonders schätzt, wird er ihn verstärken, was zur Folge haben kann, daß die Ehe sich dann ganz besonders auf diesen Aspekt konzentriert. Auf der anderen Seite wird ein Teil, der als nicht akzeptierbar angesehen wird, womöglich unterdrückt.

Die lebendigen Darstellungen ihres Innenlebens, wie sie der Betroffene auf einer Parts Party erlebt, machen es ihm leichter, Aspekte seines Selbst zu akzeptieren. Bei einem Ehepaar haben außerdem beide Partner die Möglichkeit, die funktionalen Aspekte im Verhalten ihres Partners im Hinblick auf die Beziehung zu erkennen. Das kann zu einem besseren Verständnis der Schutzfunktion der Teile des anderen führen und die Erkenntnis fördern, wie die verschiedenen Teile auf effiziente Weise zusammenarbeiten können, um die Flexibilität des Individuums und des Paars zu steigern. Wenn die Teile in einem neuen Licht gesehen werden, wenn negative Konnotationen verändert und Funktionen richtig verstanden werden, wächst die Wahrscheinlichkeit, daß sowohl das Individuum als auch das Paar zur Integration finden. Die Ehepartner können einander besser verstehen und die notwendigen Schutzfunktionen, die jeder einzelne Teil des Selbst für die Person gehabt hat, klarer erkennen. Die Erkenntnis, daß „gute Teile", wenn sie übertrieben werden, schädliche Folgen und „negative Teile" schützende und erhaltende Elemente darstellen können, ist eines der wichtigsten Ziele der Parts Party für Ehepaare.

Die Teile können außerdem Energieträger oder treibende Kraft im Inneren des Menschen sein. Energie bedeutet die innere Kraft oder Fähigkeit, zu handeln oder Widerstand zu leisten. Der Treibstoff für diese Energie stammt aus den Gefühlen. Gleichzeitig mit der Freisetzung dieser Gefühle wird auch Energie frei. Ähnlich wie im Falle der Manifestation eines Teils, der als positiv betrachtet wird, wird auch hier die Energie bereitwillig eingesetzt, um dem erwünschten Teil Ausdruck zu verleihen. Wird ein bestimmter Teil als negativ angesehen, bemüht sich der Betroffene, die Energie zu bremsen. *Satir* hat angenommen, daß alle Teile über Energie verfügen und daß „die Energie entweder frei fließen kann" oder „sich wie ein hungriger Hund verhält, den man nicht gefüttert hat, und der dann aufsässig wird. Und diese Aufsässigkeit kann sich in irgendeiner Krankheit äußern... oder in Form einer destruktiven Interaktion... die Energie wird wütend" (*Satir* und *Banmen* 1983, S. 518). *Satir* betonte daher, daß „Energie nie getötet ... sondern nur transformiert wird" (S. 518).

Eine Transformation, also eine Veränderung der äußeren Form oder Funktion, ist ein immanenter Bestandteil des Prozeßmodells

*Virginia Satir*s. Der Tranformationsprozeß bedient sich der ursprünglichen Elemente: Erfahrung, Interpretation, Verhaltensmuster und Teil, um die existierende Energie in eine lebensfähigere, funktionalere Form zu bringen. Die Transformation fördert die Metamorphose des ursprünglichen Wesens eines Objekts oder Teils in eine angemessenere oder erwünschtere Form. *Hans Christian Andersen*s Märchen vom häßlichen kleinen Entlein, das sich in einen stolzen Schwan verwandelt, ist eine gute Illustration des therapeutischen Prozesses, der während einer Parts Party abläuft. Im Gegensatz zu der allmählichen Verwandlung des Entchens wurde die Parts Party von *Satir* als Katalysator entwickelt, um die symbolische Integration der Teile des Individuums darzustellen und dadurch zu beschleunigen. Ein weiteres wichtiges Ziel der Parts Party für Ehepaare ist es, daß jeder gleichzeitig die sogenannten „häßlichen" Teile in eine integrative und schöne Harmonie mit sich selbst und den anderen Menschen bringt. Die Veränderung wird dadurch, daß sie in einer ehelichen Gemeinschaft stattfindet, vertieft und verstärkt.

Die zwei wesentlichen Komponenten des Ausdrucks eines Teils sind einerseits der Kontext, in dem sich der Teil manifestiert, und andererseits die Möglichkeit, mit den anderen Teilen des Selbst zu kooperieren. Sowohl der Kontext als auch die Kooperation sind für den Ausdruck der Teile in einer ehelichen Beziehung wichtig. Das schließt eine Kooperation der Teile jedes einzelnen und der des Paares ein.

Mit dem Begriff Kontext bezeichnet *Satir* die Situation, in der eine Interaktion stattfindet. Der Zusammenhang, in dem die Manifestation eines Teils steht, ist ein wichtiger Punkt bei der Parts Party. Außerdem trägt die Kooperation zwischen den verschiedenen Teilen dazu bei, daß sich alle Teile sowohl beim einzelnen Partner als auch in der Ehegemeinschaft manifestieren können. Wenn beide Ehepartner sich klargemacht haben, welchen Beitrag ihre eigenen Teile und die des Partners leisten können, ermöglicht die Auswahl eines lebensfähigen Kontextes das Ausdrücken des bestimmten Teils. Wenn einem klar ist, welche fundamentale Bedeutung alle Teile des Selbst und des anderen sowohl für das gesamte Individuum als auch für die Beziehung haben, lernen beide Partner, unter welchen Bedingungen oder in welchem Zusammenhang dieses Element des Selbst wirkungsvoll ausgedrückt werden kann.

Dann werden alle Teile des Selbst angenommen, sind willkommen, werden geschätzt und häufig zum Ausdruck gebracht. Im allgemeinen dienen diese Aspekte als Brücke zwischen dem Selbst und dem anderen und verringern so das existentielle Gefühl des Alleinseins. Es gibt andere Teile, die nicht geschätzt und deshalb verleugnet werden; auch sie haben einen bestimmten Sinn, aber ihr Zweck ist unter Umständen nur schwer zu erkennen. Nach ihrer Transformation stellen solche verleugneten Teile einen wertvollen Schutz dar, der dem Menschen ein Gefühl der inneren Sicherheit vermittelt. Schließlich gibt es noch Teile, die offenbar unbekannt sind und vom Individuum erst entdeckt werden müssen. Diese unbekannten Aspekte fördern die Möglichkeiten der Reifung und Entwicklung des Individuums. Auch der Ausdruck dieser Teile gehört zu der Interaktion, die zwischen den Partnern abläuft.

Satirs Gedanken zum Problem der Akzeptanz der Teile des Selbst finden bei *C. G. Jung* (Jung 1973) und in der Gestalttherapie (*Perls* 1969; *Polster* und *Polster* 1973; *Zinker* 1977) eine Entsprechung. *Jungs* Modell geht vor allem von der Entwicklung eines Gefühls für die „psychische Ganzheit" oder die Integration der verschiedenen Aspekte des Selbst aus. Seine Archetypenlehre konzentriert sich auf die Integration der Teile im Inneren des Selbst.

Auf ähnliche Weise betonen auch die Gestalttherapeuten die Notwendigkeit einer Integration der Polaritäten des Selbst oder jener Aspekte einer Person, die notwendigerweise mit ihr im Widerstreit liegen und nicht in der Lage sind, sich im Inneren des Individuums friedlich zu arrangieren. Die Gestalttheorie geht von der fundamentalen Voraussetzung aus, daß ein Mensch die verschiedenen Gegensätzlichkeiten seines Selbst integrieren muß, und daß dazu auch die Teile gehören müssen, die abgespalten worden sind, weil sie für nicht erstrebenswert gehalten wurden. *Satirs* Methode trägt durch die Entdeckung und Einbeziehung existierender oder einfach nicht bekannter oder latenter Teile zur psychischen Ganzheit oder Gestalt der Person bei. Bei einem Paar ist die Einbeziehung der verschiedenen Differenzen entscheidend für die Lebendigkeit der Beziehung.

Bestandteile des Psychodramas, der Hypnose und der Theorie der Familiensysteme stimmen ebenfalls mit den Aspekten der Parts Party *Satirs* überein. Eine ausführliche Beschreibung dieser Parallelen würde den Rahmen dieses Kapitels sprengen. Ich verweise den Leser auf *Winter* und *Parker* (1991).

Zusammenfassend kann man sagen, daß die Parts Party versucht, geschätzte, abgespaltene, abgelehnte und unbekannte Aspekte eines jeden Partners an die Oberfläche zu bringen und sie in einen neuen Zusammenhang zu stellen, so daß das Individuum sich zu ihnen bekennen und sie in der Beziehung zu seinem Partner ausdrücken kann. Eine dramatische Darstellung jedes einzelnen Selbst in einer fröhlichen, positiven Umgebung fördert die Akzeptanz aller seiner Teile und der des Partners. *Satir* zufolge steigert eine solche Auflösung sowohl die Funktionsfähigkeit des Selbst als auch die verwandter Systeme, zum Beispiel der Ehe, Familie und des Kollegenkreises. Letzten Endes wird das Selbstwertgefühl durch die Fähigkeit gesteigert, sich zu allen Teilen bekennen zu können. Darüber hinaus wird die Existenz dieser Teile bestätigt, so daß die Person sich so akzeptieren kann, wie sie ist, wodurch die Beziehung des Paares und damit die Qualität der Ehe verbessert wird.

Satirs Perspektive bei der Behandlung von Ehepaaren

Virginia Satir hat in ihrem Prozeßmodell eine Anzahl von Prämissen formuliert, die sich auf Paare beziehen. Die Fähigkeit, die eigene Selbständigkeit zu bewahren und gleichzeitig eine Beziehung zu einem anderen Menschen zu haben, steht im Mittelpunkt ihrer Methode. Wie bereits erwähnt, besteht die wichtigste Aufgabe eines jeden Menschen darin, ein Gefühl der Kompetenz und Autonomie zu erlangen. *Satir* stellte fest, daß Liebe weder alle Forderungen des Lebens befriedigen noch einzige Quelle des Glücks sein kann. Aus ihrer Sicht sind „Intelligenz, Information, Bewußtheit und Kompetenz" lebenswichtige Elemente, die zur Zufriedenheit des Individuums beitragen (*Satir* 1988, S. 192). Sie schreibt: „Der wichtigste

Faktor in Liebesbeziehungen ist das Selbstwertgefühl der Beteiligten" (S. 196). Beide Partner einer Beziehung „müssen auf eigenen Füßen stehen", die Verantwortung für das eigene Selbst übernehmen können, das ist entscheidend für das, was *Satir* „positive Paarbildung" (positive pairing) nennt.

Wenn eine Ehe einen Überlebenspakt darstellt, wenn ein Partner versucht, sich vom anderen ein Gefühl für sein Selbst zu borgen, wird es unweigerlich zu Schwierigkeiten kommen. In einem solchen Fall läuft der eheliche Dialog folgendermaßen ab: „Wenn mein Kräftevorrat aufgebraucht ist, werde ich mir von dir Kraft holen. Zur Not hast du genügend für uns beide" (*Satir* 1967, S. 9). Autonomie ist in einem derart dysfunktionalen Pakt nicht zu erreichen, denn sie würde das Gleichgewicht der ehelichen Bindung bedrohen. Da beide Partner glauben, ihr Überleben hinge vom anderen ab, wird die Individuation erheblich behindert. Außerdem ist die Wahl des Partners ein komplexer und auf einer bestimmten Ebene unbewußter Prozeß. Die Dynamik kann sich darin ausdrücken, daß man sich einen Partner aussucht, der mit ähnlichen ungelösten Problemen kämpft, wie man sie selbst in der Herkunftsfamilie hatte. Oder die Wahl fällt paradoxerweise auf einen Partner, in dessen Herkunftsfamilie man genau die entgegengesetzte Dynamik vermutet. Beide Strategien laufen im wesentlichen auf dasselbe hinaus. Das Individuum wird in beiden Fällen bei seiner Partnerwahl durch alte Familiengeschichten beeinflußt und „hofft auf eine zweite Chance".

Die Wahl des Partners gibt außerdem wichtige Hinweise auf die gegenwärtigen Enttäuschungen und Störungen einer Ehe.

Don Jackson (1968), einer von *Satirs* Mentoren, stellte die Hypothese auf, daß der Therapeut nur zu wissen braucht, wie sich das Paar kennengelernt hat, um eine zuverlässige Aussage über ihre gegenwärtigen Probleme machen zu können. *Satir* stellte in ihren Familiensitzungen deshalb auch immer die Frage: „Wie haben Sie sich kennengelernt?" oder „Was an diesem Menschen hat Sie bewogen, ihn unter all den anderen auszuwählen, weil Sie das Gefühl hatten ‚das ist der (die) Richtige'?" Die Identifizierung der anfänglichen Hoffnungen, Träume und Wünsche, die die Partner vor der

Ehe hatten, wurde von *Satir* als diagnostisches und therapeutisches Mittel benützt.

Sie stellte fest, daß die Partnerwahl „kein Zufall ist" (1967, S. 8). Abgesehen von dem Versuch, Verletzungen aus der Kindheit zu heilen, indem man den „bösen" Elternteil durch einen „guten" ersetzt (S. 10), stellte sie die Hypothese auf, daß die Partner außerdem die Hoffnung haben, daß der andere die Qualitäten mitbringt, die sie bei sich selbst vermissen. Wenn zum Beispiel jemand sich selbst als wenig logisch und rational betrachtet, wird er diese Eigenschaften beim Partner als besonders erstrebenswerte Ergänzung des eigenen Selbst betrachten. Der Betroffene geht in diesem Fall von der falschen Überlegung aus, zwei Hälften würden ein Ganzes machen. Dieser Gedanke ist außerordentlich problematisch, denn eine Ehe muß aus zwei ganzen, selbständigen Menschen bestehen, wenn sie die Grundlage für ein erfülltes Leben sein soll. Selbständigkeit ist zwar eine notwendige, aber in diesem Modell nicht hinreichende Bedingung für das Glück.

Satir (1988) entdeckte bei Paaren drei Systeme. Sie bezeichnete sie als „Du, Ich und Wir". Aus dieser Perspektive ist jede Komponente gleichwertig, und jedes System verfügt über eigene Energie. Die Weiterentwicklung jeweils eines dieser drei Aspekte einer Paarbeziehung lassen die anderen funktionstüchtiger werden. Jeder einzelne profitiert sowohl von seiner eigenen Entwicklung als auch von der der beiden anderen Komponenten. In *Satirs* Modell verbessern die Bemühungen, die für die Stabilisierung des Du, Ich und Wir aufgewendet werden, die Qualität einer Ehe. Die Parts Party für Ehepaare soll eine Veränderung dieser autonomen und doch miteinander verbundenen Systeme ermöglichen.

Die Art der Wechselwirkung, die zwischen den drei Aspekten eines Paares zu beobachten ist, stellt einen Teil des Prozesses dar, in dem sich ein Paar befindet. *Satirs* Modell hat vor allem die Entwicklung eines effektiven Prozesses zwischen den einzelnen Familienmitgliedern zum Ziel. Für sie hatte der Prozeß eine entscheidende Bedeutung für eine Beziehung und sie schrieb: „Liebe ist das Gefühl, das eine Ehe entstehen läßt, doch das alltägliche Zusammenleben – der gemeinsame Prozeß – entscheidet letztlich darüber, ob die Ehe auf Dauer funktioniert" (1988, S. 196). Die Ehe ist mit einem Konzern zu vergleichen: „Der Erfolg hängt von seiner Organisation ab, vom ‚Wie' der Bemühungen, vom Prozeß" (S. 204). Und weiter: „Wahrscheinlich hat nichts größeren Einfluß auf die Entwicklung und Aufrechterhaltung (bzw. Zerstörung) einer Liebesbeziehung als der Prozeß der Entscheidungsfindung" (S. 200).

Satirs Therapieansatz ist durch eine Betonung der Entwicklung der Fähigkeit zum Prozeß gekennzeichnet. Die Fähigkeit, zuhören zu können, aufzunehmen, was gesagt wird, und dabei gleichzeitig die eigenen Gedanken und Gefühle im Bewußtsein zu behalten, ist für die Entwicklung eines produktiven Prozesses von entscheidender Bedeutung. Die Bedeutung dieses Prozesses kann nicht oft genug hervorgehoben werden. Einer der Grundsätze *Satirs* lautete: „Es geht nicht um das Problem, sondern um den Prozeß." Das entscheidende Element in *Satirs* Modell ist nicht das Wesen des Problems, sondern wie die Menschen damit umgehen.

Die Parts Party fördert den Prozeß, der zwischen Partnern abläuft und der mit der Zeit dazu führt, daß das Paar immer besser mit den Leiden, Enttäuschungen und Mißverständnissen fertig wird, die jede Ehe mit sich bringt. Wenn ein wirksamer Prozeß in Gang kommt, wird die Liebe in der Beziehung wieder deutlicher erkennbar; die Ehepartner sind dann in der Lage, den Herausforderungen zu begegnen, die das Leben zwangsläufig mit sich bringt, weil sie sich aufeinander verlassen können, ohne sich gegenseitig zu erdrücken.

Das Paar bestimmt nicht nur die Marschrichtung der Dyade, sondern auch die der ganzen Familie. *Satir* bezeichnete die Eheleute als „Architekten der Familie" (1967, S. 1). Die Dynamik zwischen Mann und Frau bildet so die Grundstruktur einer jeden Familie. *Satir* stellte fest, daß die Hoffnungen in der Ehe aus dem Herzen kommen, daß es aber die Fähigkeit ist, Dinge zu durchdenken, die die größte Wirkung auf den Prozeß des Paares hat. „Viele Menschen betrachten das Herz als schwach. Sie glauben, nur der Kopf sei stark. Wir vergessen, daß eine gute Architektur beides erfordert: Wir können Beziehungen so gestalten, daß sie funktionieren und uns gleichzeitig Freude machen" (*Satir* 1988, S. 194).

Zur Aufrechterhaltung des Familiensystems benötigt die Familienarchitektur sowohl „Liebe als auch Prozeß" (*Satir* 1988, S. 202).

Die Herkunftsfamilie ist gewissermaßen der Inkubator, in dem sich das Selbstwertgefühl des Menschen entwickelt. *Winter* und *Aponte* (1987) betrachteten sie unter einem dynamischen Aspekt als die *Einheit der Identität*. In dieser Umgebung formt sich das Selbstbild. Die eigene Familie ist dagegen die *Einheit der Heilung*. Der Wunsch, geheilt zu werden und sich entwickeln zu können, wird wegen der Defizite eines oder beider Partner in der Ehe immer stärker.

Oft bleibt dieser Wunsch unerfüllt, weil keiner der beiden Partner allein oder gemeinsam mit dem anderen in der Lage ist, einen Heilungsprozeß einzuleiten und in Gang zu halten. Trotzdem bleibt die Hoffnung auf Heilung eine starke Kraft in der Ehe. Oft gelingt es den Partnern einzeln oder gemeinsam zur Entwicklung einer sinnvollen Autonomie und Bindung beizutragen.

Die Ehe kann zwar einen starken Einfluß auf die Veränderung haben, wenn aber Kompetenz und Autonomie des Partners mißachtet werden, ist auch die Partnerschaft in ihren Möglichkeiten eingeengt, sich in eine positive Richtung weiterzuentwickeln. Wenn sich ein System festgefahren hat, gibt es *Satir* zufolge eine von drei Möglichkeiten: Entweder ein Partner stirbt oder er verläßt den anderen, oder es kann zu einer Intervention kommen (*Winter* 1991). Wenn ein fremdes Element in ein dysfunktionales System eingebracht wird, hat es die Wirkung eines Katalysators.

Wenn beide Partner versuchen, ihr Selbst in dysfunktionaler Weise psychisch zu erweitern, indem sie sich von der Zustimmung des anderen abhängig machen, werden Differenzen und eine Unzufriedenheit mit dem anderen und der Beziehung um jeden Preis vermieden. Wenn beide Partner sich eingestehen würden, daß sie verschieden sind, würde das zwangsläufig zu Meinungsverschiedenheiten und Konflikten führen.

Wenn beide Partner ihre Verschiedenheit ignorieren, kommt es zu einer Pseudoverschmelzung zweier Menschen. Oberflächlich gesehen hat jeder dem anderen die Kontrolle über sein Selbst übertragen. Während beide sich unbewußt verpflichtet fühlen, den Mangel an Selbstwert, den der Partner empfindet, zu kompensieren, verbirgt sich darunter ein gewisser Groll dieser Verpflichtung gegenüber. Wenn man es dem Partner gestattet, den eigenen Selbstwert zu definieren, wird man in gewisser Weise verletzlich. In der Seele des Betroffenen gibt es kein Gefühl mehr für das Selbst. Es ist dem anderen gegeben worden, und was man gegeben hat, kann einem auch weggenommen werden. Außerdem löst sich die Einzigartigkeit des Selbst dadurch nicht einfach in Luft auf, sie manifestiert sich nur im Verborgenen, um den Eindruck der Gleichartigkeit der beiden Individuen nicht zu stören.

Bei einem reifen Paar stellen solche Verschiedenartigkeiten ein belebendes Element der Ehe dar. Ein kongruentes Paar versucht schon am Anfang der Beziehung, die Verschiedenheit zu entdecken. Beide Partner fühlen sich herausgefordert und versuchen, Möglichkeiten zu finden, wie man mit diesen Verschiedenheiten besser umgehen kann, statt gegen sie anzukämpfen.

Zur positiven Gestaltung einer Paarbeziehung tragen folgende acht Faktoren bei:

1. Beide Partner stehen fest auf eigenen Füßen und sind autonom.
2. Beide Partner können voneinander erwarten, daß sie ja und nein meinen, wenn sie es sagen – mit anderen Worten, sie sind emotional ehrlich.
3. Beide Partner können sagen, was sie wollen.
4. Beide erkennen die Verantwortung für ihre eigenen Handlungen an und übernehmen sie auch.
5. Beide halten ihre Versprechen.
6. Beide können sich darauf verlassen, daß der andere nett, angenehm im Umgang, höflich, rücksichtsvoll und aufrichtig ist.
7. Beide haben die völlige Freiheit, sich über alles zu äußern, was vorgeht.
8. Beide unterstützen die Träume des Partners auf jede nur erdenkliche Weise. Sie kooperieren, statt miteinander zu konkurrieren (*Satir* 1988, S. 424).

Das Bewußtsein dieser Aspekte einer Paarbeziehung ist eine notwendige Voraussetzung für das Verständnis der Interventionsmethode *Satirs* bei Ehepaaren. Die Hypothesen, die sie im Zusammenhang mit den funktionellen Beziehungen aufgestellt hat, sind die Grundlage für die Anwendung der Parts Party für Paare. Da die Partnerbeziehung für *Satir* „die Achse ist, um die sich alle anderen Beziehungen innerhalb der Familie bilden" (1967, S. 1), kann ihre Bedeutung im Familiensystem nicht hoch genug bewertet werden. Die Parts Party hat die Aufgabe, den Boden für eine Beziehung zu bereiten, die konstruktiver und liebevoller ist, und in der Differenzen ausgetragen und als eine Herausforderung betrachtet werden.

Im folgenden soll kurz beschrieben werden, wie die Parts Party abläuft. Die geschilderten Elemente stellen gewissermaßen nur die Grundausstattung der Party dar; der individuellen Kreativität und Fantasie sind dabei keine Grenzen gesetzt.

Anmerkung zur Technik

Die Parts Party für Paare kann sowohl in einem therapeutischen als auch in einem pädagogischen Zusammenhang angewendet werden. Das bedeutet, daß man sie bei chronisch gestörten Ehen anwenden kann, die eine pathologische Entwicklung erkennen lassen. Die Party konzentriert sich dann auf die gesunden Aspekte beider Partner und bringt die funktionalen Aspekte ihres Verhaltens zum Vorschein. Darüber hinaus kann sie auch als didaktische Hilfe und zur Verbesserung der Beziehung gut funktionierender Paare angewendet werden. Sie kann in einer Trainingsgruppe oder in einer Familientherapiegruppe stattfinden.

Ich möchte in diesem Abschnitt kurz die zur Durchführung einer Parts Party notwendigen Elemente beschreiben. Eine vollständigere Übersicht der Vorgehensweise sind in *Satir, Banmen, Gerber* und *Gomori* (1991); *Carlock* (1986, 1989); *Satir* und *Banmen* (1983); *Winter* und *Parker* (1991) und *Winter* (1991) und *Klockmann* (dieses Buch, S. 191 ff.) zu finden.

Vorbereitungsphase. Eine Parts Party für Ehepaare dauert etwa 3 bis 4 Stunden. Sie besteht aus zwei *Gastgebern* – dem Ehepaar –, einem Therapeuten oder Leiter und mindestens zehn oder besser zwölf weiteren Teilnehmern, den *Gästen*, die die einzelnen Teile verkörpern sollen.

Vor der Party werden die Gastgeber aufgefordert, sechs bekannte Persönlichkeiten auszuwählen, die sie entweder besonders attraktiv oder besonders abstoßend finden. Bei der *Auswahl der Teile* stellte *Satir* häufig die Frage: „Bei wem läuft es Ihnen eiskalt den Rücken hinunter, bei wem werden Sie schwach?" (*Satir* & *Banmen* 1983, S. 519). *Satir* stellte außerdem fest, daß die eingeladenen Teile „im Kopf desjenigen existieren, der sie eingeladen hat" (S. 520). Die Auswahl der Teile einer jeden Person ist daher eine absolut persönliche Angelegenheit, die nicht durch einen anderen, auch nicht durch den Ehepartner entschieden werden kann.

Es ist wichtig, daß mindestens zwei unangenehme Charaktere an einer solchen Party teilnehmen, damit die Polaritäten innerhalb jedes Individuums zum Vorschein kommen können. Die Einbeziehung der als negativ betrachteten Elemente jedes Partners ist sozusagen das Salz in der Suppe. Da jedem Partner die unangenehmen Attribute des anderen intim bewußt sind, könnte die Party ohne diese Elemente nicht realistisch und erfolgreich sein. Nur wenn die Parts Party ein realistisches Bild des Selbst und der Beziehung entwirft, kann man das Vertrauen aller Teilnehmer gewinnen.

Die Darstellung der Extreme des Selbst ist auch im Hinblick auf die Erfahrungen der frühen Kindheit wichtig. Die meisten Menschen können sich daran erinnern, daß man ihnen gesagt hat, sie sollten „ein gutes Kind" sein. In der Vorstellung des Kindes sind die Begriffe gut und böse immer präsent gewesen. Das Gute mußte angestrebt, das Böse vermieden werden. Kern der Parts Party ist die Transformation dieser wahrgenommenen Polaritäten des Selbst und ihre Akzeptanz und Integration in die Persönlichkeit des Gastgebers. Bei Ehepaaren geht es darüber hinaus um das Erkennen und die Akzeptanz der Teile des jeweiligen Partners.

Ein weiterer Aspekt der Vorbereitungsphase besteht darin, daß der Gastgeber *jeden einzelnen Teil*, den er für sich ausgewählt hat, mit einem Adjektiv *beschreibt*. Er wird außerdem aufgefordert zu sagen, ob er das Attribut positiv oder negativ bewertet, denn auf diese Weise läßt sich leichter feststellen, wie er sich selbst sieht, und wie ihn sein Partner beurteilt. Mitunter regte *Satir* eine „Umkehrung" an. Das heißt, wenn eine Eigenschaft, positiv gesehen wurde, forderte sie den Gastgeber auf: „Nennen Sie mir Gelegenheiten, bei denen sie negativ war." Mit diesem Prozeß beginnt auf subtile Weise die neue Interpretation eines Teils, mit ihm wird der Gedanke grundgelegt, daß ein und derselbe Aspekt des Selbst mindestens zwei Zwecken dienen kann. Dieser Gedanke führt zum Erkennen neuer Möglichkeiten.

Satir gab jedem Gastgeber den Rat, bei der Auswahl der Teilnehmer, die die Teile darstellen sollten, sein „Radar" zu benützen, denn die Auswahl ist im wesentlichen ein intuitiver, unbewußter Prozeß. Auf diese Weise wird die rechte Hirnhälfte aktiviert, was sowohl der Party als auch dem Integrationsprozeß zunutze kommt. Eine andere Möglichkeit, die rechte Hirnhälfte „anzuzapfen", besteht darin, daß man Requisiten und Kostüme verwendet, wodurch der visuelle und auditive Kanal intensiver angesprochen werden.

Durch die kreativen Bemühungen der Teile kommt das Element des Humors ins Spiel, wodurch eine Atmosphäre entsteht, die an eine wirkliche Party erinnert. Der Spaß, der damit verbunden ist, daß Leute kostümiert sind, mit Requisiten hantieren und berühmte Perönlichkeiten mit bestimmten charakteristischen Eigenschaften darstellen, ist ein wesentlicher Bestandteil der neuen Art der Wahrnehmung und des Lernprozesses. *Humor* spielt auch eine wesentliche Rolle bei der Darstellung der inneren Kämpfe, in die das Paar verstrickt ist. Der bedrohliche Aspekt, der einer Offenbarung derart intimer Konfrontationen anhaftet, wird dadurch verringert. *Satir* hatte eine hohe Meinung von der therapeutischen Wirkung des Humors. Sie schrieb: „Ich bin davon überzeugt, daß meine Arbeit am wirksamsten ist, wenn sie in einer gelockerten Atmosphäre stattfindet" (1988, S. 296). Außerdem führen bestimmte Requisiten, Klangeffekte und Kostüme zur dramatischen Darstellung eines „Films, den Sie noch nie zuvor gesehen, sondern nur gefühlt haben" (*Satir* und *Banmen* 1983, S. 522).

Die eigentliche Partyphase. Die Party beginnt, wenn die Gäste anfangen, Kontakt miteinander aufzunehmen. Bei einer Parts Party für

Ehepaare unterhalten sich die Teile jedes Partners miteinander und bringen ihre Interaktionen und alltäglichen Kontakte in eine dramatische Form. Dabei offenbaren sich sowohl dysfunktionale als auch zärtliche und wunderschöne Begegnungen. Verletzliche Teile werden sichtbar und aus dem Ganzen entsteht ein Prozeß, in dessen Verlauf sich ein Gefühl der Sicherheit im Hinblick auf diese Aspekte des Selbst einstellt und auf das Selbst in seinem Kontakt mit den anderen.

Eine wichtige Komponente, die mit den visuellen Aspekten der Party zusammenhängt, ist die *körperliche Wirkung*, die jeder der beiden Partner verspürt, während er die Interaktionen der verschiedenen Teile als Zuschauer verfolgt. Die Vertrautheit der Konflikte und der produktiven Aktionen offenbart sich und wird direkt körperlich erlebt. Auf diese Weise bieten Gefühle und Körpersensationen wesentliche Hinweise auf individuelle Wahrnehmungen. Solche Sensationen führen zu einer Steigerung des Bewußtseins für intraindividuelle und interindividuelle Probleme. Eine Erforschung dieser Wahrnehmungen am Ende der Party trägt zur Integration der Teile bei.

Ein weiterer Aspekt der Parts Party bezieht sich darauf, daß die Teilnehmer lernen können, auf welche Weise die verschiedenen Teile in ihrem Zusammenwirken sowohl konstruktiv als auch destruktiv sein können. Durch die *Beobachtung, wie die Teile zusammenkommen und wie sie sich wieder trennen* und dabei Flexibilität und Starrheit in jedem der beiden Partner widerspiegeln, wird dem Paar Gelegenheit gegeben, seine Interaktionsprozesse besser erkennen zu können. Dadurch, daß das eigene Leben auf der Bühne dargestellt wird, werden beide Partner tief berührt. Eine solche Betrachtung der Dynamik der Beziehung führt zu einer Veränderung der Teile, in deren Verlauf sowohl im eigenen Selbst als auch beim Partner neue Möglichkeiten und Ressourcen zum Vorschein kommen. Auch die Schutzfunktion, die jeder einzelne Teil der beiden Partner hat, wird im Laufe dieses Prozesses deutlich sichtbar. Dadurch wird der Weg geebnet, unwillkommene oder unbekannte Teile zu akzeptieren. Die *Transformation* ermöglicht eine Überprüfung der Interaktionen, die zwischen den Partnern ablaufen. Dadurch daß beide mit abgespaltenen und verdrängten Teilen ihres Selbst oder des Selbst des anderen konfrontiert werden und die Schutzfunktion und die wertvolle Rolle dieses Teils entdecken, beginnt der Veränderungsprozeß. Eine Integration des Selbst wird durch dieses neue Bewußtsein, diese neue Perspektive und Akzeptanz gefördert und beschleunigt. Eine derartige Transformation führt zu einer harmonischen Beziehung zum Selbst und zum Partner. Darüber hinaus kommt es zur Auswahl einer neuen Art des Zusammenlebens, die eine positive Wirkung auf zukünftige Interaktionen hat. Die Teile lernen außerdem miteinander zu kooperieren und sich gegenseitig zu helfen, und tragen so zur Integration aller Teile des Selbst und des Partners bei.

Besseres *Verstehen und Kooperation* führen dazu, daß das Paar zusätzliche Wahlmöglichkeiten bekommt, was zu einem gesteigerten Bewußtsein für Akzeptanz, Vertrauen und Sicherheit bezogen auf das eigene Selbst und den anderen führt. Beide Partner können dann ihren bisher nur latent vorhandenen Wünschen, Träumen und Sehnsüchten im Hinblick auf die Beziehung Ausdruck verleihen. Das alles läßt die Menschen hoffen, daß die Zukunft tatsächlich anders aussehen kann. Von diesem Augenblick an verändert sich die eheliche Dynamik in ihrem Wesen und nimmt eine therapeutische Qualität an.

Die Parts Party führt zu einer Identifikation der Aspekte des Selbst und des Partners, die anschließend ohne Schwierigkeiten effektiv miteinander in Interaktion treten können. Wenn beide Partner die Teile entdeckt haben, die sich leicht miteinander verbinden lassen, und die, die nicht zusammenpassen, können sie sich ganz bewußt entscheiden, welche Komponenten zur Verbesserung der Kommunikation herangezogen werden sollen. Eine solche Identifikation kann dazu beitragen, daß sich die Partner bei zukünftigen Interaktionen daran erinnern, daß sie ihre Entwicklungs- und Kooperationsmöglichkeiten durch die Verbindung bestimmter Teile verbessern können.

Anwendungen

Die Hypothesen des Prozeßmodells über eheliche Beziehungen legen eine Vielfalt von Therapiemöglichkeiten nahe. *Satir* betonte immer die Bedeutung der persönlichen Kompetenz und Autonomie. Sie hat die Parts Party für Paare entwickelt, um die drei wesentlichen Komponenten der Paarbeziehung sichtbar zu machen und verändern zu können: das Selbst, den Partner und die Beziehung. Dieser Prozeß kann innerhalb einer Gruppe ablaufen oder so modifiziert werden, daß er auch in einer Eheberatung oder auch in der Einzeltherapie stattfinden kann, wobei ein gestalthafter, metaphorischer Prozeß angewendet werden sollte.

Auch andere Varianten der Parts Party sind möglich, ihre Anwendung hängt von der zur Verfügung stehenden Zeit, vom Kontext und von den zur Verfügung stehenden Personen ab. Wenn Kinder Gelegenheit haben, an einer Parts Party der Eltern teilzunehmen, können sie lernen, wie die beiden Erwachsenen, ihre Versorger, funktionieren, und zwar nicht nur als Eltern, sondern auch als Paar und als Einzelpersonen. *Satir* sah ihre vordringliche Aufgabe darin, Kindern dabei zu helfen, die menschlichen Aspekte ihrer Eltern integrieren zu können. Wenn das Kind Vater oder Mutter als Person akzeptieren kann, kann es sich auch selbst besser annehmen.

Neue und ungewöhnliche Anwendungsformen der Parts Party warten nur auf die Neugier und Kreativität des Therapeuten. *Satir* plante jede Party so, daß sie allen individuellen und allgemeinen Überlegungen gerecht werden konnte. Therapeuten, die selbst mit der Methode der Parts Party arbeiten wollen, brauchen eine klinische Ausbildung sowohl im Hinblick auf die technischen Erfordernisse als auch auf ihre persönlichen Fähigkeiten. Der Prozeß selbst ist komplex und erfordert eine gewisse Praxis unter Supervision, damit der Therapeut die notwendigen Erfahrungen sammeln kann. Außerdem meinte *Satir*, daß die Anwendung derartiger Methoden auf das eigene Leben auch dem Therapeuten weiterhelfen könne. Grundsätzlich sollte er vor dem Versuch einer Anwendung der Intervention bei anderen Menschen selbst eine Parts Party für sich machen. Die Integration des Selbst, die der Therapeut durch die Party erreicht, kommt seinen technischen Fähigkeiten zugute.

Forschung

Als dieser Artikel geschrieben wurde, waren weder Untersuchungen über die Parts Party noch über die Parts Party für Paare durchgeführt worden, obwohl es außerordentlich interessant wäre, zu untersuchen, wie sich Ehepaare, die eine gewöhnliche Therapie hinter sich haben, von denen unterscheiden, die zusätzlich an einer Parts Party teilgenommen haben.

Winter hat auf Wunsch verschiedener Therapeuten auf einer informellen Basis Parts Partys für Ehepaare durchgeführt, die sich bei anderen Klinikern in einer konventionellen Paartherapie befanden. In diesen Fällen (N=8) berichteten die Paare von einem neuen Bewußtsein und einer Veränderung ihres Selbst und ihrer Beziehung. Einige Monate nach dieser Interaktion wies sowohl das verbale Feedback der Klienten als auch das des Therapeuten darauf hin, daß die Parts Party dem Ehepaar dabei geholfen hatte, aus der Sackgasse herauszufinden, deretwegen es ursprünglich die Therapie begonnen hatte. Um die Wirkungen einer Parts Party generalisieren zu können, wäre allerdings eine kontrollierte Untersuchung des Verfahrens und der Ergebnisse von großem Wert.

Schlußfolgerung

*Satir*s Parts Party ist eine der originellsten und erfogreichsten Techniken, mit der man eine Veränderung herbeiführen kann, die sich sowohl auf das Individuum als auch auf die Beziehung zu einem Partner bezieht. Sie greift direkt in den Prozeß ein, der zwischen den beiden Eheleuten abläuft. Sie bietet eine Gelegenheit, die Ansichten, die beide Partner im Kontext der Beziehung voneinander haben, zu verändern. Dadurch wird schließlich eine kongruente Kommunikation gefördert, die Sehnsüchte beider Partner werden erkennbar und die Hoffnungen und Träume des Paares wieder geweckt.

Literatur

Bowen, M. (1978): Family therapy in clinical practice. New York: Jason Aronson.

Carlock, C.J. (1986): The Parts Party for self-concept: Differentiation and integration. Unveröffentlichtes Manuskript.

Carlock, C.J. (1989): The Parts Party for self-concept: Differentiation and integration. In: *V. Satir & J. Banmen* (Eds.) The Satir system and impact. Palo Alto, CA: Science and Behavior Books.

Jackson, D.D. (Ed.) (1968): Communication, family, and marriage. (Vol. 1. Human Communication). Palo Alto, CA: Science and Behavior Books.

Jung, C.G. (1973): Mandala symbolism. Princeton, NJ: Princeton University Press; dt.: (1976) Symbolik des Mandalas. in: GW IX/1.0 Hen: Walter.

Moreno, J.L. (1977): Psychodrama (Vol. 1, 4th ed.). Beacon, NY: Beacon House.

Nerin, W. F. (1986): Family reconstruction: Long day's journey into light. New York: W.W. Norton; dt.: (1989) Familienrekonstruktion in Aktion. Paderborn: Junfermann.

Perls, F.S. (1969): Gestalt therapy verbatim. Lafayette, CA: Real People Press; dt.: (1974) Gestalttherapie in Aktion. Stuttgart: Klett-Cotta.

Polster, E., & Polster, M. (1973): Gestalt therapy integrated: Contours of theory and practice. New York: Brunner/Mazel; dt.: (1975) Gestalttherapie. München: Kindler.

Satir, V. (1967): Conjoint family therapy. Palo Alto, CA: Science and Behavior Books; dt.: *(1973)* Familienbehandlung. Freiburg: Lambertus.

Satir, V. (1988): The new peoplemaking. Palo Alto, CA: Science and Behavior Books; dt.: *(1990)* Kommunikation · Selbstwert · Kongruenz. Paderborn: Junfermann.

Satir, V., & Baldwin, M. (1983): Satir step by step. Palo Alto, CA: Science and Behavior Books; dt.: *(1988)* Familientherapie in Aktion. Paderborn: Junfermann.

Satir, V. & Banmen, J. (1983): Virginia Satir verbatim 1984. (Erhältlich über Delta Psychological Services, 11213 Canyon Crescent, N. Delta, British Columbia, Canada, V4E 2R6).

Satir, V., Banmen, J., Gerber, J., & Gomori, M. (1991): The Satir model. Palo Alto, CA: Science and Behavior Books.

Winter, J.E. (1991): Family research project: Family therapy outcome study of Bowen, Haley, and Satir. Unveröffentlichtes Manuskript.

Winter, J.E., & Aponte, H. (1987): The family life of psychotherapists: Treatment and training implications. In: *F.W. Kaslow (Ed.)*, The family life of psychotherapists: Clinical implications (pp. 97-133). New York: Haworth Press.

Winter, J.E. & Parker, L.R.E. (1991): Enhancing the marital relationship: Virginia Satir's parts party. In: *B.J. Brothers (Ed.)*, Virginia Satir: Foundational ideas (pp. 59-82). New York: Haworth Press.

Zinker, J. (1977): Creative process in gestalt therapy. New York: Brunner/Mazel; dt.: (1982) Gestalttherapie als kreativer Prozeß. Paderborn: Junfermann.

Aus dem Amerikanischen von Dr. Bringfried Schröder.

Möglichkeiten der Selbst-Supervision

– Eine Umsetzung des Satirschen Ansatzes –

Arist von Schlippe

Vorbemerkung

Es ist eine zentrale Aussage der entwicklungsorientierten Familientherapie, daß die Persönlichkeit des Therapeuten für den therapeutischen Prozeß als entscheidende Größe anzusehen ist, wichtiger als Techniken oder Theorien. Für ein systemisches Modell, das nicht die Distanz zum System als oberstes Prinzip betont, sondern das Pendeln zwischen Kontakt/Nähe und Abstand, ist eine Frage besonders bedeutsam: wie ist es dem Therapeuten/der Therapeutin möglich, aus dem Engagement wieder in den Abstand zu kommen, und damit: wie kann man in dem System, mit dem man arbeitet, beweglich bleiben? In diesem Beitrag soll es um die Möglichkeiten gehen, die einem Therapeuten/einer Therapeutin zur Verfügung stehen, wenn sich im Prozeß einer Familientherapie Situationen ergeben, die als kritisch erlebt werden, als Blockade oder als Sackgasse. Es soll dabei die These vertreten werden, daß es weniger eine Frage der Methode oder Technik ist, mit einer solchen Situation umzugehen, als vielmehr eine Herausforderung an die persönliche Bewegungsfähigkeit des Therapeuten/der Therapeutin.

Einschränkung und „Self-Care"

Die Familientherapie hat deutlich herausgearbeitet, wie anders das Phänomen „psychische Krankheit" erscheint, wenn man die Rolle der einschränkenden Bedingungen des sozialen Kontextes in die Betrachtung mit einbezieht. Der Begriff der Einschränkung (Trivialisierung) ermöglicht es, die Frage zu beantworten, wie es kommt, daß Lebewesen, die über eine potentiell unbegrenzte und unbegrenzbare Vielfalt von Verhaltensoptionen verfügen, sich im Rahmen z. B. einer Familie als so reduziert erleben, daß sie sich in ihren Möglichkeiten auf einen kleinen eingeengten Bereich begrenzen. *Satir* hat hier den Begriff der Regel verwendet (z. B. 1990): Gerade in sehr belasteten Familien erleben sich die Mitglieder durch ungeschriebene Regeln in ihren Möglichkeiten übermäßig eingegrenzt und beschränkt – bis hin zu ihren Wahrnehmungen und Gedanken: „Ich darf nicht wahrnehmen, was ich wahrnehme, ich darf nicht denken, was ich denke ...". *Reiss und Olivieri* (1980) sprechen vom „Familienparadigma", um den Weg zu beschreiben, in dem eine gemeinsame Konstruktion von „Wirklichkeit" in der Familie aufgebaut und stabilisiert wird: jedes System reduziert die Optionen seiner Elemente gemäß der eigenen Regeln, und es ist eine kritische Frage, ob dieser Reduktionsprozeß die Möglichkeiten der Einzelnen angemessen oder übermäßig einschränkt. Aufgabe von Therapie ist es, Menschen, die sich in den Grenzen ihrer sozialen Bezugssysteme übermäßig eingeschränkt erleben, zu helfen, den Zugang zu ihrer „potentiellen Komplexität" (*v. Foerster* 1988) wiederzufinden. Dies kann nur gelingen, wenn der Therapeut seine/ihre eigene Flexibilität aufrechterhalten kann. In dem Moment, wo ein Therapeut gemeinsam mit der Familie ein neues, therapeutisches System bildet, bekommt er/sie Kenntnis von dem, was in dieser Familie erlaubt ist und was verboten – und zwar nicht nur kognitiv, sondern auch über die eigenen Gefühle: es ist spürbar, ob es z. B. in einem System „erlaubt" ist, das Wort „ich" zu benutzen und anders zu sein als die anderen, es ist spürbar, ob es z. B. tabuisiert ist, eigene Gefühle von Schwäche auszudrücken. Wenn er diese Regeln herausfordert, kommt er mit diesen Restriktionen in Berührung, und wenn sich eine Situation ergibt, wo er nicht mehr weiter weiß, ist das passiert, was man „ins System geraten" nennt: Ohne es zu wissen und zu wollen, akzeptiert man als Therapeut die Regeln der Familie und erlebt sich in der eigenen Handlungsfähigkeit eingeschränkt – das Bewußtsein für die Vielfalt von Optionen geht verloren, und damit wird es nicht mehr möglich, als Therapeut/in einen Kontext bereitstellen zu helfen, in dem konstruktive Veränderung geschieht.

Aus eigener supervisorischer Tätigkeit weiß ich, daß die Erfahrung einer Sackgasse praktisch allen Therapeuten bekannt ist, und daß sie oft sehr schmerzlich ist, weil sie mit Gefühlen von Unfähigkeit und Hilflosigkeit/Hoffnungslosigkeit einhergeht. Es war für mich sehr hilfreich, auch bei Vertretern, die eher die Distanz zum Familiensystem betonen, entsprechende Beschreibungen zu finden: „Die Symptome sind immer dieselben ... Phantasien über einen Arbeitsplatzwechsel, Phantasien, Deine Frau zu ändern, ... diese Familie gehen zu lassen und eine neue zu finden ... schläfrig werden ... Du glaubst, andere Therapeuten seien besser als du ... vielleicht hast du den falschen Beruf gewählt ..." (*Boscolo et. al.* 1988, S. 156).

Die Belastungsreaktionen sind zum einen universell, zum anderen aber auch zu verstehen als spezifische Versuche des jeweiligen Therapeuten, auf den Kontext, so wie er/sie ihn wahrnimmt, zu reagieren. Wenn sie als Lösungsversuche gesehen werden, in einer als ausweglos scheinenden Situation zu überleben, können sie als Ausgangspunkt für eine Erweiterung der Möglichkeiten angesehen werden statt sie zu bekämpfen: sich klein machen, stumm sein, hektische Aktivität, Anklagen, Intellektualisieren: leicht lassen sich die Varianten der inkongruenten Kommunikationsformen erkennen, wie sie bei *Satir* (z. B. 1990) beschrieben sind. Da es Formen sind, über die Menschen einen bedrohten Selbstwert schützen, sind sie wertzuschätzen, problematisch an ihnen ist nur ihre geringe Flexibilität und die Tendenz, beim Gegenüber ebenfalls eine inkongruente Reaktion hervorzurufen.

Im folgenden soll versucht werden, einige Möglichkeiten vorzustellen, mit denen in diesen ausweglos erscheinenden Situationen erste Schritte in Richtung einer größeren Flexibilisierung gemacht werden können. Dem hier vorgestellten Ansatz liegen dabei zwei Prämissen zugrunde:

Es ist in einer Sackgasse weniger hilfreich, den Therapeuten mit Verhaltensratschlägen und „Tips" zu versehen, als vielmehr sein bereits vorhandenes Wissen um die richtige Intervention zu nützen, indem man die Blockaden anschaut, die verhindern es umzusetzen.

Es gibt keinen Punkt in der menschlichen Entwicklung, von dem aus es nicht möglich wäre, einen Schritt in Richtung auf größeres Wachstum zu tun.

Dieser Beitrag schließt sich damit an die Grundüberzeugungen *Satirs* an, daß Menschen bereits „perfekte Wesen" sind, daß es also weniger darum geht, ihnen etwas hinzuzufügen, als vielmehr sie darin zu unterstützen, den Zugang zu dieser „Perfektion" zu gewinnen. Die zentrale Frage in der kritischen Therapiesituation selbst muß in jedem Fall lauten: wie kann ich „für mich sorgen" (das englische „Self-Care" drückt das m. E. besser aus), wie kann ich meine Handlungsfähigkeit wiedergewinnen, und das heißt: mit allen meinen Sinnen mich selbst, die anderen und den Kontext wahrzunehmen, mich frei aus einer Vielfalt von Verhaltensmöglichkeiten entscheiden zu können.

Es soll dabei der besondere Akzent auf Möglichkeiten gelegt werden, wie der Therapeut/die Therapeutin sich selbst dabei unterstützen kann, in festgefahrenen Situationen neue Möglichkeiten zu entwickeln, wenn kein hilfreicher Supervisor oder eine Supervisionsgruppe zur Verfügung stehen. Es geht also eher um „Erste Hilfe" als um Wege der ausführlichen therapeutischen Bearbeitung der eigenen Geschichte. Ich werde sie in Form von Übungen und Anleitungen vorstellen.

Ein persönliches Signal

Bevor eine Lösung in Angriff genommen werden kann, ist es bedeutsam wahrzunehmen, daß etwas nicht in Ordnung ist. Dies mag trivial klingen, ist aber doch wichtig, da davon abhängt, worauf man die Aufmerksamkeit richtet. Daher ist es hilfreich, damit zu beginnen, ein Signal zu finden, das einem möglichst frühzeitig hilft festzustellen, daß man in einer problematischen Situation ist (nicht selten merkt man das sonst erst nach der Therapiestunde an Nakkenschmerzen oder daran, daß man von dem/den Klienten träumt).

Finden Sie ein ganz persönliches Signal, mit dem Sie sich wissen lassen, daß Sie im Begriff sind, Ihre Möglichkeiten und Ihre Bewegungsfähigkeit zu verlieren. Stellen Sie sich eine kritische Therapiesituation vor. – Schauen Sie sich von außen an: Wie sitzen Sie, wo nehmen Sie Spannung wahr? Nun schauen Sie von innen: Wo fühlen Sie Spannung, was denken Sie? Gibt es irgendein Signal, daß sehr hervorstechend ist? Nehmen Sie dieses Signal von jetzt an als ganz spezielles Signal, das Ihnen ab jetzt helfen kann, schnell wahrzunehmen, daß Sie im Begriff sind, Ihre Beweglichkeit zu verlieren.

Beweglichkeit und Kongruenz wiederfinden

Im folgenden sollen verschiedene Wege beschrieben werden, die es möglich machen können, zu kongruenten Lösungsmöglichkeiten (zurück-)zufinden. Ich werde mich im Rahmen dieses Beitrags auf die Wege beschränken, die etwas mit der Beziehung des Therapeuten zu sich selbst zu tun haben. Lösungen, die sich vor allem an der Verwendung von Techniken orientieren (z. B. Metakommunikation, Lösungen 2. Ordnung, Nutzung der reflektierenden Position mit einem Co-Therapeuten oder einem Team usw.) können ebenfalls hilfreich sein, die Handlungsfähigkeit wiederherzustellen (ausführlicher dazu: *v.Schlippe* 1990, *Watzlawick* 1974, *Andersen* 1990 usw.).

1. Grundbedingung: Unterbrechung

Gefühle als physiologische Ereignisse sind untrennbar mit der dazugehörigen Körperhaltung verknüpft. Bereits die Veränderung der Haltung verändert daher bereits das Gefühl. Hierzu eine kleine Übung:

Rutschen Sie auf Ihrem Stuhl nach unten, knicken den Oberkörper ein, so daß Sie kaum Luft bekommen, und spannen den Bauch maximal an! Versuchen Sie nun, sich stark und kompetent zu fühlen! Gegenprobe: Stellen Sie sich aufrecht hin, die Füße gut „geerdet", atmen Sie ruhig und tief – und versuchen Sie nun, ein Gefühl von Kleinsein, Hilflosigkeit und Unterlegenheit zu empfinden.

Beide Versuche werden nicht gelingen. Ein erster Schritt, die Beweglichkeit wiederzufinden, kann daher darin liegen, diese äußerlich herzustellen. Meist braucht es nur etwas Mut, aufzustehen, im Raum umherzugehen (oder auch ihn zu verlassen), die „Blumen zu gießen", sich hinter den Stuhl zu stellen oder eine kurze Pause vorzuschlagen.

2. Selbstzentrierung

Der Verlust der eigenen Beweglichkeit im Kontext einer Therapiesitzung geht gewöhnlich mit dem Verlust des eigenen Selbst-Bewußtseins und damit Selbstwertgefühles einher. Hier bietet sich der von *Satir* entwickelte Weg der „Selbstzentrierung" an, um den Kontakt mit den eigenen Stärken wiederherzustellen. Während es beim ersten Weg (1.) um das Verändern der Körperhaltung ging, geht es bei der Selbstzentrierung um die Veränderung des Aufmerksamkeitsfokus:

Gehen Sie mit Ihrer Bewußtheit nach innen und schicken Sie Ihren Atem in die verschiedenen Bereiche Ihres Körpers. Wo immer Sie einer Anspannung begegnen, begrüßen Sie sie als wichtiges Signal und vermitteln Sie ihr Ihre Bereitschaft zu hören: „Was willst Du mir sagen?" Nehmen Sie dann mit einem tiefen Atemzug mit dem inneren Teil Kontakt auf, bei dem es ein Wissen darum gibt, daß Sie als Mensch wertvoll sind, unabhängig von Ihrem Verhalten und Ihren Leistungen, und geben Sie sich von dort aus eine Bestätigung. Manchmal ist es auch hilfreich, mit einem ganzheitlichen Gefühl von sich selbst sich den Satz zu sagen: „Das bin ich ..." und den eigenen Namen dahinterzusetzen.

Diese Übung kann ausführlich eine ¼ bis ½ Stunde beanspruchen, sie kann aber auch in weniger als einer halben Minute durchgeführt werden und dann helfen, das Bewußtsein für die eigenen Ressourcen wiederzufinden. *Satir* empfiehlt, sie als kleine Meditation ein bis zweimal täglich durchzuführen, so daß im „Notfall" der Zugang zu sich selbst leichter ist. Es empfiehlt sich, auch die im folgenden angesprochenen Möglichkeiten mit einer kurzen Selbstzentrierung zu koppeln.

3. Dissoziation oder der „innere Supervisor"

Eine Möglichkeit, die durch die Unterbrechung gewonnene Zeit zu nutzen, besteht darin, eine Dissoziation einzuführen. Dissoziation bedeutet, sich selbst innerlich oder äußerlich von der als kritisch erlebten Situation zu distanzieren und auf diese Weise in eine neue Art von Beziehung zu sich einzutreten. Die Kontaktaufnahme zu den „eigenen Teilen" (den „parts"), seien sie konstruktiv wie der innere Supervisor oder kritisch wie der innere Abwerter (s. 4.), hilft meist schnell zu dem Blick auf neue Möglichkeiten.

Treten Sie aus dem Kreis heraus, und betrachten Sie die Situation von außen. Stellen Sie sich vor, daß Sie dem Therapeuten/der Therapeutin, der/die da auf dem Stuhl sitzt, einen Hinweis oder einen Rat geben.

Eine andere Möglichkeit: Reservieren Sie sich einen Stuhl außerhalb des Therapiebereichs, und setzen Sie auf diesen Ihren „inneren Supervisor": entweder eine Ihnen vertraute und kompetente Person oder einen eigenen kompetenten Anteil. Wenn es kritisch wird, stellen Sie sich vor, daß Sie von diesem Supervisor „von außen" einen Hinweis oder eine Hilfestellung bekommen.

4. Den „inneren Abwerter" auf seinen Platz verweisen

Wenn die in der „Sackgasse" erlebten Empfindungen auf die ihnen zugrundeliegenden Selbstgespräche untersucht werden, wird meist sehr schnell deutlich, daß die inneren Dialoge durch Abwertungen und negative Selbstkommunikationen gekennzeichnet sind: ein großer Prozentsatz der verfügbaren Zeit und Energie wird dadurch gebunden, daß man sich mit den inneren kritischen Stimmen auseinandersetzt. In der Gestalttherapie wird dieser innere Dialog durch den „leeren Stuhl" in Szene gesetzt. Als „Erste-Hilfe"-Maßnahme kann in der Sitzung eine kurze Konzentration hilfreich sein:

Stellen Sie sich den Teil, der Ihnen im Moment die größten Schwierigkeiten macht, auf einem Stuhl (nicht im Therapiekreis) vor. Wie sieht er (oder sie?) aus? Welchen Namen hat er/sie bzw. welchen geben Sie ihm oder ihr? Bieten Sie ihm einen Kontrakt an: daß Sie bereit sind, sich seiner/ihrer Kritik zu stellen, wenn die Sitzung vorbei ist; im Gegenzug verlangen Sie von ihm/ihr, diese Sitzung nicht weiter zu stören.

Es ist hier sehr wichtig, dieses Versprechen einzulösen: auch dieser kritische Teil hat seinen Sinn für die Ökologie der eigenen Person.

Dieses Vorgehen, das sich an der von *Satir* entwickelten „Parts Party" orientiert (z. B. 1988; S. 191 ff.), läßt sich so auch innerhalb weniger Augenblicke umsetzen. Es erinnert an die Technik der „Externalisierung" (*White, Epston* 1990): in dem Moment, wo ein innerer Teil benannt und vorgestellt ist, ist eine andere Form von innerer Bezugnahme auf ihn möglich. Ebenfalls von der „Parts Party" abgeleitet, aber etwas aufwendiger als der eben dargestellte Weg ist der folgende:

5. *„Parts Party" des Problemsystems*

Dieses Vorgehen empfiehlt sich als Eigensupervisionsansatz zwischen den Sitzungen. Ich habe es mittlerweile darüber hinaus auch als Hilfestellung für die Lösung verschiedener eigener problematischer Themen erlebt. Die Übung geht von der Vorstellung aus, daß ein „Problemsystem" (s. *Boscolo et al.* 1988) nicht nur aus äußeren „realen" Personen besteht, sondern auch und besonders aus „inneren". Diese können als Repräsentationen für Persönlichkeitsanteile angesehen werden, eben als „parts".

Nehmen Sie sich ein oder zwei Stunden Zeit und einen ruhigen Raum. Dort rufen Sie alle, die Sie zu dem inneren oder äußeren Problemsystem zählen, zusammen, indem Sie einen Stuhl für jeden mit einem Namenszettel belegen: es können tatsächliche Personen sein, Personen, die in Ihrer Vergangenheit bedeutsam waren oder auch Phantasiepersonen, die symbolisch für einen Anteil von Ihnen stehen, z. B.:

- den Vater der Therapiefamilie heute morgen, den Sie als so hilflos erlebten;
- die Mutter, die heute in der Sitzung so überkritisch war;
- „Elsa Brandström", die Ihre eigene schnelle Bereitschaft zu helfen symbolisiert;
- der Lehrer des Kindes, der Sie gestern anrief und mit Schulentlassung drohte;
- der Kollege, der schon gesagt hatte, daß Sie bei dieser Familie scheitern würden;

- Ihr Vater, der nie mit dem zufrieden war, was Sie taten;
- Julius Caesar, der die Situation am liebsten durch Gewalt lösen würde, usw.

Eine Identifikation mit jeder dieser Figuren bringt meist bereits einen klareren Blick. Versuchen Sie, die zentrale Botschaft, die Sie von dort bekommen, auf einen Zettel zu schreiben und sich dazu noch klarzumachen, welcher Auftrag von dort kommt (die „Sackgasse" hat nicht selten damit zu tun, daß man versucht, mehrere unvereinbare Aufträge zu lösen).

Gehen Sie nun zurück auf den eigenen Stuhl und treten mit jeder Person in Kontakt. Es kann darum gehen, eine Grenze zu ziehen, etwas zuzugeben oder einen nicht wahrgenommenen Teil zu sehen und wertzuschätzen, kurz: experimentieren Sie ein wenig mit Ihren „Yes's and No's", also mit Ja und Nein.

Therapeuten, die im Kontext von Supervision diese Übung durchlaufen haben, gehen oft mit sehr kreativen und innovativen Lösungsideen in die nächsten Gespräche. Wenn das innere und das äußere Problemsystem klar erkennbar sind, ist es nicht mehr nötig, aus der Supervisorenperspektive Empfehlungen zu geben. Vielmehr zeigt sich sehr schnell, daß der/die Therapeut/in, der/die ja selbst über die fundierteste Kenntnis des Systems verfügt, bereits „weiß", was hier stimmig und angemessen ist: Die Lösung ist bereits „da", sie muß nur gefunden werden.

Schlußbemerkung

Es ist nicht der Anspruch dieses Beitrages, umfassende Lösungsmodelle zu entwickeln. Vielmehr ging es mir darum mitzuteilen, in welcher Weise die Gedanken von *Satir* (und natürlich auch von anderen) in mir weitergearbeitet haben. In diesem Sinne hoffe ich, daß meine Ideen ebenfalls dazu dienen, neue Ideen anzustoßen, zu experimentieren und zu spielen. Spielen ist m. E. der Königsweg, um die unsere Handlungsfähigkeit einschränkenden Regeln sozialer Systeme beweglich zu machen – und auf diese Weise dafür zu sorgen, daß wir selbst in diesen Systemen beweglich bleiben.

Literatur

Andersen, T. (1990): Das reflektierende Team. Dortmund: Modernes Lernen.
Boscolo, L., Cecchin, G., Hoffman, L., Penn, P. (1988): Familientherapie, Systemtherapie: das Mailänder Modell. Dortmund: Modernes Lernen.
v. Foerster, H. (1988): Aufbau und Abbau. In: *Simon, F. (Hrsg.):* Lebende Systeme. Heidelberg: Springer.
Gester, P. (1982): Im Zentrum ist die Gesundheit. Interview mit V. Satir. In: *Kontext 6.*
Reiss, D., Olivieri, M. (1980): Family Paradigm and Family Coping: A Proposal for Linking the Family's Intrinsic Adaptive Capacities to its Responses to Stress. In: *Family Relations 29,* p.431-444.
Satir, V. (1988): Meine vielen Gesichter. München: Kösel.
Satir, V. (1990): Selbstwert, Kommunikation, Kongruenz. Paderborn: Junfermann.
v.Schlippe, A. (1990): „Hauptsache, dem Therapeuten geht's gut": Umgang mit problematischen Situationen in der Familientherapie. In: *Brunner, E., Greitemeyer, D. (Hrsg.):* Die Therapeutenpersönlichkeit. Bericht vom 2. Weinheimer Symposion. Wildberg: Bögner-Kaufmann, S.72-78.
Simon, F. (Hrsg.) (1988): Lebende Systeme. Heidelberg: Springer.
Watzlawick, P., Weakland, J., Fisch, R. (1974): Lösungen. Stuttgart: Huber.
White, M., Epston, D. (1990): Die Zähmung der Monster. Heidelberg: Carl Auer.

Mandala –
Das Rad der persönlichen Hilfsquellen

Margret Klockmann

Vorbemerkung

Der vorliegende Artikel beschreibt das von Virginia Satir entwickelte Self-Mandala, ein metaphorisches Kosmosbild des Menschen. Unterschieden werden darin acht Ebenen/Anteile der Person: Körper, Geist, Gefühl, Verstand, Ernährung, Sinne, Interaktion und Kontext; diese können blockiert sein oder hilfreiche Ressourcen für uns darstellen. Ihre Zusammengehörigkeit und Gleichwertigkeit wird deutlich im geschilderten 'Spiel', das die Integration der acht Ebenen, von Rollenspielern für ein ‚Ich' dynamisch dargestellt, sinnlich erfahrbar werden läßt. Auswirkungen für den einzelnen und die Gruppe werden erörtert; ein konkretes Beispiel illustriert den Bezug zu einer familiendynamischen Fragestellung.

Theoretische Anmerkungen

Das Mandala* bildet die Grundlage für ein „Integrations-Spiel". Sie entwickelte es als eine Hilfestellung dafür, daß wir uns als ganz erleben, zentriert und in Harmonie mit uns selbst und unserer Umgebung. Es ist ein Kosmosbild des Menschen, in dem jeder von uns sich wiederfinden kann. Das Mandala stellt dar, wie wir auf acht Ebenen leben und erleben:

Jedes ‚Ich' existiert auf

– *der physischen Ebene* = *der Körper mit seiner Haltung und Beweglichkeit, seiner inneren und äußeren Befindlichkeit;*

– *der intellektuellen Ebene* = *Gedanken und Gedächtnis, unsere linke Gehirnhälfte, „der Kapitän*

---

* V. Satir (1978, S. 67-79) nennt es auch: Resource wheel = Rad der Hilfsquellen oder „Das Rad deiner unbegrenzten Möglichkeiten" (*Satir* 1988, S. 61)

		unseres Schiffs" (Satir 1978, S. 67) unsere Fähigkeit zu analysieren;
– der gefühlsmäßigen Ebene	=	*emotionales Erleben, unsere rechte Gehirnhälfte; „der Treibstoff unseres Selbst" (Satir a.a.O.);*
– der Sinnes-Ebene	=	*unsere sensiblen Körperöffnungen, durch die Reize und Botschaften hinein- und hinausgehen; unsere Fähigkeit zu sehen, zu hören, zu riechen, zu schmecken, zu berühren und berührt zu werden; die „fünf Freiheiten" (Satir 1975, S. 49; Jürgens, Salm 1985, S. 428), die uns Orientierung geben;*
– der Interaktions-Ebene	=	*denn wir leben niemals ohne andere in der Welt; die Art unserer Kommunikation mit anderen, „ich und du";*
– der Ernährungs-Ebene	=	*Flüssigkeiten und feste Substanzen, die wir zu uns nehmen; die Luft, die wir atmen;*
– der Kontext-Ebene	=	*wir sind zu jeder Zeit an einem bestimmten Ort mit einer Absicht oder zu einem Zweck (bewußt oder unbewußt); es gibt im „Hier und Jetzt" Licht, Ton, Farbe, Temperatur, Bewegung; ich bin ein Teil meiner Mitwelt, sie ist ein Teil von mir (Pogacnik 1989, S. 10);*
– der spirituellen Ebene	=	*das Leben und unsere Vorstellung von seinem Sinn, die Lebenskraft, ohne die keiner der anderen Teile existieren würde.*

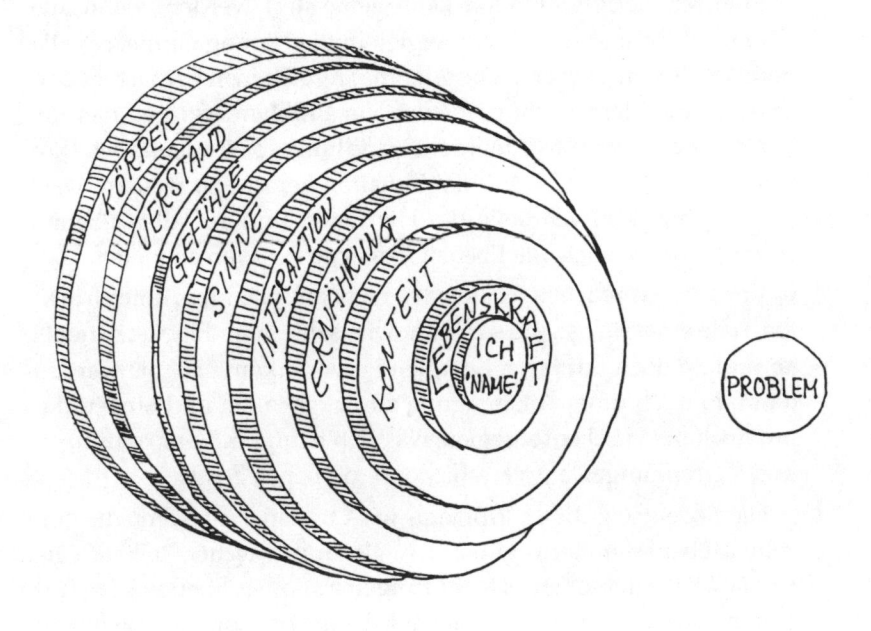

Abb. 1

Diese acht Ebenen werden von der Gesellschaft wie von einzelnen unterschiedlich in „bedeutsam" oder „unwichtig" aufgespalten. Wir zeigen uns lieber mit den von unserer Umgebung positiv bewerteten Teilen und vernachlässigen die anderen, obwohl sie auch zu uns gehören und genauso viele Energien besitzen.*

Das Mandala ist eine Metapher für ein Persönlichkeitsmodell. Auf den verschiedenen Ebenen vollzieht sich jeweils eine eigene Entwicklung. Doch beeinflussen sich die einzelnen Ebenen gegenseitig und sind miteinander dynamisch in Beziehung. In der Mitte steht das ‚Ich', der Name einer Person.

---

* Skizze in Anlehnung an *Satir* (1978), erweitert um die Ebene der „Ernährung", wie *Satir* (1985) auf einem Seminar demonstrierte.

Eine schwierige Situation kann gemeistert werden, wenn alle Ebenen aktiv sind und ihre Energien in die Lösung einfließen, alle dem Ich dienen. Werden eine oder mehrere Ebenen vernachlässigt, so kann aus dem Lösungsversuch ein Problem werden, das die Person bedrückt und sie in ihrem Handlungsspielraum lähmt. Ihre Coping-Möglichkeit, d. h. einer Situation gerecht zu werden, werden beschränkt. Eventuelle Blockierungen sind auf allen Ebenen erlebbar, sowie auch alle Ebenen mögliche Ressourcen bieten.

Vor allem versuchen die vom Ich nicht anerkannten, unterdrückten Teile eines Selbst, die sogenannten „schlechten Eigenschaften", ab und zu doch mit ihren Energien hervorzukommen. Sie werden dann vom Ich unter Anstrengung zurückgehalten und binden damit noch mehr Lebensenergien, was sich häufig in Verspannungen und Verrenkungen auf verschiedensten Ebenen zeigt.

Die Bedeutung dieses Problems wird transparent, wenn die einzelnen Ebenen hinterfragt werden, gleich in welcher Reihenfolge. *Virginia Satir* demonstrierte Störungen auf allen Ebenen gern mit einem Extrem: „Zum Beispiel wird eine Person, die sich von Pommes frites und Cola ernährt, in einer dunklen Kellerwohnung allein lebt, über sich selbst nur Schlechtes denkt, sich nicht mehr traut, nach draußen zu schauen und anderen wirklich zu begegnen, sich verlassen fühlt und glaubt, ihr miserables Leben sei eine Strafe für die Sünden des vorherigen Lebens, wohl als depressiv erscheinen" (*Satir* a.a.O.). Für einen „unlösbaren" Knoten im Erleben genügt jedoch schon die Vernachlässigung nur einer oder zwei Ebenen.

Die von *Virginia Satir* entwickelte Methode unterstützt die Bündelung und das Zentrieren von Energien auf den verschiedenen Ebenen, ohne daß konkret Probleme benannt oder bekannt werden müssen. Die Verantwortung einer Person für die verschiedenen Bereiche ihres Selbst, für ihre Ressourcen, wird zurückgegeben, auch wenn sie sie bereits im Laufe ihres Lebens teilweise an Professionelle abgegeben hat: z. B. „die Spiritualität an den Pastor, die Gefühle an den Psychologen, den Körper an den Arzt" (*Satir* 1986) oder das Fitness-Zentrum, oder wenn sie das Wohnen oder die Arbeitsstelle als unveränderbar erträgt ..., also auch den Kontext nicht aktiv mitgestaltet. All diese Bereiche erscheinen in dem Integrationsspiel und werden in ihrer Dynamik und Bedeutung bewußt und beeinflußbar.

Vorgehensweise

Ausgangssituation ist eine Gruppe mit mindestens 12 Personen, ein/e Prozeßbegleiter/in (oder Spielleiter/in) und ein Protagonist. Ein großer Raum und ein möglichst langes Seil (ca. 40 m) werden benötigt. Das Seil repräsentiert den endlichen Lebensfaden.

1. Für jede der acht Erlebnisebenen wählt der Protagonist eine Person aus der Gruppe aus.
2. Ein Zuschauer hält das eine Ende des Seils fest. Die acht Rollenspieler/innen werden hintereinander mit dem Protagonisten am Bauch durch das Seil verbunden, gleich in welcher Reihenfolge.
3. Prozeßbegleiter/in fragt den Protagonisten für jede Ebene: „Schenkst du diesem Teil von dir zum jetzigen Zeitpunkt in deinem Leben wirklich Beachtung?"
4. Die positiv beachteten Anteile/Rollenspieler/innen bleiben stehen, die negativ oder nicht berücksichtigten knien sich mit allen Vieren auf den Boden.
5. Der Protagonist setzt sich auf eine/n der Knienden und sieht nur die Stehenden als Abbild seiner/ihrer tatsächlichen Aufmerksamkeit.
6. Die stehenden Anteile sollen sich langsam um ihre/n „Eigentümer/in" herum bewegen, bleiben aber mit den Knienden durch das Seil verbunden.
7. Nach einer Weile unterbricht der/die Spielleiter/in und fragt den Protagonisten; „Wie geht es dir jetzt? Was erlebst du bei den Bewegungen deiner Anteile?" Bei unangenehmen Äußerungen oder bereits entstandenen Verknotungen werden die Rollenspieler/innen aufgefordert, sich eventuell in die entgegengesetzte Richtung zu bewegen.

8. Dann werden einzelne Rollenspieler/innen gefragt, die sich gerade begegnen oder mit dem Seil blockieren: „Welcher Anteil bist du? Was erlebst du gerade jetzt mit wem?" Diese Phänomene werden wiederum beim Protagonisten hinterfragt, ob und woher er/sie es in seinem/ihren Leben kennt; z. B.: „die Gefühle hindern die Interaktion daran, mit dem Kontext zusammenzukommen."
9. Der Protagonist mag Wünsche äußern, wie bestimmte Rollenspieler/innen kooperieren sollen; Bewegungen werden mehrfach fortgesetzt, bis die Blockierung durch die am Boden hokkenden Anteile zu stark wird.
10. Unter dem starken Druck des Seils möchte der Protagonist gern aufstehen und auf die eigenen Füße kommen; dies befreit die unterdrückten Anteile. Er/sie wird gebeten, sich jedem vorher vernachlässigten Teil gegenüberzustellen und auszudrücken, was in der Vergangenheit schwierig war mit diesem (z. B. bei der Verleugnung von „Spiritualität" oder „Intellekt").
11. Die dann folgenden Sequenzen sind meist Familienrekonstruktionsschritte unter Einbeziehung des Publikums (als Vater- oder Mutter-Figur o. ä.), die in diesem Buch an anderer Stelle nachzulesen sind. Mit diesem Teil beginnt die eigentliche Integration negativ bewerteter Persönlichkeitsanteile.
12. Der Protagonist wird gebeten, zum Abschluß diesen Rollenspielern deutlich zu sagen: „Ich habe dich bisher unterdrückt, weil ..." ... „Ich habe nicht beachtet, daß du ..." u.s.w.
13. Alle Rollenspieler/innen mögen sich jetzt noch weiter bewegen und es wird ähnlich unterbrochen wie oben, insgesamt dreimal. Die Rollenspieler/innen werden vom Seil losgebunden. Es fällt zu Boden und stellt als Momentaufnahme dar, wie verschlungen gerade jetzt die einzelnen Anteile des Ichs sind.
14. Die Rollenspieler/innen stellen sich nacheinander einzeln vor den Protagonisten mit den Worten: „Ich bin dein ...(Körper), deine Fähigkeit, mich zu vergessen oder dir zu helfen. Ich habe eben erlebt ... Nimmst du mich an, so wie ich bin?"
15. Je eine Hand legen die Rollenspieler auf die Schulter des Protagonisten wie eine „wärmende Stola". Der/die Prozeßbeglei-

ter/in verankert das Mandala während der Zentrierung an den Protagonisten: „Schließ die Augen und fühle, was jetzt da ist, alle deine Anteile sind jetzt bei dir. Spüre, was sie dir bedeuten, was sie eben erfahren haben und noch erleben können. Nur du hast die Möglichkeit, sie alle zu beeinflussen und wachsen zu lassen." „Benenne dies Gefühl, was jetzt in dir ist ... Ich möchte, daß du dich für den Rest deines Lebens an dieses Gefühl erinnerst und immer auf diese Möglichkeit zurückkommen kannst."
16. Die Rollenspieler/innen werden aus ihren Rollen entlassen und sagen noch einmal für sich selbst, was die Darstellung dieses bestimmten Anteils bei ihnen ausgelöst und deutlich gemacht hat. Die Zuschauer werden nach Eindrücken befragt (sharing).

Das Universelle der Anteile in jedem von uns wird durch diesen Abschluß sehr deutlich. So ein Mandala-"Festspiel" weckt sowohl im Zuschauer als auch beim Mitwirkenden die unmittelbare Erfahrung, wie unsere Lebensebenen wechselseitig voneinander abhängig sind und wieviel sie gemeinsam haben. Erst eine Würdigung aller Anteile erlaubt uns, schöpferisch mit ihnen umzugehen.

Anwendungsmöglichkeit

Das Mandala ist ein Verfahren, das bei all denjenigen Personen anwendbar ist, die in der Lage sind, sich die verschiedenen Ebenen des Persönlichkeitsmodells vorzustellen. Auch Jugendliche, die schon eine Weile miteinander gearbeitet haben, können durch dieses „Spiel" engagiert lernen. Nicht empfehlenswert erscheint es bei starken emotionalen Krisen; dafür gibt es direktere stützende Verfahren. Das Mandala eignet sich besonders zur Bearbeitung von Einzelthemen der Familienrekonstruktion, wenn bestimmte Verhaltensmuster sich scheinbar unabwendbar beim einzelnen selbst oder schon seit Generationen wiederholen (z. B. bleibt von einem Geschwisterpaar eins jeweils partnerlos bei den Eltern, während das andere eine eigene Familie gründet). Gearbeitet wird auf einer metaphorischen Ebene, die die mitspielenden Gruppenmitglieder durch ihre Intuition dynamisch gestalten, während die „Hauptperson" sowohl einbezogen wird als auch lenken und neue Initiativen und Strukturen vorschlagen kann. Es wird ihr sichtbar vorgespielt, welche Bilder sie von einer Lösung hat und mit welchen Konsequenzen, die wiederum korrigiert werden können. Dies setzt einerseits ein Abstraktionsvermögen voraus, um das äußere Geschehen auf vergangene oder gegenwärtige innere Prozesse beziehen zu können. Zum anderen ist für das Gelingen eines Mandala sehr entscheidend eine stützende Atmosphäre in der Gruppe sowie eine klare und achtungsvolle Beziehung zwischen der/dem Prozeßbegleiter/in und der „Hauptperson", damit neu auftauchende Bilder und Gefühle benannt und spontan bearbeitet werden können. Lehrreich ist das Mandala sicher auch dann, wenn augenscheinlich ist, daß in einem Gruppenprozeß einige der o. g. Ebenen in ihrer Wesenheit und Bedeutung nicht integriert sind und deren Ressourcen nicht anders aktiviert werden können, um zur Harmonisierung des einzelnen und der Gruppe beizutragen.

Jede Person, ob Mitspieler/in oder Zuschauer/in, lernt durch das Mandala etwas über das Universelle in uns allen, das Zusammengehören der linken und rechten Gehirnhälfte, über das spirituelle Eingebundensein sowie über die Potentiale, die unsere Ernährung, die Interaktion mit anderen und der veränderbare Kontext darstellen.

Beispiel aus Therapie und Gruppenarbeit

Ein Beispiel für den Verlauf des Mandala und seinen Bezug auf eine Fragestellung, die in diesem Fall für mich als Prozeßbegleiterin und Therapeutin offen war, möchte ich beschreiben aus der Arbeit in einer psychiatrischen Rehabilitations-Einrichtung (*Klockmann* 1986). Ein Teil der Rehabilitanden erhielt Einzel- und/oder Familientherapie.

Durchgeführt wurde das Mandala in einer Rollenspielgruppe, die wöchentlich stattfand und in der sich die Mitglieder schon näher kannten. Es war in einer Phase, in der die Gruppe schon viele gemeinsame Erfahrungen hatte und bereit war, sich in ein „Spiel" einzulassen, sowie die Fähigkeit besaß, sich hinterher von einer Rolle wieder lösen zu können.

Zum Protagonisten: Die Rehabilitandin Sabine war 19 Jahre alt, hatte Mittlere Reife und danach Krankenschwester gelernt, ohne Abschluß, seit zwei Jahren die Diagnose „endogene Psychose". Ihr Vater ist Lehrer, ihre Mutter Hausfrau. Sie hat eine ältere Schwester, einen Zwillings- und einen jüngeren Bruder. Ihre Krisen und Selbsttötungsversuche, die sie schon zweimal in eine psychiatrische Klinik gebracht hatten, standen in engem Zusammenhang mit familiärem Geschehen: Außenbeziehung des Vaters, Auszug der Schwester, Depression der Mutter u. a. Sabine befand sich seit fast einem Jahr in der Einrichtung und holte sich Einzeltherapie bei mir. Familiengespräche waren geplant.

Ausgangssituation: Sabines Fragestellung lautete: „Wie kann ich mich in meiner Familie mit den Fähigkeiten zeigen, wie ich sie sonst habe?" Konkret für das Zusammensein mit ihrer Familie benannte sie vier Ebenen, die sie nicht positiv beachtete: „Körper", „Verstand", „Interaktion" und „Kontext". Die Darsteller dieser Anteile knieten sich auf den Boden, Sabine setzte sich auf den Rücken der mittleren zwei. Symbolisch stellte dies die gebremste Entwicklung ihrer bisher passiven Seiten dar. Seit ihrem ersten psychiatrischen Aufenthalt litt Sabine unter Übergewicht. In der Gruppe zeigte sie sich wenig kompromißbereit und stellte recht hohe Erwartungen an therapeutische Mitarbeit wie an andere Klienten. Im gemeinsamen Unterricht war sie häufig irrelevant und müde. Ihre Benennung der vier vernachlässigten Ebenen spiegelt diese Zusammenhänge wieder.

Die für Sabine in ihrer familiären Situation bisher bedeutsamen, aktiven Anteile blieben stehen durch das Seil mit allen übrigen, auch ihr selbst verbundenen: „Gefühl", „Sinne", „Ernährung" und „Spiritualität". Vom Thron auf den Knieenden aus beobachtete Sabine, wie ihre aktiven Persönlichkeitsanteile miteinander agierten, in Konflikt gerieten oder durch die ruhenden, passiven Anteile behindert wurden.

Verlauf: „Gefühl", „Sinne" und „Spiritualität" begegneten sich vorsichtig, bis die „Ernährung" energisch in die Mitte trat und alle übrigen blockierte. – Sabines Ernährung stand schon bei einer früheren Arbeit mit der Regel-Transformation im Zusammenhang mit Ihrer Schwierigkeit, Gefühle zu zeigen. Sabine erzählte von „Kühlschranküberfällen", die sie häufig bei den Eltern in Spannungssituationen machen würde. Im Spiel bat sie jetzt die „Ernährung" um etwas Rücksicht und mitzugehen mit den übrigen. Daraufhin gerieten „Gefühl" und „Sinne" in Kollision, d. h. die „Sinne" wurden zu sehr eingeengt durch die „Gefühle". Als praktisches Beispiel hierfür fiel Sabine der typische Sonntagskaffee ein: wenn sie sich vorher auf etwas Schönes bei den Eltern und Geschwistern gefreut hatte, erlebte sie am Kaffeetisch Mißtrauen, unangenehme Fragen und Rollenfestschreibungen, so daß sie nicht mehr zuhören oder hinschauen mochte. Die „Ernährung" war diesmal Trost für die „Sinne", die sich nur noch nach hinten der „Ernährung" zuwenden konnten. Als Lösung schlug Sabine im Spiel vor, daß die „Spiritualität", der Sinn des Ganzen, sich doch um eine Entwirrung kümmern möge. Die „Spiritualität" wurde in ihren Bemühungen leider behindert durch den „Kontext" am Boden. Sabine sah tatsächlich ihre Familie unverändert seit der Kindheit nur in der Umgebung, in der sie aufgewachsen war, und wo jeder Besuch immer noch wie ein altes Ritual ablief.

Die Wende: Nach einem jetzt anstehenden Schritt befragt, stellte sich Sabine auf die Beine und den „Kontext" gleich mit. Für die Zukunft plante sie dann, Eltern oder Geschwister doch einmal außerhalb des Hauses zu treffen: der „Kontext" durfte sich bewegen. Dazu holte sie ihren „Körper"-Darsteller mit in die aktive Spielebene. Dieser stolperte fast über den „Verstand", der erst lange überredet werden mußte, bis er sich auch erhob. Obwohl ihr das Lernen leicht fiel, schätzte Sabine ihren Intellekt nicht. Es gehörte sich für sie als Frau nicht, den Verstand zu benutzen. Familiäre Botschaften zur Frauenrolle lauteten: „Stell dich nicht klüger dar, als du bist!" oder „Als Frau mischt man sich nicht ein, wenn kluge Leute sich unterhalten!"

Im Mandala gab sie nun dem „Verstand" den Auftrag aufzupassen, aktiver zu werden, und als Begleitung sollten ihn „Gefühl" und „Spiritualität" an die Hand nehmen. Der „Verstand" bewegte sich mit dem „Gefühl", befreite sich aber schnell von der „Spiritualität". Die Energie des „Intellekts" war kaum zu bremsen. Alle waren erschreckt.

Nach dem „Einfrieren" der Situation fing Sabine im verwirrten Knäuel an, selbst zu ordnen, mit der Absicht, einen Kreis zu bilden. Es standen immer zwei Kreise umeinander. Die „Interaktion", inzwischen auch auf die Füße gebeten, wollte unbedingt in der Mitte bleiben und nicht in einen äußeren Kreis. Oh ja, das kannte Sabine in der Realität ganz gut; sie hatte jetzt eine Idee, wie sie ihre „Interaktion", durch den „Körper" und die „Ernährung" eingebunden, zu sich nach außen holen konnte. Ihr Auszug aus einer Wohngemeinschaft (in der sie häufig hatte Mittelpunkt sein wollen) in eine eigene Wohnung war für sie in der Realität der entscheidende Schritt gewesen: Ihr wurde deutlich, welche Auswirkungen für das Gesamtgeschehen die Selbständigkeit ihrer Ernährung und Sorge für ihren Körper hatte in bezug auf ihre Interaktion mit anderen, vor allem mit der Familie.

Integration: Als ich die Spieler/innen vom Seil befreite, entstand ein großer Kreis: Sabine nahm den „Kontext" bei der Hand, „Gefühl", „Verstand" und alle übrigen folgten dem Beispiel. Sie hatte jetzt tatsächlich ein eigenes Zuhause und konnte von diesem sicheren Ort aus Initiative ergreifen. In vielen Aspekten war ihr deutlich geworden, wie sie eine Begegnung anders, u. a. auch in ihrer Wohnung, in die Wege leiten könnte, um damit ihrer Interaktion mit der Familie eine Chance zur Weiterentwicklung zu geben.

Bei der Begegnung mit jedem einzelnen Persönlichkeitsanteil war Sabine sehr betroffen. Nur als der „Verstand" zu ihr kam, lachte sie ihn strahlend an und freute sich, ihn als ihre Kompetenz begrüßen zu können. Ihre „Interaktions"-Darstellerin blickte sie lange wortlos an mit fragendem Staunen im Gesicht. So deutlich war ihr das eigene aktive Mitwirken bei der Familien-Choreographie noch nie gewesen.

Während der abschließenden Zentrierung war Sabine zwischen Weinen und Lachen tief gerührt, wollte aus der Mitte heraus in den Außenkreis, um die anderen zu fragen, was sie erlebt hätten. Ihr Bedürfnis nach Integration in die Gruppe war jetzt sehr stark, und sie wurde bereitwillig aufgenommen.

Für alle Beteiligten war dieses Mandala ein großes Erlebnis geworden. Bei der Identifikation mit ihren Rollen hatten die Mitspieler/innen gut einen Bezug herstellen können zur Bedeutung dieses entwicklungsfähigen Anteils in sich selbst.

Mit einer kleinen Meditation beendete ich das Rollenspiel und spürte viel Energie bei der andächtigen, aufmerksamen Stille um mich herum.

Auf eine Gegenüberstellung mit Vater- oder Mutter-Rollenspielern habe ich bewußt verzichtet, da konkret Familiengespräche bevorstanden.

Untersuchungsergebnisse

Untersuchungsergebnisse zum Mandala sind mir nicht bekannt. Meine eigene Erfahrung bei *Virginia Satir* 1985 mit einem Mandala hat mir in den letzten Jahren gezeigt, wie wirkungsvoll und stark der Einfluß dieses Verfahrens sein kann. Meine Erinnerung an einzelne Sequenzen ist noch heute intensiv. Neben den großen Veränderungen in meinem Leben danach, besinne ich mich zeitweise auch in kleineren Streß-Situationen auf die Metaphern meines Prozesses beim Mandala und wende mich einer vernachlässigten Ebene zu oder lasse eine andere, allzu strapazierte, eine Weile ruhen. Daß es für mich als Therapeutin ebenfalls ein bedeutsames Lehrstück war, brauche ich sicher nicht noch weiter auszuführen.

Literatur

Klockmann, M. (1986): Metamorphose. Hamburg.
Pogacnik, M. (1989): Die Erde heilen. München.
Satir, V. (1975): Selbstwert und Kommunikation. München: Pfeiffer.
Satir, V. (1978): Your Many Faces. The First Steps to Being Loved. Berkeley, Ca.: Celestial Arts. dt. (1988): Meine vielen Gesichter. Wer bin ich wirklich? München: Kösel.
Satir, V. (1985): Seminar „Leben-Lernen-Lehren" am 30./31. Mai 1985, Frankfurt.
Satir, V. (1986): Process Community Europa I. Mauloff/Taunus.
Satir, V., Baldwin, M. (1988): Satir Step by Step. A Guide to Creating Change in Families. Palo Alto: Science and Behavior Books. dt. (1983): Familientherapie in Aktion. Paderborn: Junfermann.

Schlußbemerkungen

Wir möchten mit einigen Grundüberzeugungen von *Virginia Satir* abschließen:
1. Wachstumsorientierte Therapie fokussiert auf Gesundheit und Wahlmöglichkeiten, anstatt auf Pathologie.
2. Menschen sind grundsätzlich gut. Damit sie sich mit ihrem eigenen Selbstwert verbinden können, brauchen sie Zugang zu ihrem inneren Selbst, zu ihren inneren Schätzen.
3. Der Prozeß ist der Weg zur Veränderung. Inhalt ist der Kontext, in welchem Veränderung stattfindet.
4. Wir haben alle notwendigen Ressourcen, um wachsen zu können.
5. Wir sollten nicht nach Fehlern suchen, sondern nach Erweiterungsmöglichkeiten.
6. Wir können die Vergangenheit nicht verändern; doch deren heutige Auswirkungen.
7. Eltern sind Lehrer von Menschen, nicht Besitzer.
8. Eltern wiederholen oft die vertrauten Muster der eigenen Kindheit, auch wenn diese Muster dysfunktional sind.
9. Gesunde menschliche Beziehungen beruhen auf Gleichwertigkeit.
10. Hoffnung ist ein signifikantes Element für Veränderung.

Autorenverzeichnis

Michele Baldwin, LCSW, Ph.D. Ich bin Assistant Professor für Psychiatrie und Verhaltenswissenschaften an der Northwestern Universitiy Medical School und Mitglied der Fakultät des „Familiy Institute". Ich bin außerdem Psychotherapeutin, habe eine eigene Praxis, war lange mit Virginia Satir befreundet und habe mit ihr „Satir Step by Step" und „The Use of Self in Therapy" geschrieben. Ich bin Trainerin in Satirs Avanta Network.

Laura S. Dodson, M.S.W., klinische Psychologin, Ph. D. und Jungsche Analytikerin. Ich habe meine Weiterbildung bei Virginia Satir absolviert und über 25 Jahre mit ihr zusammengearbeitet. Im Mai 1988, dreieinhalb Monate vor Satirs Tod, arbeitete ich mit ihr in der UdSSR zusammen. Heute führe ich gemeinsam mit Kolleginnen des Avanta Networks Virginias Arbeit in den neuen osteuropäischen Ländern weiter.

Bunny S. Duhl, Ed.D. Ich begann meine Familientherapie-Fortbildung 1969 am Boston State Hospital. Anfang der 80er Jahre studierte ich an der University of Massachusetts School of Education. Meine Doktorarbeit erschien als Buch „From the Inside out and other Metaphors". Von 1971 – 1973 lehrte ich mit David Kantor und Jeremy Cobb. Ich arbeitete auch mit Fred Duhl als Co-Director des Boston Family Institute. Über die Jahre entwickelte ich mit meinen Kollegen Trainingsprogramme für Familientherapie und Systemdenken. Ich bin Mitglied und Trainer von Satirs Avanta Network und halte Seminare in den U.S.A, Kanada, Japan und Europa. Vor 3 Jahren gründete ich das Massachusetts Family Institute und leite das Familientrainingsprogramm.

Margret Klockmann, Dr. phil., Diplom-Psychologin. Ich absolvierte ein sozialpädagogisches Zusatzstudium, bin Gesprächspsycho-, Gestalt- und Familientherapeutin, habe Fortbildung in Neurolinguistischem Programmieren, Meditation, Spanisch und Japanisch. Langjährige Arbeit in einer psychiatrischen Einrichtung mit Gruppen, Einzelnen und Familien, Einzel- und Team-Supervision, Frauengruppentherapie, binationale Paar- und Familienarbeit vor allem in spanischer Sprache, Leitung eines Fortbildungskurses für Familientherapie. Ich bin Sachverständige beim Familiengericht und in eigener Praxis in Hamburg tätig.

Irmengard Hegnauer-Schattenhofer, Diplom-Psychologin, klinische Psychologie. Mehrjährige Tätigkeit in einer Jugendfreizeit- und Bildungsstätte, Leitung einer Beratungsstelle für Eltern, Kinder und Jugendliche. Weiterbildung zur Trainerin für Gruppendynamik im DAGG, Weiterbildung zur Familientherapeutin beim Münchner Familienkolleg.
Seit 1989 bin ich Mitarbeiterin im Münchner Familienkolleg als Lehrtherapeutin und Supervisorin (MFK) für strukturell- und wachstumsorientierte Familientherapie und freiberuflich tätig als Familientherapeutin.

Gisela Lutz, Dipl.-Psychologin, Ausbildung und Fortbildungen in Verhaltenstherapie, Weiterbildung zur Familientherapeutin beim Münchner Familienkolleg.
Meine Arbeitsschwerpunkte: systemorientierte Familienberatung und -therapie an einer kommunalen Beratungsstelle; Supervision für in Sozialberufen Tätige.

Gaby Moskau, M.S.W. Studium an der Mc Gill University, Montreal. Mitarbeiterin am Allan Memorial Institute of Psychiatry, am Max-Planck-Institut für Psychiatrie München und an einer heilpädagogischen Tagungsstätte. Langjähriger Lehrauftrag an der Stiftungsfachhochschule München. Weiterbildungen in analytischer Gruppentherapie, in Familientherapie bei V. Satir, M. Bosch, W. Kempler, S. Minuchin. Fortbildung in NLP, in Systemischer Therapie bei K. Tomm, L. Hoffmann, E. Imber-Black, M. White. Ich bin Mitbegründerin des Münchner Familienkollegs und seit 1978 Lehrtherapeutin und Supervisorin für Familientherapie (MFK), Supervisorin für einzelne und Teams. Einzel-, Paar-, und Familientherapien. Gründungsmitglied der Virginia-Satir-Gesellschaft e.V. Mitglied in Satirs Avanta Network und des International Committee of Avanta. Trainerin in Satirs Process Community.

Gerd F. Müller, Diplom-Psychologe, Klinischer Psychologe/Psychotherapeut BDP. 1969 begann ich, therapeutische Elterntrainings anzuwenden, 1973 entwickelte ich das Präventive Elterntraining PET, das ich 1974-1976 als Projektleiter des Elternfortbildungsprogramms am Institut für Frühpädagogik in München durchführte und wissenschaftlich begleitete. 1974 gründete ich mit Gaby Moskau das Münchner Familienkolleg, das ich seitdem leite.
Über Präventives Elterntraining und Familientherapie veröffentlichte ich mehrere Artikel und mit G. Moskau ein Buch. Weiterbildung in Familientherapie bei V. Satir, M. Bosch, W. Kempler, S. Minuchin, in NLP bei M. Gomori, C. Conheim, in Hypnotherapie bei J. Zeig, C. und S. Lankton,

E. Rossi. Seit 1979 Mitglied in Satirs Avanta Network und Trainer in Satirs Process Community.
Seit 1978 Lehrtherapeut und Supervisor für Familientherapie (MFK), Supervisor und Systemberater für verschiedene Berufsgruppen und Institutionen. Paar- und Familientherapien, Ericksonsche Hypnotherapie. Seit 1990 Vorstandsmitglied im Dachverband für Familientherapie und systemisches Arbeiten e.V. (DFS) und 1. Vorsitzender der Virginia-Satir-Gesellschaft (VSG) e.V.

William F. Nerin, M. A. Ich studierte an der Columbia University. Ich bin Assistant Professor der University of Oklahoma, Mitglied der American Association for Marriage and Family Therapy, Gründer (gemeinsam mit meiner Frau Anne) eines Family Reconstruction Training Institute. Ich reise weltweit als Konsultant und Trainer für Familienrekonstruktionen.
Ich begann 1972 mein Training mit V. Satir. Ich leitete Seminare mit ihr und war einer der Trainer ihrer einmonatigen Trainings in Crested Butte, Colorado. 1981 hat mich Virginia als einen der 6 Therapeuten gewählt, die an einem Forschungsprojekt des Family Institutes of Virginia und des Department of Corrections of the Commonwealth of Virginia über Familientherapie teilnahmen.

Leanne Parker, Forschungsassistentin, Family Institute of Virginia. B.S. von William and Mary College, Master's in Beratung, William and Mary College.

Arist von Schlippe, Dr.phil., Diplom-Psychologe. Ich habe Weiterbildung in Gesprächspsychotherapie, Gestalttherapie und Familientherapie. Fünfjährige Tätigkeit in zwei kinder- und jugendpsychiatrischen Kliniken. Seit 1981 bin ich als Mitarbeiter am Fachbereich Psychologie der Universität Osnabrück in der Ausbildung Klinischer Psychologen tätig. Lehrtherapeut am Institut für Familientherapie, Weinheim.

Thies Stahl, Diplom-Psychologe. Ich bin seit 1977 Psychotherapeut in freier Praxis in Hamburg, ausgebildet in Gesprächspsychotherapie (bei M. Zielcke, GwG), Gestalt- und Integrativer Bewegungstherapie (bei H. Petzold, FPI), Familientherapie (bei V. Satir, C. Gammer), Ericksonscher Hypnotherapie (bei J. Grinder, J. Zeig et al.), in NLP (bei J. Grinder, R. Bandler, L. Cameron-Bandler, R. Dilts et al.). Ich gründete 1981 die Deutsche Gesellschaft für Neurolinguistisches Programmieren (DGNLP) und leite seitdem

Seminare für psychotherapeutische Praktiker und andere „professionelle Kommunikationskünstler".

Joan E. Winter, M.S.W. von der Virginia Commonwealth University, Advanced Degree in Bildung, und Ph. D. Candidate des William and Mary College. Ich bin Director of the Family Institute of Virginia, Executive Director, Family Research Project. B.S. von der University of Arizona.

Sachwortregister

A

Abstoßungsprozeß 22
Abwehrmechanismen 42, 45, 129
Alter ego 165
Anerkennung 82
Angst . . . . 23, 41 f
Äquivalenz 121
Arbeit mit Stricken 86
Ärger 22
Atem 69, 80
Ausgeschlossensein 55, 58

B

Bedeutung 41
Beratersystem-Karte . . . 105, 109, 117
bewußte Veränderung 17

C

Chaos . . . . 24 ff., 33
Choreographie 125, 192

D

Detektivhut . . . . 84 ff.
Diagnoseinstrument 133
Distanz . . . . 154 f, 158
Dreiecksbeziehungen 48
Dyade . . . . 47 f
dysfunktionale
Kommunikationsstrukturen . . . 40, 56
dysfunktionale Reaktion 40
dysfunktionale Triade 55
dysfunktionale Regeln 93

E

Eigensupervision 240
einengende Regeln 81
Elemente der Veränderung . 13, 17, 31
Energie 30
Entdecker 164
Entmythologisierung 131
Entrollen 99

Entwicklung 15, 31, 36, 164
Entwicklung des Bewußtseins . . . 37
Erziehung 16
Experimentieren 29
Externalisierung 140, 159, 240

F

Familienbrett 158
Familien-„Choreographie" 156
Familienkarte 105
Familienregeln 94, 171
Familienrekonstruktion 64, 105,
152, 163 ff., 168, 171 f,
184, 191, 200, 207, 249
Familiensystem 22
Familientriade 47
fremdes Element 33
fünf Freiheiten 76, 81, 93
funktionale und
dysfunktionale Regeln 76
Future Pacing 149

G

Ganzheit 14
Geborgenheit 19, 27
Gefühl 42
Gefühl der Geborgenheit 19
Gefühl der Sicherheit . . . . . . 17 f, 25
Gefühle des Verlassenseins 51
Gelegenheit zum Wachstum 24
Gestalttherapie 164
gesunde Triade . . . . 55 f
Gleichgewicht 22, 31
Gleichwertigkeitsprinzip 124
goldene Schlüssel 85
Gruppen-Skulptur 158

H

Heilkräfte 15
Heilung 48
Helfersystem 117

263

Hierarchie 152, 158
Hilflosigkeit 152
Hoffnung . . . . 18, 22 f
höheres Selbst 24
holistische Prinzipien 14
Humor 28
Hypothesenbildung 107

I
Identität . . . . 32, 151, 173, 179 f
Individuationsprozeß 15
Ingredienzen einer Interaktion 39
innere Heilkraft 15
innere Prozesse 40
innere Transaktionen 39
Integrations-Rollenspiel 191
Integrationsritual 204
Interaktion 39
Interpretation 41, 56
interventive Werkzeuge 79
Ist-Soll-Familien-Skulptur . . . 148, 153

J
Ja-Nein-Medaillon 88, 149

K
Katalysatorfunktion 21
Klient 48
Koalition 54, 141
Kommunikationsform . . . . 155 f, 235
Kommunikationsmuster 40, 83, 125, 152
Kongruenz 67, 76, 82, 156
Kontakt 24, 67
Kontextanalyse 159
Körpergefühl 21
Körperkontakt 73
Körpersignale 69
Kreativität 33
Krise . . . . 24 f, 31
Kritik 22

L
Lebensenergie 34
Leidensdruck 17

lineares Denken 14
lineares Modell 34

M
Macht 152
Mandala 200
Medaillon . . . . 84 ff.
Meditation 79
Metapher 185, 201, 245
Minderwertigkeitsgefühle 42
Mut 18, 23
Mutstab . . . . 84 ff., 149

N
Nähe . . . . 154 f, 158
Nähe und Distanz . . . . 73, 152 f
nährende Triade 55, 63
neues Bewußtsein 37
Neurolinguistisches Programmieren
(NLP) 143, 183
Newtonsche Physik 14

P
Parts Party 191, 240
peak experiences 34
persönlicher Raum 150
Persönlichkeit des Therapeuten . . . 20
Posturing 125
primäre Familientriade 47
Projektionen 71, 73
Prozeß der Veränderung 13
Prozeß des Wachsens 15
Prozeßarbeit 79
Psychodrama 164, 167, 169

Q
Quantentheorie 14

R
Reaktion 42
Reframing 22
Regelinventur 103
Regeln 42, 93, 179, 234
Regeln für die Kommentierung . . . 42
Regeltransformation 93

Regulierung von Nähe und Distanz 141
Rollendifferenzierung 115
Rollenhut-Technik 89
Rollenhüte 79, 87, 115

S

Satirs Werkzeugkasten 91
Schatten-Übung 68, 71
Schlüssel 84
Schlußzentrierung 149
Schmerz des Wiedererkennens . . . 30
Schuldgefühle 21, 27
Schuldzuweisungen 19
Selbst- und Fremdwahrnehmung . . 68
Selbstreflexion 79, 81
Selbstvertrauen 32
Selbstwahrnehmung 79
Selbstwahrnehmungs-Übung 68
Selbstwert 51, 76, 111, 124, 235
Selbstwertgefühl 41, 55, 58, 91,
129, 167, 169, 173, 179 f
sensorischer Input 40
Sexualität 73
Sicherheit 17, 26, 30
Simultan-Skulptur 153, 158
Skulptur 121, 134, 140, 152, 166
Skulpturarbeit 139
Skulpturbauen 160
Skulpturtechnik . . 123, 139, 164, 167 ff.
Star 164
Status Quo . . . . . . 17, 20 ff., 26, 30 ff.
Stimmungsbarometer 79, 81, 84
Streß-Ballett 155
Stricken 79
Stricktechnik 87
Subsysteme 106
Supervision . . . . . . 84, 91, 139, 142 f,
152, 157, 161, 241
Supervisionsgruppe 159, 236

T

Temperature Reading 81
Trance 164
Transaktionen 40
Transformationsprozeß 39

Triade 47, 48, 54, 60, 64, 141
triadisches Konzept 47
triadische Intervention 64
triadische Lernprozesse 52
triadisches Versuchslabor . . . . . . 60 f
triadische Systeme 50
Trieb 15
Tücher-Übung 93

U

Überlebensmechanismen 42
Überlebensregel . . . . 95 f
Überlebenstrieb 22
Ursache und Wirkung 14
Ursprungstriade . . . . . . 48 ff., 54 f,
. . . . 58, 62, 64

V

Veränderungsmodell 13
Veränderungsprozeß . 13, 16, 31, 34, 36
Virginia-Treppchen 79, 90

W

Wachstum 15, 84, 93, 97, 101
wachstumsfördernd 81, 94
wachstumsorientiert 140
Weisheitsbox . . . . 84 f, 88
Weltfrieden 34, 37
Werkzeugkasten 84
Widerstand . . . . 22 ff., 31
Wunsch-Skulptur 148

Z

Zärtlichkeit 73
Zauberstab 18
Zentrierübungen 68
Zentrierung . . . 144 f, 147 ff., 155, 158
Ziele 172
Ziele der Familienrekonstruktion . . 172
Zugehörigkeit 55, 58
Zyklen der Veränderung 33

NLP – die Box!

**DIE NLP-KARTEI
Practitioner-Set**

210 Karteikarten
in stabiler Box
DM 98,–; € 50,11
ISBN 3-87387-452-0

Dieses einzigartige Karteikartenset eignet sich für jeden NLP-Anwender. Wer in der NLP-Ausbildung ist, findet Lernmaterial, das kompakt und leicht verständlich ist. Für Practitioner oder Master bietet es sich als Nachschlagewerk an sowie als Fundgrube für anwendungsorientierte Tips. Wer selbst Trainings leitet, erhält eine hervorragende Möglichkeit, sich seine Trainingsmaterialien individuell zusammenzustellen. Durch die Aufbereitung als Karteisystem erhalten Sie: eine übersichtliche und komprimierte Bearbeitung des Practitioner-Stoffes; einen schnellen und gezielten Zugriff auf Theorie und Praxis des NLP; didaktisch durchdachte und aufgebaute Trainingsmaterialien; ein handliches Format, das flexibel einsetzbar ist.

„Eine Bereicherung für jeden NLP-Anwender!" – *Bernd Isert*

Waltraud Trageser, Diplompädagogin, Heilpraktikerin, Hypnotherapeutin, NLP-Lehrtrainerin. Seit 1996 regelmäßig Ausbildungen für NLP-Practitioner und Master-Practitioner.

Dr. Marco von Münchhausen, Studium von Jura, Psychologie und Kommunikationswissenschaften, ist NLP-Master. Inhaber eines Spezialverlages für Lernkarteien und Leiter des Instituts für Didaktik und Lerntechnik in München.

www.junfermann.de
www.active-books.de

JUNFERMANN • Postfach 1840 • 33048 Paderborn
eMail: ju@junfermann.de • Tel. 0 52 51/13 44 0 • Fax 0 52 51/13 44 44

Nette WG sucht Mitbewohner

Astrid Osterland

Nicht allein und nicht ins Heim
Alternative: Alten-WG

Herausgeber: Freie Altenarbeit Göttingen e.V. und Eva-Meurer-Stiftung

128 Seiten, kart.
DM 24,80; € 12,68
ISBN 3-87387-449-0

„Ich hätte ja nie gedacht, wie gut mir das tut!" Dies sagt eine 86-jährige Frau, die in einer Altenwohngemeinschaft lebt – und damit bringt sie ihre persönlichen Erfahrungen mit einer neuen, selbstbestimmten Wohnform im Alter auf den Punkt. Seit über sechs Jahren leben elf Göttinger Frauen im Alter zwischen 70 und 87 Jahren in ihrem eigenen gemeinschaftlichen Wohnprojekt, das sie mit Unterstützung eines gemeinnützigen Vereins aufgebaut haben. Hier fühlen sie sich frei, aber nicht allein. Astrid Osterland berichtet in höchst lebendiger Weise aus dem Alltag der WG – und gewährt so einen Einblick in die Gruppendynamik des Projekts.

Die eigene Regie über das Leben bis ins hohe Alter zu bewahren und nicht zu vereinsamen – das ist ein Wunsch, den die Frauen der Alten-WG mit allen Menschen im Lande teilen. Das vorliegende Buch zeigt, daß dies auch im hohen Alter noch möglich ist. Eine prima Alternative – der Mittelweg zwischen „Alleinewohnen" und „Leben im Heim".

Astrid Osterland studierte Sozialwissenschaften und Psychologie. Als Mitarbeiterin des Vereins *Freie Altenarbeit Göttingen e.V.* liegen ihre Arbeitsschwerpunkte in der Umsetzung der Ideen des Empowerment älterer Menschen.

www.junfermann.de
www.active-books.de

JUNFERMANN • Postfach 1840 • 33048 Paderborn
eMail: ju@junfermann.de • Tel. 0 52 51/13 44 0 • Fax 0 52 51/13 44 44

Coaching fürs Leben

suchen, lesen, selbst veröffentlichen ...

www.active-books.de

active-books ist ein zukunftsweisendes Gemeinschaftsprojekt von Junfermann und e-works, Bielefeld.
Wie der Name schon sagt, dreht sich auf dieser Internet-Plattform alles um e-books:

Autoren können ihre Texte und Manuskripte hier online veröffentlichen und so einem breiten Interessentenkreis zugänglich machen. Für active-books bieten sich Manuskripte ab 10 Seiten Umfang an – natürlich sind auch Werke mit 300 Seiten möglich. Es kommen darüber hinaus vergriffene und nicht wieder aufgelegte Bücher oder bereits erschienene Zeitschriftenaufsätze in Frage, die dann über active-books einem deutlich breiteren Leserkreis zugänglich gemacht werden können. Skripte zu Seminaren können selbstverständlich ebenfalls hier angeboten werden. Wenn Sie Ihr Manuskript bei active-books veröffentlichen möchten oder noch weitere Fragen zum ePublishing bei uns haben, helfen wir Ihnen gern weiter. Senden Sie einfach eine eMail an sc@active-books.de.

Voraussetzung für die Veröffentlichung ist, daß Sie Ihr komplettes Manuskript elektronisch gespeichert haben.

Leser finden e-books zu „ihren" Themen – ganz einfach zum Download (in der Regel gegen Gebühr) auf ihre Festplatte. Wir haben viele interessante e-books im Angebot, u.a. von bekannten Autoren wie Thies Stahl, Prof. Dr. Barbara Schott, Thomas Rückerl, Gisela Blümmert, Leonhard Schlegel und Cora Besser-Siegmund – und es werden täglich mehr ...

Das Themenspektrum ist angelehnt ans Junfermann-Verlagsprogramm und umfaßt die Kategorien *Therapie, Business, Lernen & Pädagogik, Gesundheit & Wellness, Lebenshilfe* und *Brain & Mind*.

Sie haben Fragen, Anregungen, Feedback? eMail an sc@active-books.de genügt!